名探偵ガイド

飯城勇三

JN196818

星海社

316

SEIKAISHA SHINSHO

本書のテーマ

本書のテーマ、それは〈名探偵〉です。正確に言うと、二作以上の作品に登場しているシリーズ探偵。一作限りの探偵は、事件が解決するまで名探偵認定はされませんが、シリーズ探偵は、二作目以降は冒頭《ぼうとう》から名探偵認定がされています。ミステリの世界では、こういったシリーズ名探偵が何人も生み出され、活躍《かつやく》してきました。本書では、彼ら古今東西の名探偵から、海外50名、国内100名の名探偵を紹介しています（ただし、チーム探偵などもいるので、ぴったり150人ではありません）。

名探偵のガイドブックはこれまでも刊行されてきました。そこでは多くの名探偵のユニークなキャラクターが紹介されていて、これも名探偵の魅力《みりょく》であることは間違いありません。しかし本書では、キャラではなく、〝推理〟と〝事件との関わり〟を重視して、取り上げる名探偵を選びました。

本書の狙い

事件の真相を語るだけなら、犯人でもできます。しかし、真相を〝推理〟するのは名探偵にしかできません。いや、〝推理〟こそが、作中人物の一人を名探偵にしているとも言えます。

そして、名探偵を考察する際に推理を用いると、どんなジャンルの探偵も、どんなメディアの探偵も、どんなタイプの探偵も、同じ基準で評価ができるのです。

例えば、読者は「この探偵は本格ミステリの探偵だから論理的な推理をするはずだ」とか、「この探偵はハードボイルドの探偵なので論理的な推理はしないはずだ」とか、「このシリーズは日常の謎《なぞ》ものなので殺人の可能性は推理しなくて良い」といったことを考えます。しかし、作中探偵は、そんなことを考えて推理したりはしません。どのジャンルでも、作中探偵はただ単に、自分の目の前で現実に起こった事件を推理しているだけに過ぎないのです。さらに言うと、小説の探偵も、漫画の探偵も、映像の探偵も、推理という観点からは、何も違いはありません。

ミステリは「先人たちの積み重ね」が重視されるジャンルですが、推理に着目してメディアやジャンルを超《こ》えた結びつけを行い、名探偵から名探偵への継承と発展を明らかにすることが、本書の狙《ねら》いなのです。

〝名探偵と事件との関わり〟もまた、メディアやジャンルに左右されません。名探偵はアマチュアが多いのですが、ビジネスではないため、彼らには「何のために事件を捜査するのか？」「何のために事件を解決するのか？」という問題がつきまといます。さらに、真相を突きとめた〝後〟には、もっと大きな関わりが生じます。――それは、真相とどう向き合うか。ある探偵は犯人を警察に突き出し、ある探偵は犯人を見逃し、ある探偵は犯人を自らの手で裁《さば》く。ある探偵は解決をせず、ある探偵は事件をコントロールしようとし、ある探偵は誰かの都合に合わせて真相をねじ曲げる。推理自体に加え、推理の〝後〟を見ていくことによって、ミステリにおける継承と発展を明らかにすることができるのです。

この狙いを達成するために、なるべく多くの名探偵を取り上げることを目指し、150名という数の名探偵を選びました。継承にしろ発展にしろ、サンプルが少ないと見えてきません。みなさんが本書を読み進めると、名探偵と名探偵を結びつける糸が次々に見えてくるはずです。

なお、本書の執筆のために他の名探偵ガイドをチェックしてみると、村上貴史《むらかみたかし》編『名探偵ベスト101』（新書館）が似たコンセプトを持っていることに気づきました。ただし、初稿の執筆後にガイド文を突き合わせてみると、カーナッキとキッド・ピストルズに重なる部分がある程度でした。『名探偵ベスト101』を既読の人でも、本書を楽しんでもらえると思います。

本書の読者へ

本書は星海社新書から出る私の本としては、『エラリー・クイーン完全ガイド』、『密室ミステリガイド』に続く三冊目になります。その『密室ミステリガイド』を読み、今年（二〇二四年）の七月に南雲堂《なんうんどう》から出た拙著《せっちょ》『本格ミステリの構造解析《かいせき》 奇想と叙述《じょじゅつ》と推理の迷宮』を読んだ人は、前者が後者の第一部——奇想（トリック）に関する論——と連携《れんけい》していることに気づいたのではないでしょうか。『本格ミステリの構造解析』が総論、『密室ミステリガイド』が各論というわけですね。

本書もまた、『本格ミステリの構造解析』の第三部——推理に関する論——と連携して、各論と総論になっています。みなさんには、相補的に読んでいただけるとうれしいです。

……ということは、次は『構造解析』の第二部と連携した『叙述トリックガイド』かな？

最後に、その『密室ミステリガイド』の読者に感謝を。刊行前は、「トリックを明かして考察する」という試みは受け入れてもらえないのではないかと不安でしたが、それは杞憂《きゆう》でした。多くの人が受け入れてくれたのです。そして、みなさんがこの本を支持してくれたおかげで、三冊目のガイド本を出すことができました。

本書もまた、みなさんに〝これまでにない〟楽しみを与える本として受け入れてもらえたら光栄です。

contents

国内篇

【ガイドの項目】

Profile ①作者　②初登場作・発表年　③代表作
④助手役　⑤特徴（年齢や肩書きは初登場時のもの）

Debut 初登場作のあらすじ

Guide 解説

※ガイド文中の引用文は、表記統一のため手を入れたり、スペースの都合で縮めた場合があります。

※各名探偵が登場する作品のトリックや物語の展開に踏み込んで言及している箇所があります。予備知識なしで作品を読まれたい方は、未読のものは避けてお読みください。

海外篇

01

はじまりの探偵

オーギュスト・デュパン

Profile ①エドガー・アラン・ポー ②「モルグ街の殺人」1841 ③「盗《ぬす》まれた手紙」 ④ぼく（語り手／同居している友人） ⑤若い／勲爵《くんしゃくし》士／貧《びん》乏《ぼう》／分析《ぶんせき》に快感を覚える。

Debut わが友人デュパンは、驚嘆《きょうたん》すべき分析力の持ち主で、私の考えを読み取ったりする。そんな彼が興味を抱いたのは、パリのモルグ街で起きたレスパネー母娘《おやこ》殺人事件だった。二人を殺した犯人は、どこの国ともわからない言葉を発し、密室の中から忽然《こつぜん》と姿を消したのだ。

Guide 名探偵第一号であるデュパンのデビュー作「モルグ街の殺人」の冒頭《ぼうとう》では、分析的知性を説明しているが、そこには次の文がある。

「分析家は錯綜《さくそう》した物事を解明する知的活動を喜ぶのである」。「そして、それらの解明において、凡庸《ぼんよう》な人間の眼には超自然とさえ映ずるような鋭利さを示す」。

デュパンは、この「分析家」に他ならない。つまり、「モルグ街」は、分析的知性の持ち主（デュパン）が、それを用いて錯綜した事件（密室殺人事件）を解明する姿――凡人には超自然に見える鋭《えい》利《り》さを発揮する姿――を描いた小説なのだ。言い換えると、作者が描きたいのは、名探偵が事件の真相を説明する物語ではなく、名探偵が事件の真相を推理する物語なのだ。

そして、「モルグ街」に加えて、「マリー・ロジエの謎《なぞ》」「盗まれた手紙」において、デュパンはいくつもの推理を披露《ひろう》してきた。語り手である〈ぼく〉の行動から思考を見抜《みぬ》く推理、不可能で不可解な状況を解き明かす推理、犯行現場に残された手がかりから犯人を特定する推理、犯人の思考をトレースする推理……。そして、これらの推理が後続の名探偵に受け継がれていった。

だが、ポーが生み出した推理は、これだけではない。「群集の人」の〝相手を観察して職業を特定する推理〟や「黄金虫」の〝暗号を解読する推理〟のように、一作のみに登場する分析的知性の持ち主が披露する場合もある。さらに、「メルツェルの将棋《しょうぎ》差し」の〝トリックをあばく推理〟や、書評の「『バーナビー・ラッジ』評」の〝伏線を回収する推理〟のように、ポー自身が披露する場合もある。こちらの推理もまた、後続の名探偵に受け継がれている。

ただし、後続の作家たちは、ポーのこういった推理を受け継ぐだけではなかった。ポーの推理を変形したり、新たなものを付け加えたりしたのだ。本ガイドでは、これを見ていきたい。

また、〝名探偵と事件との関わり〟という観点から見ると、ポーは、「名探偵とは事件を解明する者」という図式から一歩も出ていない。「お前が犯人だ」では、探偵役がらみの有名な趣向《しゅこう》の源流になったアイデアを用いているが、やはりこの図式に収まっている。後続の作家がこの図式に挑んで、「名探偵は事件を解明するだけではない」作品をいくつも生み出していった姿もまた、本ガイドで見ていきたい。

02

短篇には向かない探偵

ムッシュー・ルコック

Profile ①エミール・ガボリオ ②『ルルージュ事件』1866 ③『ルコック探偵』 ④タバレ(師匠)／ジェヴロール治安局長 ⑤二十代前半／刑事／前科者／変装の名人／タバレの弟子《でし》

Debut フランスの村で、裕福な未亡人ルルージュが殺され、予審判事と治安局長、そしてルコック刑事が捜査《そうさ》にやって来る。だが、どうやら犯人の方が一枚上手《うわて》らしく、手がかりが見つからない。そこでルコックは、師である素人《しろうと》探偵のタバレを呼びに行く――。

Guide 世界最初の長篇探偵小説『ルルージュ事件』で名探偵をつとめたのはタバレで、彼はこの物語の時点で、警察から一目置かれるほどの実績を持つアマチュア探偵。だが、本作では彼の助手に留まっていたルコックが、次作以降は主役探偵になった。おそらく長篇では、タバレのような天才型探偵は使いにくかったのだろう。

『ルルージュ事件』の第二章では、タバレは邦訳《ほうやく》書《しょ》で五ページを費やして推理を披露《ひろう》する。実際には、「机の上のほこりに丸い跡が残っている→これは帽子《ぼうし》の跡だ→犯人は帽子をかぶっていた」といったレベルの推理ではあるが、シャーロック・ホームズ登場以前ならば、これで問題はない。問題は、残り十八章もあるのに、ここで事件当日の「被害者の動き」、「犯人の動き」、「犯人の特徴《とくちょう》」がほとんど明らかになってしまったこと。残された捜査は、事件関係者を調べて犯人の条件を満たす人物を見つけ出すことと、動機を明らかにすることしかない。そして、こういった手間のかかる捜査は、アマチュア探偵ではなく、警察がやるべきなのだ。もっとも、本作では重要な事件関係者がタバレの知人だったので彼が犯人を突きとめ、自白で動機が明らかになるが、この手は毎回使えるわけではない。かくして探偵役は、警察官であるルコックに代わることになった。彼は基本的に、捜査→手がかりの発見→推理→推理に基づく捜査→新たな手がかりの発見→推理、という流れで行動している。これにより、探偵の活動が長篇の長さを支えられるようになった。まあ、ルコックものの長篇は——のちにホームズものの長篇が真似《まね》たように——後半では過去のドラマが描かれるので、正確には「長篇の半分の長さ」だが。

加えて、ルコックは失敗する点も無視できない。例えば、『ルコック探偵』では、行き詰まったルコックの相談を受けた師タバレは、弟子の三つの過《あやま》ちを指摘《してき》し、さらに、真相に気づきながらも「ありえない」と退《しりぞ》けたことを批判する。こういった探偵活動における試行錯誤《さくご》は、名探偵にとってはマイナスだが、当時の長篇ミステリの探偵役としてはマイナスではない。

ホームズは『緋色《ひいろ》の研究』の中で、「僕なら二十四時間で（事件を）解決できた。ルコックは六ヶ月程もかかった」と批判している。だが、タバレだって二十四時間で解決できたに違いない——が、そうすると短篇になってしまうので、作者はルコックに任せたわけである。

03

はじまりの名探偵

シャーロック・ホームズ

Profile ①コナン・ドイル ②『緋色《ひいろ》の研究』1887 ③『シャーロック・ホームズの冒険《ぼうけん》』④ワトソン（語り手／友人）⑤二十代後半／長身／やせ形／鷲鼻《わしばな》／バイオリン、フェンシング、ボクシング、バリツの達人／コカイン愛好家

Debut 元軍医の私（ワトソン）がロンドンでのルームシェアの相手として選んだホームズは、卓越した推理力を持つ名探偵だった。その彼と最初に挑んだ事件は、空き家での殺人。残されていた「復讐《ふくしゅう》」の文字が意味するものは……。

Guide 〝推理〟という観点からは、ホームズはオーギュスト・デュパンに勝《まさ》る点は何一つないように見える。唯一、推理と捜査《そうさ》の連携《れんけい》だけはデュパンはやっていないが、こちらはムッシュー・ルコックが実践《じっせん》済み。

だが、〝名探偵〟という観点からは、ホームズはデュパンのはるか上に立つ。デュパンは推理を披《ひ》露《ろう》するためだけに造られた存在に過ぎないが、ホームズは違う。ホームズはヒーローであり、ヒーローの武器が推理なのだ。ブラック・ジャック（手塚治虫）が手術の腕《うで》でヒーローになるように、ゴルゴ13（さいとう・たかを）が狙撃《そげき》の腕でヒーローになるように、ホームズは推理の腕でヒーローになっている。つまり、ブラック・ジャックもゴルゴ13も、そしてホームズも、困難な依頼を卓越した技量で遂行《すいこう》するヒーローの一人なのだ。

ただし、ヒーローの「卓越した技量」は、桁違《けたちが》いのものであってはならない（主人公だけが三百キロの剛速球《ごうそっきゅう》を投げる野球漫画が面白いだろうか？）。もちろん、ドイルはそれをわかっていて、二人の人物をシリーズに加えている――シャーロック・ホームズの兄のマイクロフト・ホームズと、宿敵のモリアーティ教授を。ホームズに匹敵《ひってき》する頭脳の持ち主を探偵側と犯人側に置くことによって、作者は彼が孤高の超人ヒーローにならないようにしているわけである。同時に、マイクロフトが弟と同等の推理を見せ、モリアーティが天才犯罪者ぶりを発揮することにより、ホームズの推理がチート能力ではないことも示す。さらに、凡人《ぼんじん》であるワトソンとの友情を描くことによって、ホームズに人間味を与えてもいる。

かくして、魅力的《みりょくてき》な名探偵ヒーロー＝ホームズの冒険譚《ぼうけんたん》は、圧倒的な人気を獲得《かくとく》。そして、便乗した探偵ヒーローものがいくつも書かれるようになると、読者側に変化が生じてくる。型にはまった作品が同じ雑誌に定期的に掲載されるため、その雑誌の定期購読者は、自分でも真相を推理してみようと考え出したのだ。ここで探偵役は、読者に推理を披露するだけの存在から、読者の競争相手に変わった。雑誌の編集部もまた、挑戦状を入れたり、短篇を問題篇と解決篇に分けて解答を募集したりするようになった。ホームズもまた、「その夜の犬の不思議な行動」といったヒントを読者に向けてばらまくようになった。つまり、黄金時代（大戦間）の〈作者と読者のゲーム〉の源流は、デュパンではなくホームズだったのだ。

04

安楽椅子探偵よりフェアに

隅《すみ》の老《ろう》人《じん》

Profile ①バロネス・オルツィ ②「フェンチャーチ街駅の謎《なぞ》」1901 ③『隅の老人』（②収録） ④ポリー・バートン（婦人記者） ⑤外見は老人だが他は一切不明／話しながら紐《ひも》に結び目を作ったりほどいたりする癖《くせ》がある。

Debut 婦人記者ポリーは、〈A・B・C喫茶店《きっさてん》〉で相席になった老人が「叡智《えいち》ある者にとっては犯罪に謎などない」と断言するのを聞く。そこで彼女は、未解決のフェンチャーチ街の事件を解けるかと挑戦するのだが……。

Guide 喫茶店の隅に座り、婦人記者に事件の話をしてからその解決を披露《ひろう》する名探偵・隅の老人のシリーズは、後続の作家に大きな影響を与えた二つの趣向《しゅこう》を生み出している。

一つ目は、謎めいた名探偵が、連作短篇の最後の一作でその意外な正体を明らかにするという趣向。この「連作の最後の一作でひっくり返す」趣向は、その後の百二十年以上にわたって多くの作家によって使われてきた。

二つ目の趣向は、安楽椅子《あんらくいす》探偵の設定。ただし、「隅の老人は検死審問《しんもん》を傍聴《ぼうちょう》したり、自分で現場を調べたりして動き回っているので、安楽椅子探偵ではない」という意見も少なくない。この意見は間違いではないが、本連作の先進性を見落としていることになる。

安楽椅子探偵ものでは、探偵と読者が入手するデータに差がないため、究極のフェアプレイだと言われている。だが、ここには大きな問題が存在することを見逃してはならない。

ミステリ史上初の安楽椅子探偵もの「マリー・ロジェの謎」の冒頭《ぼうとう》で、作者のポーは、「(この作は)兇行《きょうこう》の場所から遠く離れて、しかも新聞以外の資料はまったくなしに書かれた。それゆえ、筆者がもし現場にあって附近《ふきん》を探索《たんさく》したならば、可能であったことも、数多く見のがされているのである」と語っている。これこそが、安楽椅子探偵ものの問題点に他ならない。警察が名探偵に相談する時点では、まだ事件は解決していないので、推理に必要なデータが揃《そろ》っている保証がないのだ。例えば、警察が探偵に話した容疑者の中に犯人がいるとは限らない。

この問題に対してオルツィが出した解答は、「警察ではなく事件を解決した探偵自身が語る」という趣向。隅の老人は検死審問を傍聴したり自分で現場を調べたりして事件を解決し、それをポリーに語る際は、自分が推理に用いたデータはすべて盛り込んでいる。つまり、必要なデータはすべて読者に提示されているのだ。

作者が読者とのフェアプレイを意識していることとは、第一話の解決篇における隅の老人の「わしが推理していった過程を一歩一歩たどりながら、説明してやろう。そうすれば、君にもわしと同じように、この事件の唯一無二の真実にたどりつくことができるだろうよ」というセリフでわかる。そしてまた、この「自分が解決した事件を語る探偵」を受け継いだのがエラリー・クイーンであることもわかったと思う。

05

怪盗も探偵も

アルセーヌ・ルパン

Profile ①モーリス・ルブラン ②「アルセーヌ・ルパンの逮捕《たいほ》」1905『怪盗紳士《かいとうしんし》ルパン』③『八点鐘《はってんしょう》』④オルタンス（③のみ）⑤ある時は怪盗、またある時は名探偵。

Debut （『八点鐘』）叔父《おじ》の館に滞在するオルタンスは、魅力的《みりょくてき》なレニーヌ公爵《こうしゃく》と知り合い、二人で事件に遭遇《そうぐう》する。二十年間も無人の城館に入ると、まだ大時計が動いていたのだ。しかも、展望台から向かいの塔《とう》を眺《なが》めると、男女の白骨死体が見つかった……。

Guide ルパンものに登場する推理には、ルパンによるものとルパン以外の人物によるものの二種類がある。後者はガニマール警部、シャーロック・ホームズ、少年探偵イジドールなど、ルパンの敵役によるもの。こちらの推理は見るべきところがないが、これはルパンを引き立てるためだろう。『奇岩城《きがんじょう》』のイジドールに至っては、本人はがんばって推理したのに、ルパンの手のひらで踊《おど》らされていただけだったりする。

一方、ルパンが披露《ひろう》する推理は実に多彩だが、それをメインに据《す》えた長篇はほとんどない。例えば、ルパンが他の犯罪者と対決する長篇群を見てみよう。『水晶《すいしょう》の栓《せん》』のように相手の正体が明らかな場合は、メインは策略合戦になり、推理はその策略を見抜《みぬ》くために時折はさまれる程度になっている。では、『813』のように犯罪者の正体が伏《ふ》せられている作はというと、確かに「謎《なぞ》とその解明」は描かれている。だが、推理を積み重ねて謎を解くというよりは、次々に襲《おそ》ってくる危機に対処している内に謎が解かれていく、といった感じになっているのだ。

さらに、ルパンは謎のメッセージや暗号を解読することが多いが、これは「推理」というよりは、「直感」と言った方が良い。

というわけで、本ガイドでは、ルパンが盗《ぬす》みや冒険《ぼうけん》をせずに名探偵役に徹《てっ》した『八点鐘』を取り上げよう。密室の謎を「僕が人と違って、わざとむずかしく考えようとする代《かわ》りに、いつも問題をその在るべき姿で取り上げるからです」というギデオン・フェル博士が機嫌《きげん》を損《そこ》ねそうな推理で解明。足跡の謎を、酒を呑《の》んでない人物が「酔《よ》っていた」と証言したことから解明。そして、連続殺人のミッシング・リンクを、鮮《あざ》やかな推理で見つけ出す。どの推理もすばらしく、普通の名探偵ものとして読んでも傑作と言える。

一方で、ルパンの推理の別の魅力も無視できない。それは、ルパンは他の名探偵とは異なり、犯人を逮捕《たいほ》するのが目的ではないことから生じている。つまり、ルパンの推理には別の目的があるのだ。『八点鐘』では、ある女性に自分の頭脳をアピールするため。『バーネット探偵社』では、突きとめた犯人の上前《うわまえ》をはねるため。そして、短篇「赤い絹《きぬ》の肩掛け」では、怪盗でもあり名探偵でもあるルパンの設定を最も生かした目的のための推理が登場する。この作のルパンは、その推理でガニマール警部を操り、犯罪の片棒《かたぼう》を担《かつ》がせるのだ。

06

探偵は実験室の中に

ソーンダイク博《はか》士《せ》

Profile ①R・オースティン・フリーマン　②『赤い拇指紋《ぼしもん》』1907　③『歌う骨』　④ジャーヴィス医師（語り手）／ポルトン助手　⑤三十五〜四十歳の間／長身／法医学者／弁護士

Debut 今回のソーンダイク博士の依頼人は、貴金属会社の盗難《とうなん》事件の容疑者ルーベン。現場に彼の指紋が残されていたというのだ。指紋という絶対的な証拠がある以上、ルーベンの有罪に疑いの余地はない。だが、法廷《ほうてい》に立ったソーンダイク博士は、それに異を唱《とな》えるのだった。

Guide 「推理」という観点から見ると、フリーマンは二つの功績を残している。一つ目は、評論「探偵小説の技法」の中で述べた〝ミステリのプロットの最後では「解決の証明」が必要であり、「それ以外の結論はあり得ないことを読者に示さなければならない」〟という主張の実践《じっせん》。例えば、『赤い拇指紋』では、博士は指紋の偽造《ぎぞう》が可能だと証明するが、「指紋の偽造は可能」と「現場の指紋は偽造」とはイコールではない。だから博士は、さらに推理を重ねて指紋が偽造だと証明している。当時の多くの名探偵が「このトリックを使えば密室を作ることができる」で推理を終わらせているのとは大違いである——のだが、なかなか難しいようで、ソーンダイクものでも、「できる」の証明だけに留まっている推理もけっこうある。例えば、博士は「青いスパンコール」で、「六つの可能な死因の仮説を立て――」と語るが、作中には真相以外の五つの仮説は出て来ない。
二つ目は、「特殊な科学知識を用いると、読者が自力で推理するのが困難になる」という問題の解決。ソーンダイクものの出来の良いトリックは、特殊な科学技術を用いるのではなく、特殊ではない科学技術を特殊な方法で用いているのだ。犯人は、映画や拳銃《けんじゅう》やスタンプといったありふれた技術をありふれていない方法で使って不可能状況を作り出す。博士はまず、使われている技術を推理し、次にその技術で今回の不可能状況が作り出せるか実験をする。後者は読者には無理だが、前者は無理ではない。かくして読者とのフェアプレイが実践できるようになる――のだが、なかなか難しいようで、読者が前者も推理できない作品も少なくない。

ところが、作者はこの二つの問題を一気に解決できる別の手段も生み出している。それこそが、〈倒叙《とうじょ》形式〉――TVドラマ『刑事コロンボ』などでおなじみの、冒頭《ぼうとう》で犯人を明かしてしまう叙述形式――に他ならない。例えば、「練り上げた事前計画」の犯人のトリックは、犬を利用したもの。このトリックは読者が推理するのは難しいが、問題はない。なぜならばこのトリックは、倒叙形式によって、最初から読者に明かされているからだ。そしてもちろん、読者はこれ以外のトリックが用いられた可能性を考える必要はない。
ただし、倒叙形式によって解決できるのは、作者にとっての問題だけに留まる。当たり前の話だが、作中人物のソーンダイク博士に対しては、犯人は明かされていないのだ……。

07

探偵はゴーストバスター

カーナッキ

Profile ①W・H・ホジスン ②「妖魔《ようま》の通路」1910 ③『幽霊狩人カーナッキの事件簿』（②収録） ④ドジスン（語り手） ⑤電気式五芒星《ごぼうせい》、スペクトル方式の結界などで幽霊に挑む。

Debut さまざまな場所で怪異《かいい》現象を解き明かす幽霊狩人カーナッキ。彼は帰宅すると四人の友人に事件の話をするのが常だった。そして、今回は夜間に扉《とびら》が不気味な音を立てる〝呪《のろ》われた部屋〟の事件を語り始める。カーナッキは室内に〈電気式五芒星〉を設置し、幽霊に挑むが……。

Guide カーナッキはいわゆる「オカルト探偵」だが、斉藤《さいとう》八《や》雲《くも》のように特殊な能力は持っていない。科学とオカルトを融合《ゆうごう》したような手段で幽霊と戦うので、『ゴーストハント』シリーズの渋谷《しぶや》一《かず》也《や》（ナル）に近いだろう。例えば、たびたび使われる〈電気式五芒星〉は、魔除《まよ》けの力を持つ五芒星（オカルト）と電気（科学）で防御《ぼうぎょ》結界をはる技術。ある作品では、結界を破って侵入《しんにゅう》しようとする幽霊とカーナッキとの戦いが描かれている。

しかし、カーナッキは単なるゴーストハンターではない。八雲やナルのように推理も披露《ひろう》しているから、名探偵として本ガイドに選ばれたのだ。では、それはどんな推理だろうか？

エラリー・クイーンは、『クイーンの定員』という評論書の中で、ミステリの傑作短篇集百六冊を紹介している。そのNo.53に選ばれたのが、カーナッキの短篇集。つまり、カーナッキの冒険譚《ぼうけんたん》は、ホラーではなくミステリなのだ。そして、クイーンはその理由をこう語っている。

（カーナッキは）いくつかの短篇においては、超自然的な謎《なぞ》に対して、超自然の要素がかけらもない解決にたどり着いている。

これは、どういう意味だろうか？　実は、カーナッキものには、「オカルト現象は人間の手によるものだった」という解決が何度も登場するのだ。人間がトリックを使ってオカルト現象を起こしたのだから、Ｊ・Ｄ・カーの作品と何も変わらない——わけではない。「オカルト現象は幽霊によるものだった」という解決もあるからだ。従って、カーナッキはまず、どちらによる現象なのかを特定しなければならない。その後、人間によるものならトリックの解明、幽霊によるものなら原因の究明、と進んでいく。実にユニークな推理の物語だと言える。

ところが、この連作には、「オカルト現象の一部は幽霊、別の部分は人間によるものだった」という解決もあるのだ。この場合、一つの短篇の中で、二種類の推理が披露されることになる。人間のトリックには「間違いない」と断言していたカーナッキが、幽霊の仕業に関しては「どう考えていいのかわからない」と変わるところは、実にユニークだと言える。

ただし、その推理自体は今ひとつ。例えば、ある作品では二枚の写真の違いからトリックをあばくが、その違いは作中には書かれていない。まあ、一九一〇年頃の作品なので、そこまで期待してはいけないのだが。

08

名探偵は世界の見方を変える

ブラウン神《しん》父《ぷ》

Profile ①G・K・チェスタートン ②「青い十字架《じゅうじか》」1910 ③『ブラウン神父の童心』（②収録）④フランボウ（犯罪者から私立探偵に）⑤ローマ・カトリックの神父／背が低く太っている／いつも蝙蝠傘《こうもりがさ》を持つ。

Debut パリ警視庁のヴァランタンは、大犯罪者フランボウを追ってイギリスに上陸。ところが、長身のフランボウの変装ではあり得ない小柄《こがら》な神父に注意を引かれてしまう。この神父はあちこちで不可解な行動をとるのだが……。

Guide 〈名探偵〉という観点からは、ブラウン神父は頂点に立つ。神父は「部屋の外から聞こえてくる足音だけで、今、起こっている犯罪をあばく」といった見事な推理をいくつも披露《ひろう》するが、これは他の名探偵でもできないことはない。だが神父は、推理によって世界を変えてしまうことができるのだ。いや、正確には、世界に対する読者の見方を変えてしまうのだ。
　例えば、「三つの兇器《きょうき》」で、刑事が〝被害者を殴打《おうだ》した兇器が見つからない〟と言うと、神父は「（兇器は）大きすぎて眼につかなかったのではありませんか」と言ってから、「アームストロングを殺した道具は、巨人の棍棒《こんぼう》、眼に見えぬほど大きな緑の棍棒で、その名は大地というわけですよ」と説明する。つまり、被害者は墜落死《ついらくし》したのだが、それに気づかない刑事が兇器を気にしているので、

「大地」と答えたという次第。確かに、墜落死の場合、「兇器は何か?」と聞かれたら、「地面」と答えるしかない。

もっとも、これは単なるレトリックで、ブラウン神父の推理としては初級編になる。では、お次は上級編に行こう。

「折れた剣《つるぎ》」では、ブラウン神父は助手のフランボウに「賢《かしこ》い人は葉をどこに隠《かく》す? 森のなかに隠す」→「森がない場合には、自分で森を作る」→「一枚の枯葉《かれは》を隠したいと思う者は、枯木の林をこしらえあげるだろう」と語る。そしてその後で、この発想に基づく常識的にあり得ない殺人の動機を推理。これは、解決篇でいきなり出てきたら、読者は納得しないこと間違いなしの動機なのだ。しかし、「木の葉を隠すなら森の中がベスト」という考えをすり込まれ、「森がないときはどうするか?」と問われた読者は、「自分で森を作る」という答えに疑問を感じることはない。本当に賢い人なら、森を作るのは時間と手間がかかると考え、「森がなければ、森がある場所まで行って隠す」のが普通だろう。だが、ブラウン神父の言葉の呪縛《じゅばく》が、読者がその考えを思いつかないようにしてしまう。かくして、読者の世界に対する見方は変わり、常識ではあり得ない真相を受け入れてしまうことになる。

これこそが、ブラウン神父の名探偵としてのすごさに他ならない。神父の言葉によって、読者の見える世界が変わり、普通の人が透明《とうめい》人間になり、ありふれたハンマーが神の雷《いかずち》になり、紳士《しんし》と給仕の区別がつかなくなるのだ。

09

探偵は神と法の下に

アブナー伯父《おじ》

Profile ①M・D・ポースト ②「天の使い」1911 ③『アブナー伯父の事件簿』（②収録）④マーティン（語り手／甥《おい》／九歳）／ランドルフ判事 ⑤牧畜家／篤信家《とくしんか》／大柄《おおがら》／ぜい肉なし

Debut 九歳のマーティンは、大金を届ける仕事を父に頼まれる。子供が大金を持っているとは誰も思わないと考えたわけである。だが、宿に泊まると、知人が金を狙《ねら》って来たのだ！　間一髪《かんいっぱつ》で助けに来たアブナーは、犯人に「神の摂理《せつり》を信じるか？」と問うのだった。

Guide アブナー伯父のシリーズでは、神、正義、法といったテーマが扱われることが多い。同じテーマを扱ったミステリは少なくないが、アブナーものでの扱い方は、かなりユニークだと言える。

まず、舞台が南北戦争前のヴァージニアなので、まだ社会は安定しておらず、法も信仰も大きな力を持っていない。牛泥棒《うしどろぼう》は裁判《さいばん》にかけずに殺すし、黒人奴隷《どれい》は「物」なので相続遺産《いさん》として扱われるし、いつも聖書《せいしょ》を読んでいるアブナーはみんなにからかわれる（が、彼はその全員を叩《たた》きのめす）。彼はこんな社会で神を信じ、法を守ろうとするのだ。

ただし、アブナーは信仰はあついが単なる牧畜家に過ぎない。ブラウン神父のように聖職に就いているわけでも、バックに教会があるわけでもない。また、ペリー・メイスン弁護士のように法曹《ほうそう》界《かい》の住人というわけでもない。ごく普通のアメリカ人が、まだ不安定な社会が生み出した犯罪に、法と聖書を頼りに挑むのだ。これがアブナーの魅《み》力《りょく》であり、アメリカで高く評価された理由なのだろう。

そして、この立ち位置が、アブナーと事件との関係を、他の名探偵と異なるものにしている。アブナーは、犯人を推理して終わりではないのだ。例えばある事件では、犯人はすぐわかるが、その人物は法の側に立つ権力者だった。この権力者をいかにして罪に問うかがアブナーの課題となり、彼は民主主義を利用してその難題を鮮《あざ》やかに解決するのだ。またアブナーは、ある事件では証拠品に手を加えてしまうし、別の事件では犯人の計画に協力する。なぜならば、その方が正義を貫《つらぬ》くことになるからだ。

そしてアブナーは、神に関する思想闘争《とうそう》（と書くと矢吹駆《やぶきかける》みたいだが）も行う。ある事件では、自然現象と偶然《ぐうぜん》が重なった島田荘司《しまだそうじ》風の不可能犯罪に対して、「神の審判《さばき》の庭としての、恐《おそ》ろしい奇《き》蹟《せき》」と語り、別の事件では、「偶然なるものは、きみのいう神の補佐役ではない」と主張する男と対決するのだ。

もちろん、アブナーの〝推理〟が冴《さ》える作も少なくない。特に、犯人の偽装《ぎそう》をあばく推理はお見事（実は、データが読者に提示されていない推理も多いのだが、これは推理自体の質とは関係ない）。そして、最高傑作は、牛泥棒の容疑者を私刑から救うために披露《ひろう》する推理。他の名探偵なら、容疑者以外の人物が犯人だと推理するのだが、アブナーは違うのだ。

10

ヒーローになれない探偵

フィリップ・トレント

Profile ①E・C・ベントリー ②③『トレント最後の事件』1913 ④マーチ警部（友人） ⑤三十二歳／画家兼新聞記者だが、〝名探偵〟として最も世間に知られている。

Debut 画家のトレントは、その卓越《たくえつ》した推理力をレコード新聞社に買われ、臨時《りんじ》記者としてこれまで三十以上もの事件に取り組んできた。今回はアメリカ財界の〈巨人〉と呼ばれるマンダースンが殺された事件の捜査《そうさ》に乗り出したが、そこで会ったのは美しき未亡人《みぼうじん》だった……。

Guide 『トレント最後の事件』は、「現代ミステリの先駆」と言われ、その理由は「名探偵を生身の人間として描いたから」だと言われている。私は、前半は同意するが、後半は違う考えを持っているので、ここで説明しよう。

ホームズのガイドで述べたように、この時代の名探偵は、〈ヒーロー〉として描かれている。従って作者は、「今回は名探偵にどんな事件を解決させるか」という発想で執筆《しっぴつ》に取りかかる。これは、さいとう・たかをの『ゴルゴ13』や手塚治虫《てづかおさむ》の『ブラック・ジャック』などを思い浮かべると、イメージがつかめるだろう。

この執筆方法は、名探偵が活躍《かつやく》する短篇を雑誌に連載する場合は問題はない。だが、単行本用に長篇を執筆する場合は問題が生じる。探偵ヒーローが即座に事件を解決しては長篇にならないし、いつまでも解決できないとヒーローらしくないからだ。

ベントリーがこの問題に出した解決は、「長篇ミステリは探偵ヒーローものとして描かない」というもの。この解決策を用いると、探偵からヒーロー性が剥奪《はくだつ》されるため、「探偵を生身の人間として描いている」ように見える——が、実はその逆。ベントリーは、探偵をヒーローとして描く代わりに、ミステリのプロットやトリックの〝構成要素〟として描いたからだ。探偵はパズルのピースやチェスの駒《こま》になるわけだから、「生身の人間」とはほど遠い。トレントが事件関係者に恋愛感情を抱くのは、生身の人間だからではなく、プロットの都合なのだ。

また、トレントとマーチ警部の関係も同様。「(二人が取り組んだ事件において)あるときは警部の長年の経験と捜査法が勝を制し、あるときは、トレントの(略)本能的に決め手をかぎ出す才能に凱歌《がいか》があがった」という文を見て欲しい。作者がこの文を入れたのは、トレントが超人的な探偵能力の持ち主ではないことを示すため、つまりヒーロー性を剥奪するためであることは間違いないだろう。だが、その理由は、探偵を生身の人間として描くためではない。トレントが完璧《かんぺき》な推理をしたら、プロットが成り立たなくなってしまうからだ。

まず、長篇の長さを支えることができるプロットとトリックを考える。その後で、そのプロットに最適な探偵役を考える。その探偵役をヒーローとして描くかどうかもプロットによる。——これが「現代ミステリ」なのだ。

11

探偵はトリックのために

エルキュール・ポアロ

Profile ①アガサ・クリスティ ②『スタイルズ荘の怪事件』1920 ③『アクロイド殺し』 ④ヘイスティングズ大尉《たいい》（語り手） ⑤私立探偵／還《かん》暦《れき》過ぎ／小柄《こがら》／ベルギー人／立った口髭《くちひげ》

Debut スタイルズ荘《そう》で療養《りょうよう》休暇中のヘイスティングズ大尉は、ベルギーで知り合った私立探偵エルキュール・ポアロと再会する。そこに起こったスタイルズ荘の女主人殺害事件。退役後は探偵になりたいと思っていたヘイスティングズは、ポアロと共に捜査《そうさ》に乗り出す。

Guide フィリップ・トレントのガイドでは、探偵役をヒーローからトリックやプロットの構成要素に変えたものが（当時の）現代ミステリだと述べた。そして、その手法を最も効果的に用いた作家が、クリスティに他ならない。彼女の作品は、トリックやプロットのアイデアが先にあり、そのアイデアから逆算して探偵役を選んでいる。例えば、初期の十長篇を見ると、ポアロは半分の五作しか登場していない。そして、各作品の探偵役を入れ替《か》えると、プロットがおかしくなってしまうのだ。『ビッグ4』は冒険《ぼうけん》ものなのでポアロは不向きだと考える読者がいるかもしれないが、ラストで明かされるあるトリックは、ポアロもの以外では効果を発揮しないだろう。

　では、クリスティがポアロ向きだと考える事件は、どのようなものだろうか？　答えは、「トリックを弄《ろう》する頭の良い犯人が起こした事件」。これは、ポアロものを読んでいる人なら、納得してもらえると思う。

さらに、この犯人のタイプについては、もう一点、加えるべき特徴《とくちょう》がある。それは、「事件を起こせばポアロが捜査に乗り出すとわかっていながら殺人を実行する」というもの。旅行中の事件を扱った作では、有名な探偵であるポアロが同じ船／飛行機／列車に乗っていることをみんなが知っている。それなのに、犯人は殺人に踏み出すのだ。いや、『ABC殺人事件』のように、あえてポアロを事件に巻き込む犯人さえもいる。そして、犯人たちは、ポアロを欺《あざむ》くために巧妙《こうみょう》な殺人計画を立てる。もちろん、犯人にとっては、ポアロを欺くための計画だが、作者にとっては、読者を欺くための計画になっていることは言うまでもない。名探偵をトリックの構成要素として利用することによって読者を欺く――これが、クリスティが〈欺《だま》しの天才〉と言われる理由の一つなのだ。

なお、作者はポアロだけでなく、ヘイスティングズも欺しに利用している。クリスティ作品の犯人のトリックは人間関係を錯覚《さっかく》させるものが多いが、ポアロはそれを見抜《みぬ》いても、ヘイスティングズに明かしたりはしない。なぜかというと、人の好い彼に真相を教えると、顔に出してしまい、犯人に気づかれる危険性があるから。これもまた、読者を欺くための手法だと言える。まあ、そのためにヘイスティングズは、評論家のハワード・ヘイクラフトに「ワトソン役の中で最も愚《おろ》か」だと評されてしまったが。

12

貴族探偵

ピーター・ウィムジイ卿《きょう》

Profile ①D・L・セイヤーズ ②『誰の死体?』1923 ③『ナイン・テイラーズ』 ④パーカー警部（後に義弟に） ⑤三十二歳?／デンヴァー公爵《こうしゃく》の弟／クリケットの名手／戦争後遺症《こういしょう》

Debut ピーター卿は、デンヴァー先代公妃《こうひ》、つまり母親から事件捜査《そうさ》を頼まれる。知人が自宅で鼻眼鏡の全裸《ぜんら》死体を見つけたというのだ。誰の死体なのだろうか? 失踪《しっそう》した金融界《きんゆうかい》の名士の死体なのだろうか? ピーター卿は親友のパーカー警部と共に、この謎《なぞ》に挑むのだった。

Guide フィリップ・トレントのガイドでは、探偵役をヒーローからトリックやプロットの構成要素に変えたものが（当時の）現代ミステリだと述べ、エルキュール・ポアロのガイドでは、この手法をクリスティがどう用いたかを述べた。そして、セイヤーズもまた――クリスティとは異なる方法で――〈トレント方式〉を用いている。それは、「クリスティのようにプロットを考えてから探偵を当てはめるのではなく、プロットを考える時点でピーター卿の存在を前提にする」というもの。簡単に言うと、ピーター卿が事件の関係者になるプロットにするわけである。

第一作『誰の死体?』では、知人が重要容疑者になったのでピーター卿が乗り出す、といった程度だが、二作目は違う。何と、知人ではなく、ピーター卿の兄が重要容疑者になるのだ。その後も、

『殺人は広告する』や『大忙《おおいそが》しの蜜月《みつげつ》旅行』では完全にドラマ部分の主役だし、『ナイン・テイラーズ』では、真相がわかった瞬間に、ピーター卿が事件において重要な役割を果たしたことが明らかになる。

　ここで注目すべきは、『毒を食らわば』で登場し、複数の作品で活躍《かつやく》した後にピーター卿の妻になるハリエット。彼女は自立した女性なので、貴族の肩書《かたが》きはどうでも良いし、クリケットの腕前《うでまえ》もどうでも良い。では、彼女の好感度を上げるには、ピーター卿は何をすれば良いのだろうか？　答えは『学寮祭《がくりょうさい》の夜』にある。母校の事件に巻き込まれたハリエットは、ピーター卿に助けを求める手紙を出し、「あなたがここにいて、どうすべきか教えてくれたらどんなにいいか」と思うのだ。つまり、探偵としての活動が婚活《こんかつ》になるわけである

〈トレント方式〉と言うよりは、『八点鐘《はってんしょう》』のアルセーヌ・ルパン方式かも）。名探偵でありながらドラマの主役を兼《か》ねる——この点こそが、ピーター卿の魅力《みりょく》なのだ。

　また、〝推理〟という観点からも、ピーター卿は同時期デビューの探偵より魅力的と言える。彼は手がかりから真相にたどり着く前に、パーカー警部やハリエットと徹底的《てっていてき》にディスカッションをするのだ。クイーン父子が六年後に登場するまで、このレベルのディスカッションを描いた作品は他にはなかった。

　そして、ピーター卿と妻が、新婚だというのに事件をめぐるディスカッションに熱中している『大忙しの蜜月旅行』に添《そ》えられた副題は——「推理によって中断する恋愛小説」。

13

警察官には向かない探偵

ジョーゼフ・フレンチ警部《けいぶ》

Profile ①F・W・クロフツ ②『フレンチ警部最大の事件』1925 ③『クロイドン発12時30分』 ④カーター部長刑事／ウィリス警部 ⑤通称「お世辞のジョー」／行き詰まると妻に相談。

Debut ダイヤモンド商社の金庫から三万三千ポンドのダイヤが盗《ぬす》まれ、老支配人が殺される。犯人は金庫をどうやって開けたのか？ 行方《ゆくえ》不明の外交員は犯人なのか？ 謎《なぞ》の女性の正体は？ フレンチ警部は事件に取り組むが、どの線の捜査《そうさ》も徒労に終わってしまうのだった……。

Guide 本格ミステリの名探偵にアマチュアが多いのは、取り組む事件を限定したいという理由が大きいと思われる。作家としては名探偵には難事件にだけ取り組ませたいが、警察官では事件のえり好みをさせられない。というわけ。

では、警察官を探偵役にしたクロフツは、この問題をどう解決しているのだろうか？ その答えは『二つの密室』にあった。副総監《ふくそうかん》がフレンチを高く評価していて、難事件が起こると彼に担当させるのだ。そして、その時にフレンチが担当していた仕事は別の者に任せる。なるほど、これならフレンチは、警察官でありながら、難事件ばかりに取り組むことができるわけである。フレンチ自身もそれを望んでいるらしく、難事件にごぶさたすると、「このところ（略）退屈《たいくつ》で、うんざりするような、下劣《げれつ》な、しかも、知的な興味などまるで刺激《しげき》しない事件ばかりだった」（『フレンチ警部の多忙《たぼう》な休暇《きゅうか》』）といった愚痴《ぐち》をこぼすのだ。

では、その難事件の捜査ぶりを見てみよう。まず気づくのは、捜査が直列だということ。『フレンチ警部最大の事件』の金庫の鍵《かぎ》の捜査ならば、フレンチはまず、会社で鍵の型を取られた可能性だけを捜査し、行き詰まってから、鍵の型が自宅で取られた可能性を捜査する。だが、これは一匹狼《いっぴきおおかみ》の捜査法で、警察官ならば、二つの捜査を並行して進めるのが普通だろう。

次に、複数の作品に登場する、フレンチが副総監に報告をする場面を見てみよう。ここで副総監が指摘《してき》することは、毎回同じで――「推理は正しそうだが、証拠がない」。証拠を二の次にするというのは、警察官というよりは、アマチュア名探偵の考え方だろう。

つまり、フレンチは警察官ではあるが、〝事件との関わり〟と〝推理〟の観点からは、アマチュア探偵と何も変わらないのだ。

では、その推理のレベルはというと、あまり高くはない。推理にアクロバティックなところがないため、フレンチが手がかりを見つけた時点で、読者も真相に気づくことが多いからだ。

ただし、倒叙《とうじょ》形式の場合はこの短所は目立たない。例えば、犯人視点で描かれている『クロイドン発12時30分』では、フレンチが犯人のいないところで何をやっているかは読者に伏せられている。そして、最後の二章で、伏せられていたフレンチの捜査内容がすべて明らかになり――読者は彼を名探偵だと認めるのだ。

14

探偵は間違える

ロジャー・シェリンガム

Profile ①アントニイ・バークリー ②『レイトン・コートの謎《なぞ》』1925 ③『毒入りチョコレート事件』 ④モレスビー主席警部 ⑤三十代半ば／小説家／「犯罪研究会」会長

Debut レイトン・コートのパーティに招かれた作家のシェリンガムは、密室殺人に遭遇《そうぐう》する。状況から見て自殺と思われたが、納得がいかない人物が一人だけいた。かくしてその人物シェリンガムは、素人《しろうと》探偵に名乗りを上げ、友人をワトソン役にして、捜査《そうさ》に乗り出すのだった。

Guide 黄金時代における大部分の名探偵の役割は、真相を担保することだった。例えば、名探偵が「皿は蛇《へび》にミルクを飲ませるためのものだったのです」と言った場合――ミルク皿の手がかりの解釈《かいしゃく》が他にいくつあっても――読者はそれを真相だと認める。なぜならば、ミステリとは作者が用意した真相を当てるゲームであり、名探偵は作者の代弁者だからだ。

この暗黙《あんもく》の了解を、バークリーがぶち壊《こわ》した。彼の探偵シェリンガムが考えた手がかりの解釈は、作者が用意した真相とは限らないからだ。かくして作者の庇護《ひご》を失ったシェリンガムは、迷走と間違いを繰り返すことになる。そう、シェリンガムは〝名探偵〟ではなく、ミステリの構造を揺るがす〝アンチ名探偵〟なのだ。

これが作者の狙《ねら》いであり、その狙いが達成されていると考える読者は少なくない。だが、そう考えない読者も少なくない。こちらの読者の代表として、小森収《こもりおさむ》の文を引用すると――「エラリイ・クイーンが間違うのと、ロジャー・シェリンガムが間違うのとでは、話が違うでしょう。シェリンガムのように、のべつ間違っていたり、強引だったりしては、そもそも愚昧《ぐまい》な探偵だというだけの話になってしまいます」(『短編ミステリの二百年2』)。

　探偵エラリーの推理は、手がかりの解釈を一つ挙げて終わりではない。「被害者の帽子《ぼうし》が消えていた」という手がかりに対して、「そもそも被害者は無帽だった」や「帽子は処分された」といったさまざまな解釈を検討し、残りが一つになるまで消去を行っていくのだ。

　『毒入りチョコレート事件』では、四番目に推理を披露《ひろう》したシェリンガムは、A夫人の心理の解釈からA氏が犯人だと結論づける。そして、五番目に登場した女性は、〝シェリンガムは女性心理の解釈を誤った〟と指摘《してき》して、別の解釈を基に別の犯人を推理する。しかし、エラリーが四番目に推理を披露していたら、当然、そちらの解釈も検討しているはずなので、五番目以降の推理は存在できないことになる。

　もっとも、当時も今も、「A氏以外は犯人ではあり得ない」というところまで推理する探偵は少数派だろう。従って、シェリンガムを〝アンチ名探偵〟だと言っても間違いではない。そして、作者の悪意に何度も何度もさらされながら、それでも名探偵であろうとするその姿は、ユニークで魅力的なのだ。

15

探偵はフェアプレイを担保する

ファイロ・ヴァンス

Profile ①ヴァン・ダイン ②『ベンスン殺人事件』1926 ③『グリーン家殺人事件』 ④マーカム検事／ヒース部長刑事／ヴァン・ダイン（語り手） ⑤三十六歳／北欧系美男子／遺産で悠々《ゆうゆう》自適／博識（特に心理学）／引用癖《いんようへき》

Debut 地方検事マーカムは、以前から友人のヴァンスに「犯罪捜査《そうさ》に同行したい」と頼まれていた。悪名高い株式仲買人ベンスンが奇妙な状況で殺された時、マーカムはその頼みに応えるべく、ヴァンスに声をかけた……。

Guide 私の考えでは、「本格ミステリにおけるフェアプレイはヴァン・ダインが革命を起こしてエラリー・クイーンが完成させた」となっている。そして、ヴァン・ダインが革命で用いた手段が〝名探偵〟だった。

ヴァン・ダイン以前は、作者が必要な手がかりをすべて読者に提示するのがフェアプレイだと考えられていた。しかし、作者が作中にしゃしゃり出て「ほら、ここに手がかりがあるでしょう」と言うわけにはいかない。かくして、作者がわざわざ書き込んだ手がかりに気づかない読者が「アンフェアだ」と批判する事態が生じることになった。

ここで、ヴァン・ダインの二十則第一則を見ると、「一、謎《なぞ》を解くにあたっては、読者は探偵と同等の機会を持たねばならない。すべての手がかりは、明示され、明記されていなければならない」

とある。これは、探偵が推理で使う手がかりをすべて読者にも提示しておけばフェアプレイが成立する、という意味。だからヴァンスは、作者の代わりに、「ほら、ここに手がかりがあったでしょう。あなたもこの手がかりを使えば犯人を当てることができたのですよ」と言って、フェアプレイを担保するわけである。そして、もちろん読者は、探偵が使わなかった手がかりのことは気にする必要はない。

ヴァンスで注目すべきもう一つの点は、彼が駆使する〈心理学的探偵法〉。物的証拠よりも心理的証拠を重視するこの推理法は、現在のプロファイリングの先駆と考えても間違いではない。ただしヴァンスは、すべての事件にこの推理法が使えるとは言っていない。実際には、〝頭の良い犯罪者は、警察が見つけることができる物的証拠は残さないし、逆に、物的証拠を偽造《ぎぞう》することもある。そういう犯罪者が起こした事件では物的証拠ではなく心理的証拠を重視すべきだ〟と言っているのだ。言い換えると、〈心理学的探偵法〉が適用できるのは、頭脳的な犯人が起こした犯罪だけになる。他人と似たり寄ったりの思考しかできない凡人《ぼんじん》が起こした犯罪には、この推理法は適用できないのだ。

そして、〈心理学的探偵法〉を実践《じっせん》するのは凡人には難しい。頭の良い犯人の上を行く頭脳の持ち主でなければならないからだ。ファイロ・ヴァンスのインテリ気取りを嫌う人が多いが、自分が凡人だと考えるような探偵には、〈心理学的探偵法〉の実践はできないのだ。

16

ポアロにはできない名探偵

ミス・マープル

Profile ①アガサ・クリスティ ②「火曜クラブ」1927 ③『火曜クラブ』（②収録）④メルチエット警察本部長／クラドック警部 ⑤老嬢《ろうじょう》／趣味は編み物、園芸、人間観察。

Debut マープルの甥《おい》で作家のレイモンドが主催した会合に、画家、元警視総監、牧師、弁護士が集まった。そこで、毎週一人ずつ順番に、自分が真相を知っている事件の話をすることになる。そして、すべての事件の真相を当てたのは、目立たない老婦人マープルだった。

Guide パーカー・パインやクィン氏を見ると、クリスティは、エルキュール・ポアロには使いづらいプロットを思いついた際に、新しい探偵を生み出していることがわかる。では、マープルの初登場作『火曜クラブ』は、どこがポアロ向きではないのだろうか？　答えは、「安楽椅子《あんらくいす》探偵の設定」。

隅《すみ》の老人《ろうじん》のガイドで述べたように、安楽椅子探偵ものには常にデータ不足の問題がつきまとう。そして、クリスティがこの問題に出した解決策は、「既に解決済みの事件をその解決を知っている人が語る」という叙述《じょじゅつ》形式。真相を知っている人が事件を語るのだから、データ不足の問題が生じることはない――のだが、事件が解決済みということは、マープルは実際には事件は何一つ解決していないことになる。これでは、ポアロに探偵役をやらせるわけにはいかないだろう。

ところが、作者はマープルを気に入ったらしく、安楽椅子探偵ものではない長篇でも使うようになった。では、これらの長篇におけるマープルは、ポアロとどこが違うのだろうか？　こちらの答えは、「マープルはポアロと違って世間に名探偵として知られていない」となる。

ポアロのガイドでは、犯人がポアロを名探偵だと知っている場合が多く、それが犯人の計画の複雑化とミスリードをもたらしていることを述べた。ただし、プロットによっては、名探偵の存在が邪《じゃ》魔《ま》になる場合もある。例えば、『そして誰もいなくなった』の島にポアロが滞在していたら、犯人は計画を中止した可能性が高い。ところが、島にいるのがマープルならば、中止しない可能性が高い。なぜならば、彼女は名探偵と思われていないからだ。言い換えると、犯人が名探偵の存在を意識していない方が良いプロットこそが、マープルの出番となる。

『予告殺人』でのマープルは、捜査《そうさ》はクラドック警部を前面に押し出して、自身が犯人と話すときは単なるゴシップ好きの老婦人を装っている。つまり、ポアロとは逆に、犯人には自分が名探偵だと意識させないようにしているのだ。――まあ、そのためにマープルはポアロより影が薄くなり、事件のトリッキーさもポアロものより劣《おと》ると言われてしまうわけだが。

なお、マープルの推理法は、殺人という重い罪を犯した人と軽い罪を犯した人を同等に扱うという危ういものなのだが、実作ではその危うさが感じられないのが残念。

17

探偵はフェアプレイを実践する

エラリー・クイーン

Profile ①エラリー・クイーン ②『ローマ帽子《ぼうし》の秘密』1929 ③『ギリシャ棺《ひつぎ》の秘密』④リチャード・クイーン警視（エラリーの父）⑤ミステリ作家／鼻眼鏡／稀覯本《きこうぼん》収集家

Debut 満員のローマ劇場で悪徳弁護士が毒殺される。手強い事件だと感じたNY市警のクイーン警視は、息子のエラリーを呼ぶ。「稀覯本を手に入れ損なった」と文句を言いながらもやって来たエラリーは、被害者が正装なのに帽子が見当たらないことに着目する。

Guide ファイロ・ヴァンスのガイドでは、「本格ミステリにおけるフェアプレイはヴァン・ダインが革命を起こしてエラリー・クイーンが完成させた」と述べている。そして、ヴァン・ダインが革命に用いた手段が「名探偵にフェアプレイを担保させる」だったとも述べた。では、エラリー・クイーンがフェアプレイの完成に用いた手段は何だったのだろうか？　それは、「読者への挑戦状」と、「探偵自身による事件の小説化」に他ならない。

これもヴァンスのガイドで述べたが、探偵にフェアプレイを担保させるということは、探偵が作者の代わりに、「ほら、ここに手がかりがあったでしょう。あなたもこの手がかりを使えば犯人を当てることができたのですよ」と言うことになる。ならば、挑戦状を入れて、読者に手がかりが揃《そろ》ったことを教えたならば、フェアプレイはさらに強固になる。挑戦状まで進んだ読者は、前に戻って見落とした手がかりを探したり、これまでに気づいた手がかりを使って推理をしたりできるからだ。

もうひとつの「名探偵自身による事件の小説化」は、さらにフェアプレイに貢献《こうけん》している。事件を解決した名探偵が小説化を行うのだから、探偵が推理に用いた手がかりは、すべて問題篇に書かれることになる。ところが、ワトソンの方は、常にシャーロック・ホームズと行動を共にしているわけではない。このため、ホームズが入手した手がかりがすべて問題篇に書かれる保証はないのだ。

さらに、この記述方式には、もっと大きなメリットがある。それは、「事件を解決した名探偵が小説化を行うので、探偵が見落とした手がかりは作中に出て来ない」というもの。現実にあった（という設定の）ローマ劇場の事件において、エラリーが重要な手がかりを見落として推理を間違えた可能性はゼロではない。だが、そのエラリーが自分の推理が正しいという前提で小説化した『ローマ帽子の秘密』には、見落とした手がかりが書かれていないため、読者はその間違いを指摘《してき》できないのだ。また、現実の事件では劇場にいた全員が容疑者だったが、『ローマ帽子の秘密』では、探偵が自分の推理で検討した容疑者しか作中に登場させていない。つまり、作中人物が重要かどうかは、探偵が自分の推理から逆算して決めているのだ。

こうして探偵エラリーは、自らの小説化によって、フェアプレイを実践《じっせん》したわけである。

18

探偵は夢想の男《ドリーム・マン》

サム・スペード

Profile ①ダシール・ハメット ②③『マルタの鷹《たか》』1930 ④エフィ（秘書） ⑤三十代前半／顔のあちこちにV字がある／アーチャーと共同で私立探偵事務所を開いている。

Debut 謎《なぞ》めいた女がスペードとアーチャーの探偵事務所を訪れ、駆け落ちした妹を捜《さが》してほしいと頼む。だが、調査に乗り出したアーチャーが殺され、妹の駆け落ち相手も殺される。そしてスペードは、宝石をちりばめた黄金の鷹の争奪戦《そうだつせん》に巻き込まれていく。

Guide 『マルタの鷹』以前のハメットの長短篇では、コンチネンタル探偵社の探偵（通称「コンチネンタル・オプ」）が探偵役をつとめていた。叙述《じょじゅつ》はオプの一人称一視点。これに対して、スペードは個人営業の私立探偵で、叙述はスペード視点だが、三人称で書かれている。つまり、三人称一視点。この変化はなぜ生じたのだろうか？　答えは、本ガイドで切り口に用いている「推理」と「事件との関わり」となる。

『マルタの鷹』のプロットは、「黄金の鷹探し」と「殺人事件の犯人探し」の二つの軸を持っている。前者は――他の多くのハードボイルド作品のように――行動によって少しずつ明らかになっていくので、推理はさほど必要はない。だが後者は、推理が必要になる。当たり前の話だが、作中の探偵が、「おれはハードボイルド探偵なので推理はしない」と考えることはない。推理をするかどうかは、事件のタイプで決まるのだ。実際、ハメットの探偵は、冴《さ》えた推理を披露《ひろう》することが少なくない。

そのスペードの推理を見ると、第二章でのアーチャー殺しでは、被害者の状況を見た時点で、犯人を推理している。だが、その推理を明かすのは最後の第二十章。つまり、スペードの行動のほとんどは、殺人犯を知っている状態でのものなのだ。長篇の大部分を犯人を知っている探偵の一人称で描くのは、途方もなく難しい。そこで作者は、三人称を選んだのだろう。

今度は、「事件との関わり」を見てみると、オプものより関わりが大きいことに気づく。スペードのパートナーが被害者で、その妻と関係を持っていて、そのため容疑者になって、依頼人とも関係を持つ。これは大きな会社に所属し、同僚が何十人もいて、自分と依頼人との間に会社が入るオプにはできない関わり方だろう。

そして最終章。スペードは自身の事件（の解決）に対する姿勢を延々と語る。これもまた、探偵社の一員であるオプにはできない。オプならば、自分ではなく探偵社の姿勢を語るべきだからだ。まあ、オプはときおり上司の指示に逆らうことがあるが、自身の信念を貫《つらぬ》くのと会社の方針に逆らうのは同じではない。

面白いことに、本作以降のハードボイルド探偵は個人営業が主流になったのだが、叙述の主流は一人称一視点のままなのだ。これによって生じる推理上の問題については、スペードの後継者たちのガイドで考察しよう。

19

共感の探偵

メグレ警部《けいぶ》

Profile ①ジョルジュ・シムノン ②『怪盗《かいとう》レトン』1931 ③『男の首』 ④リュカ刑事／ジャンヴィィエ刑事 ⑤パリ警視庁の警部／四十五歳／180センチ×110キロ／パイプ好き

Debut パリ北駅に着いた『北極星号』から降りた男は、国際犯罪組織の首領レトンだった。だが、その列車の洗面所で見つかった死体もまた、レトンの手配書と特徴《とくちょう》が一致していた。メグレはこの謎《なぞ》を追うが、部下は殺され、自身も撃《う》たれてしまう……。

Guide シムノンは「共感の作家」と言われている。従って、メグレも「共感の探偵」となる。彼は犯人に寄り添《そ》う探偵なのだ――という見方は間違いではないが、もう少し考えてみよう。

相手に共感するには、相手を理解しなければならない。だが、ミステリにおいては、関係者は誰もが自分を偽《いつわ》ったり隠《かく》し事をしている。メグレは捜査《そうさ》によって関係者の偽りや隠し事をあばき、その奥に潜《ひそ》む内面に踏み込み、理解し、共感する。メグレの名探偵としての能力はそこにあるのだ。――という見方は間違いではないが、もう少し考えてみよう。

相手を理解できたからといって、必ずしも共感できるわけではない。例えば、普通の人ならば、大金と引き替えに人を殺すプロの暗殺者に共感することは難しいだろう。メグレは警察官なので、こういったプロの犯罪者が起こした事件の捜査もしなければならない。いや、実際は、プロが起こした犯罪の方が多いはずである。ならば、なぜメグレの事件簿《じけんぼ》は、共感できる人々が起こした犯罪ばかりなのだろうか？

答えは、『メグレの回想録』に書かれている。このの作では、メグレものは、「現実に存在するメグレが解決した事件をジョルジュ・シムノンが小説化したもの」という（作中レベルでの）設定が提示されている。これは一見すると、ミステリではよくある設定に見えるが、そうではない。初対面の時、シムノンはメグレと次の会話を交《か》わす——。

シ「ぼくはプロの犯罪人には関心がありません。彼らの心理からはいかなる問題も引き出せない。彼らは、ある意味では、たんに自分の職業をしているにすぎないのですから」

メ「では、きみはなんに興味があるのかね？」

シ「彼ら以外の人々。ある日、思いがけずに人を殺してしまったような人間」

シムノンは、ホームズが解決した事件は何でも小説化するワトソンとは違う。『仕立て屋の恋《こい》』や『ドナデュの遺言《ゆいごん》』や『雪は汚れていた』の作者が、メグレが捜査した数多くの事件から、自分が描きたいテーマ（共感）が見いだせる事件だけを選んで小説化しているのだ。『怪盗レトン』において、プロの殺し屋の捜査を二行で終わらせているのは、これが理由だろう。

メグレは〝共感の探偵〟だけではない。だが、シムノンが描きたかったメグレは、それだけだったのだ。

20

事件を支配する探偵

ドルリー・レーン

Profile ①エラリー・クイーン ②『Xの悲劇』1932 ③『Yの悲劇』 ④ブルーノ地方検事／サム警視 ⑤六十歳前後／名優だったが耳が聞こえなくなり引退／変装の名人

Debut 聾者《ろうしゃ》となって引退したシェイクスピア劇の名優ドルリー・レーンが住むハムレット荘《そう》。そこをブルーノ地方検事とサム警視が訪れ、株式仲買人が満員の市電の中で殺された事件の相談をする。レーンは犯人がわかったと言うが、それが誰かは教えようとはしない……。

Guide 「事件との関わり」という観点からは、最もヤバイ名探偵。初登場時に検事と警視に向かって「これまでわたしは人形遣《つか》いの糸に操られてきましたが、いまはおのれの手でその糸を操りたい衝動《しょうどう》を覚えています」、「犯罪は人間ドラマの極致です。そして殺人こそその頂点です」と言い放つ。つまりレーンはここで、「わたしは殺人事件に介入して操る側に立つ」と宣言しているのだ。では、老いたる俳優がどうすれば他人を操る側に立てるのだろうか？ その答えは〝推理〟。レーンは卓越《たくえつ》した推理力で真相を見抜《みぬ》くが、それを警察には伝えず、「自分だけが真相を知っている」状況を作り出す。この状況が、レーンが警察より上位に立つことを可能にして、彼に操る力を与えるのだ。『Xの悲劇』では、レーンは事件の話を聞いただけで犯人を特定するが、それは伏《ふ》せておく。さらに、被害者の調査は、サムに頼まずに自分で——サムに変装してまで——行う。この変装に対して批判する読者も多いが、レーンとしては、サムに頼んで彼も手がかりを入手してしまう状況を避《さ》けたかったのだろう。いずれも、「自分だけが真相を知っている」状況を保つためであることは言うまでもない。いや、それどころか、自分が知っていることをほのめかす時には、サムたちをミスリードしているのだ。

こんなレーンの態度に愛想を尽かしたブルーノは、ドウィットを起訴《きそ》に持ち込む。だがレーンは、弁護士と組んでドウィットを無罪にして、ブルーノたちに赤《あか》っ恥《ぱじ》をかかせる。サムなどは、「たったいまから、このサミー坊《ぼう》やは、ドルリー・レーンおじさんの話を素直に聞くぞ!」と叫んでしまう。

レーンは、地方検事と警視さえも支配してしまったのだ。

また、無罪となったドウィットが殺人者に狙《ねら》われることは、レーンにはわかっていた。そこで彼は——警告するのではなく——ドウィットに向かってダイイング・メッセージ講義を行う。この講義を受けたドウィットは、殺される際に、律儀《りちぎ》にメッセージを残す。被害者もまた、レーンの支配からは逃れることはできない。

もちろん犯人も、レーンの支配下にある。目的をすべて果たした犯人は、平凡《へいぼん》な生活に戻ろうとした矢先に、逮捕《たいほ》されてしまうのだ。

そして、次のハッター家の事件(『Yの悲劇』)では、レーンはさらに支配力を強め、一線を越えてしまうことになる……。

21

法廷に立つ名探偵

ペリー・メイスン弁《べん》護《ご》士《し》

Profile ①E・S・ガードナー ②『ビロードの爪』1933 ③『義眼《ぎがん》殺人事件』 ④デラ・ストリート（秘書）／ポール・ドレイク（私立探偵）⑤刑事弁護士／中年／独身

Debut 今回の依頼人は謎《なぞ》の美女で、依頼はスキャンダル紙の恐喝《きょうかつ》への対処。メイスンがそのスキャンダル紙の陰《かげ》のオーナーに会いに行くと、何と、彼の妻が依頼人だった。しかも、そのオーナーは殺され、依頼人は犯行時にメイスンの声を聞いたと証言するのだった！

Guide 刑事弁護士を主人公にした小説は犯罪を扱うので、ミステリに分類されることが多い。しかし、そのミステリの主人公が「名探偵」と呼ばれることは多くない。では、なぜペリー・メイスンは「名探偵」と呼ばれるのだろうか？ それは、作者が、通常の弁護士ものにはない設定をメイスンものに与えているから。

例えば、普通の弁護士は捜査《そうさ》能力はないか、あっても警察よりはるかに劣《おと》る。だが、メイスンが使う私立探偵（ポール・ドレイク）は、かなり有能なのだ。メイスンの「急ぎの仕事ができたんだ。しかも警察を出し抜《ぬ》いてやってもらわなきゃならん」という無茶振りにも対応できる有能さを持っている。メイスンを名探偵にしている理由の一つが、ポールの卓越《たくえつ》した捜査力にあることは明らかだろう。

また、普通の刑事弁護士への依頼人は被疑者であり、内容は弁護だが、メイスンへの依頼は違う。犬がうるさいので飼い主を逮捕《たいほ》させたいとか、義眼がすり替《か》えられたとか、金魚が殺されそうだとか、事件性がないものが多い。シャーロック・ホームズものの「赤毛連盟《あかげれんめい》」風というか、〈日常の謎〉風というか、読者を惹《ひ》きつける魅力的《みりょくてき》な謎になっている（早々と解かれる謎も少なくないが）。こういった謎に挑むメイスンの姿は、弁護士ではなく名探偵に見えるのだ。

そして、メイスンを名探偵にしている最大の理由は、その弁護姿勢にある。普通の弁護士は、真相を明らかにする必要はないし、被告の潔白を証明する必要もない。検察が有罪とする根拠に疑いをはさむだけで良いのだ。だがメイスンは、真相を探り、依頼人が潔白だと確信しないと弁護をしない。つまり、メイスンがやることは、名探偵と同じなのだ。この姿勢は同時に、メイスンのいささかえげつない（場合もある）法廷戦術に、「罪なき被告を助けるため」という大義名分を与えることにもなっている。

さらにこの姿勢は、検察との関係も変えてしまう。検察や警察にとって、被告を無罪にするだけの弁護士は敵以外の何者でもない。しかし、冤罪《えんざい》を防ぎ、真の犯人を見つけ出してくれる弁護士ならば、味方なのだ。そしてこれは、アマチュア名探偵と警察の関係とよく似ている。

自身も弁護士だったガードナーにとって、おそらくこの弁護姿勢は、理想のものだったのだろう。そして、その理想を体現した弁護士は、〝名探偵〟と呼ばれることになった。

22

密室の講義をする探偵

ギデオン・フェル博士《はかせ》

Profile ①ジョン・ディクスン・カー ②『魔女《まじょ》の隠《かく》れ家』1933 ③『三つの棺《ひつぎ》』④ハドリー警視 ⑤四十七歳／百三十キロ近い巨漢／哲学博士／法学博士／王立歴史学協会会員

Debut 〈魔女の隠れ家〉と呼ばれる処刑場の不気味な伝説。それは、監獄《かんごく》の長官を代々つとめてきたスタバース一族は首の骨を折って死ぬというものだった。その近くに住むフェル博士の家を訪ねていたアメリカ青年のランポールは、博士と共にこの伝説の謎《なぞ》に挑む。

Guide 本ガイドでフェル博士を取り上げる場合、『三つの棺』における〈密室講義〉を無視することはできない。この講義では、「過去の密室ミステリで使われたトリックを分類し、現在捜査《そうさ》中《ちゅう》の密室殺人事件に当てはめてみる」という推理法が描かれているからだ——というのは正確ではない。この分類は、作者が先例のない密室トリックを案出するため、そして、密室ミステリの読者が密室トリックを見抜《みぬ》こうとするために使うものなのだ。言い換えると、講義は作中犯人と作中探偵ではなく、作者と読者の方を向いている。講義の前に「どうして探偵小説を論じるのですか」と問われたフェル博士が、「われわれは探偵小説のなかにいるからだ。そうでないふりをして読者をたぶらかしたりはしない」と答えたことがその証明になるだろう。作中人物が作者と読者の方を向いて講義をするならば、自身が作品の外に立つしかない。作中に留まる限り、斬新《ざんしん》な密室トリックを考案したのは、作者ではなく作中犯人になってしまうからだ。

かくしてフェル博士は〝メタレベルに立つ探偵〟になった。本ガイドに登場する九十九十九《つくもじゅうく》などの先駆だと言えるだろう。

ただし、九十九などとは異なり、フェル博士のメタ発言は、この作限りのもの。フェル博士は、この作以前の『帽子《ぼうし》収集狂事件』では〝自分は探偵小説中の探偵ではない〟と語り、この作以後の『緑のカプセルの謎』では、作中の毒殺魔と実在の毒殺魔を比較《ひかく》しているからだ。

今度はフェル博士の推理を見てみると、〝推理〟よりは〝伏線《ふくせん》の回収〟の方が多い。これは、『盲目《もうもく》の理髪師』や『アラビアンナイトの殺人』といった安楽椅子《あんらくいす》探偵形式の作品を読むとよくわかる。

だが、フェル博士の本領発揮はこの後。真相を見抜いた博士は、それを伏《ふ》せたまま、警察関係者などに――実際は読者に――ヒントを出しまくるのだ。しかも、「友愛的信頼の鍵《かぎ》」とか、「七本の剃刀《かみそり》の鍵」といった、思わせぶりな表現で。さらに、このヒントにはミスリードも仕掛けてある。ある長篇では、「わしはこの事件全体で一度と言わず、言葉やおこないやほのめかしで、あんたたちに誤った印象を与えつづけてきたんだ」と謝罪してもいる。

作者と同じメタレベルに立ち、作者の代わりにヒントを出しつつミスリードを仕掛ける――フェル博士は、作者の共犯者なのだ。

23

探偵は動かない

ネロ・ウルフ

Profile ①レックス・スタウト ②『毒蛇《どくへび》』1934 ③『腰抜《こしぬ》け連盟』④アーチー・グッドウィン（語り手・助手）／クレイマー警視 ⑤私立探偵／180センチ×130キロの巨漢／四十歳くらい／美食家／蘭《らん》の愛好家／出不精《でぶしょう》

Debut 私立探偵ウルフが受けた依頼は失踪《しっそう》した金属細工師捜《さが》し。だが、彼は殺されていた。しかも、捜査《そうさ》を進めると、ゴルフ中に大学総長が怪死《かいし》した事件と関係があるらしい。いったい、この二人にどんな関係があるというのだろうか？

Guide 「ウルフは家から出ずに、助手のアーチーが捜査した結果を聞くだけ」という設定から、安《あん》楽椅子《らくいす》探偵ものだと言われている。だが、警察が自力での捜査に行き詰まった後で相談を受ける安楽椅子探偵と同じではない。アーチーは、ウルフのために、ウルフの指示通りに捜査をして、手がかりを見つけたらウルフに連絡するように言われているからだ。むしろ、「頭脳派探偵と行動派探偵の分業」と言うべきだろう。この分業によって、頭脳派探偵だけでは物語が単調になるところを、恋愛もアクションもいける行動派探偵が救うわけである。加えて、ウルフとアーチーの掛け合いの魅力も忘れてはならない。二人の関係は、一見するとビジネスライクだが、『黒い山』では、深い信頼関係を見せてくれたりもする。探偵役の分業体制をとるミステリでは、最高のコンビだと言えるだろう。

では、頭脳労働担当のウルフの名探偵ぶりは、というと、大したことはない。わかりやすい手がかりからありふれた推理を行うことが多いからだ。――というのは間違いではないが、正しいわけでもない。ウルフの探偵としての有能さは、手がかりに基づく推理ではなく、その手がかりを得る技量にあるからだ。

私立探偵のウルフにとって、警察は味方ではなく商売敵になる。依頼を受けた事件を自分より先に警察が解決したら都合が悪いからだ。警察の情報は喉《のど》から手が出るほど欲しいが、そんな厚意は期待できない。パパに頼めば捜査資料を入手できる探偵エラリー・クイーンとは違うのだ。

だが、ウルフはさまざまな手練手管《てれんてくだ》を用いて捜査の主導権を握《にぎ》り、警察から情報を入手する。一個人がその頭脳だけで国家権力をバックにした巨大組織とわたりあう――これがウルフの魅力なのだ。謎解《なぞと》き部分にはさほど見るべきところのない『ネロ・ウルフ対FBI』がアメリカで人気があるのも、これが理由だろう。

そして、同じことが事件関係者にも言える。彼らは警察関係者でもないウルフに協力する義務はない。そんな彼らからさまざまな手練手管を用いて情報を引き出すウルフの手腕《しゅわん》もまた、名探偵と呼ばれるのにふさわしい。

なお、『毒蛇』では、ウルフが犯人を野放しにしたために新たな被害者が出るが、彼がそうした理由は相当えげつない。『僧正《そうじょう》殺人事件』でのファイロ・ヴァンスのある行為が可愛《かわい》く見えてしまうほどなのだ。

24

ヘンリ・メリヴェール卿《きょう》

密室の講義をするもう一人の探偵

Profile ①カーター・ディクスン ②『黒死荘《こくしそう》の殺人』1934 ③『ユダの窓《まど》』 ④マスターズ主席警部 ⑤五十九歳／准男爵《じゅんだんしゃく》／王室顧問弁護人／内科医／元防諜局《ぼうちょうきょく》長官／H・Mと呼ばれる。

Debut 黒死病《こくしびょう》にちなんで〈黒死荘〉と呼ばれる屋敷で降霊術《こうれいじゅつ》が行われる。だが、そこで起こったのは心霊学者の殺人事件だった。犯行現場の石室を見ると、扉《とびら》には閂《かんぬき》、窓には鉄格子、周囲には足跡が残っていないという完璧《かんぺき》な密室状況。これを解決できるのは、H・Mただ一人——。

Guide ギデオン・フェル博士のガイドでは、J・D・カーの生み出したこの名探偵が、作者の共犯者をつとめていることを指摘《してき》した。カーター・ディクスンはJ・D・カーの別名義であり、作風も変わらないので、ヘンリ・メリヴェール（以降「H・M」）もまた、作者の共犯者ということになる。いや、ある面では、共犯者としては、フェル以上だとも言える。

例えば、『ユダの窓』では、物語の四分の一あたりで早々とトリックを見抜《みぬ》き、「ユダの窓は、君たちの家にもある。この部屋にもある」、「困ったことに、それに気づく人間がほとんどおらんのじゃ」と得意げに語る。これはもちろん、作者に代わって探偵がヒントを出しているわけである。ところが、本作を最後まで読んでも、H・Mがどんな手がかりに基づいてどんな推理をしてトリックを見抜いたのか、どこにも書いていないのだ。

また、作品における立ち位置には、大きな違いがある。それは、フェル博士とは異なり、H・Mはメタレベルには立たず、あくまでも作中人物に留まっているということ。例えば、『白い僧院《そういん》の殺人』と『孔雀《くじゃく》の羽根』における密室講義は、「作中犯人が密室状況を作成する動機」を扱っている。「作者が密室状況を作成する方法」を講義したフェル博士のようにメタレベルに立っていないことは明らかだろう。

では、H・Mものにはメタレベルの介入がないかというと、実は大いにある。例えば、『読者よ欺《あざむ》かるるなかれ』では、途中に何度も註《ちゅう》が入り、そこには「機械的手段を利用して殺害したものと考えるのは非常な誤解である」、「本事件は、犯人の単独行動であって」といった文が並ぶ。これが、作者による読者へのデータ提示とミスリードの役割を持っていることは言うまでもない。作中では、事件を小説化した人物による註（という設定）だが、読者は作者からの註だと見なして推理に用いて良いのだ。

だが、この註は事件解決後の小説化時に添《そ》えられたものなので、作中人物のH・Mが推理に使うことはできない。つまり、〝推理〟という観点からは、探偵と読者の間には途方もないギャップがあることになる。

本ガイドでは、ファイロ・ヴァンスや探偵エラリー・クイーンが読者に対して模範《もはん》解答を示す存在であると指摘している。だが、フェル博士やH・Mには模範解答を示すことはできない。彼らは作者の共犯者をつとめる存在なのだから。

25

迷《めい》宮《きゅう》課《か》

探偵は百万に一つの偶然をものにする

Profile ①ロイ・ヴィカーズ ②「ゴムのラッパ」1934『迷宮課事件簿I』③『百万に一つの偶然』④⑤〈迷宮課〉の長であるレイスン警部が探偵役をつとめることが多い。

Debut エドワード七世の時代にロンドン警視庁に創設された〈迷宮課〉には、他の課が持てあました事件が持ち込まれる。このため、科学捜査《そうさ》の逆を行く「幸運なまぐれ当たり」を頼みにしていた。今回の事件も、犯人とも被害者とも無関係のゴムのラッパが手がかりになって……。

Guide 倒叙《とうじょ》ミステリとして高い評価を得ている上に、松本清張《まつもとせいちょう》など、影響を受けた作家も多い迷宮課もの。課の説明は第一作で詳しく書かれているが、迷宮課は「ほかの係や課がすてたあらゆるものを引きうけるのが役目」。例えば、一般の人々から持ち込まれた「とるに足らないバカバカしいもの（情報）」を引き受けたりするわけである。さらに、「仕事はたいてい当て推量で進められ」、「論理的にはなんのつながりもない人間や事件を結びつけるのが、この課の仕事であって、ひと言でいえば科学捜査の逆を行くものだった。頼むのはいつも幸運なまぐれ当たり《フロック》」というわけ。

一般に、倒叙ミステリでは「犯人はどんなミスを犯したか？」が謎《なぞ》となるが、迷宮課ものでは少し違う。謎は各作品の冒頭《ぼうとう》で提示されるのだが、基本的には「なぜそれが手がかりになるのか？」

と「その手がかりは何か？」の二種類が大部分を占《し》めている。具体的に言うと——

第一作「ゴムのラッパ」では、冒頭に「問題のゴムのラッパは、ジョージ・マンシーとも、彼が殺した女とも、また彼が殺人を犯すにいたった事情とも、論理的にはなんの関係もなかった」という文が登場。つまり、読者が解くべき謎は、「なぜ事件と無関係のゴムのラッパが手がかりになるのか？」となる。

代表作「百万に一つの偶然」では、冒頭に、犯行時には存在していなかった手がかりが六ヶ月後には存在している、という意味の文が登場。つまり、読者が解くべき謎は、「その手がかりは何か？」となる。

どちらも面白い謎で、倒叙形式とも相性が良い——が、名探偵とは相性が悪い。これらの謎は、作者から読者に向けて出題されているので、作中探偵が知ることはできないからだ。作中探偵の立場で見ると、手がかりを発見した時点で、ようやくそれが六ヶ月前には存在していなかったことがわかるわけである。

となると、偶然手がかりを入手しただけのレイスン警部たちは名探偵とは言えない。となると、本ガイドにふさわしくない、と考える人も多いだろう。だが、無意味に見えるデータまで集め、それを結びつけるために常に働いている刑事たちが集まる組織は、偶然を必然に近づけることができるのではないだろうか？　そう、まぐれ当たりが生まれる可能性を高める〈迷宮課〉のシステム自体が、名探偵なのだ。

26

名探偵とオカルト

トレヴィス・タラント氏《し》

Profile ①C・D・キング ②「〈第四の拷問《ごうもん》〉」1934 ③『タラント氏の事件簿《じけんぼ》』（②収録）④ジュリー・フィラン（語り手）⑤四十代半ば／精神分析《ぶんせき》、民俗学、考古学等に造詣《ぞうけい》が深い。

Debut 私（ジュリー）は妻と共に、タラントの友人ホワイトの別荘に招かれる。雑談でタラントが、メアリ・セレスト号に乗っていた全員が消えた事件が「最も魅力的」だと言うと、ホワイトは少し前によく似た事件があったと語る。そして翌日、またしても「よく似た事件」が起こったのだ。

Guide 通常のガイドならば、キングの探偵役としては、『海のオベリスト』などのマイケル・ロード警部補を選び、「手がかり索引《さくいん》」に触《ふ》れるだろう。だが、作中世界の外にある「手がかり索引」は、作中人物は参照できないため、ロードは推理に用いていない。つまり、本ガイドの切り口では、ロードはユニークな探偵ではない。
では、タラントの推理は、というと、ロードより上。いや、正確には、推理の説得力で上を行っている。というのも、この連作はすべて不可能犯罪を扱っているのだが、タラントが提示する方法しかあり得ないように思えるからだ。「〈第四の拷《かく》問〉」などは、タラントは重要な手がかりを隠し、冒頭《ぼうとう》の伏線《ふくせん》の回収はしない——正確には、その場にいないので「回収できない」——と、読者に対してアンフェアなのだが、真相の「これしかない」

感が、推理への批判を封《ふう》じてしまうのだ。

　ただし、私が評価するのは別の部分。タラントは毎回事件を解決して不可能を可能にするが、それが少しずつ変わっていく――おかしな方に。『タラント氏の事件簿』の原題は「The Curious Mr. Tarrant」だが、この「Curious」は、最初は「好奇心が強い」の意味だったが、徐々に「奇妙《きみょう》な」の意味に変わっていくのだ。

　最初の変化は第五話「首無しの恐怖《きょうふ》」。最後にタラントが語る首斬《くび》りの動機が、本格ミステリらしからぬオカルト的なものになっている。

　続く第六話「消えた竪琴《たてごと》」では、タラントは犯人を指摘《してき》し、ある行為《こうい》を強要する。だが、その行為の結果、予言が成就してしまうのだ。

　さらに、第七話「三つ眼が通る」に登場したムッシュー・オールが決定的な変化をもたらす。オールが自らの〝第三の眼〟で見たというデータを、タラントは疑うことなく推理に用いてしまうのだ。小森健太朗《こもりけんたろう》によると、オールのモデルは実在の神秘家G・I・グルジェフで、キングは彼の信奉者だったようだが……。

　そして、短篇集の初刊本では最後となる第八話「最後の取引」では、愛する女性に呪《のろ》いをかけられたタラントは、オールに助けを求める。

　最初からオカルトを信じている探偵は珍《めずら》しくない。だが、初登場の頃は、「この世には説明不可能なものはひとつもない」と中禅寺秋彦《ちゅうぜんじあきひこ》（京極堂《きょうごくどう》）みたいなことを言っていたのに、少しずつオカルトを信じるようになっていく探偵は珍しい。タラントは、そのユニークな探偵なのだ。

27

事件の中心で推理をする探偵

ピーター・ダルース

Profile ①パトリック・クェンティン ②『迷走パズル』1936 ③『俳優パズル』④アイリス(二作目で結婚) ⑤三十過ぎ/演劇プロデューサー/アルコール依存症で療養所《りょうようじょ》暮らし

Debut 演劇プロデューサーのダルースは、妻を亡くしてから酒浸《さけびた》りになり、療養所に入所していた。ある日、幻聴の件を所長のレンツ博士に相談すると、「療養所内で問題を起こしている人物を捜《さが》してほしい」と頼まれる。だが、捜査《そうさ》に乗り出したダルースの前で殺人が起きて……。

Guide ネロ・ウルフのガイドでは、ウルフとアーチーのコンビは、「頭脳派探偵と行動派探偵の分業」だと指摘《してき》した。『迷走パズル』も、ダルースが動き回って集めたデータを使ってレンツ博士という頭脳派探偵が謎《なぞ》を解くので、同じ形式になる——とは言えない。ダルースは、行動派探偵というよりは、巻き込まれ型サスペンスの主人公に近いからだ。コーネル・ウールリッチのサスペンスものの主人公と同じだと言っても良いし、ヒッチコック映画の「追われる主人公」と同じだと言っても良いし、〝事件の中の人〟と言っても良い。『迷走パズル』では、レンツ博士はダルースに療養所内の問題の調査を頼むのだが、その際、患者《かんじゃ》の抱えている悩みを聞き出すのは、「医師には無理でも、同じ入院患者のきみには話すかもしれない」と語る。つまり、レンツ博士は外から、ダルースは中で捜査を行うと言っているのだ。そして、この連携《れんけい》は成功。殺人事件は解決し、アイリスという恋人を手に入れたダルースは、演劇の世界にカムバックする。

次の『俳優パズル』では、このダルースの舞台カムバックが描かれているが、彼の持つ巻き込まれ体質のため、トラブルが続出。殺人まで起こって上演が危ぶまれる。ここで注目すべきは、ダルースの探偵ぶり。レンツ博士は事件の外で名探偵らしい推理を披露《ひろう》するが、事件の中にいるダルースは違う。彼は探偵というよりは、トラブルの原因を突きとめて排除する〈トラブル・シューター〉に見えるのだ。ダルースにとっては、殺人は自身のカムバックを阻《はば》む数多《あまた》のトラブルの一つに過ぎない。

考えてみれば当たり前の話だが、事件に巻き込まれているダルースには、すべての謎を解いてから関係者を集めて説明する余裕はない。目の前の謎を一刻も早く解かないと、自身のカムバックが失敗してしまうのだ。

ダルースものは三作目からレンツ博士が登場しなくなり、事件の外側で全体を見渡して推理する探偵役が不在になった。だが、作品がサスペンスものに変わったわけではない。事件の中で、新たなデータが手に入るたびに仮説を組み立てて検証するダルースは、まぎれもない名探偵なのだ——まるで、モース警部が事件の中にいるかのように。そして、その名探偵ぶりは、たった六人の登場人物で五重解決を成し遂げた『巡礼者《じゅんれいしゃ》パズル』を読めば明らかだろう。

28

探偵に不可能事なし

グレート・マーリニ

Profile ①クレイトン・ロースン ②『帽子《ぼうし》から飛び出した死』1938 ③『棺《ひつぎ》のない死体』 ④ロス・ハート（語り手／広告代理店勤務） ⑤元舞台奇術師／現マジック・ショップ店長

Debut アパートの一室で神秘哲学者《てつがくしゃ》が殺される。現場は完全な密室で、オカルト的な装飾《そうしょく》がなされていた。ガヴィガン警部は奇術師のグレート・マーリニに助けを求めるが、解決までは至らない。しかも、さらに事件は続き、人間消失と足跡のない殺人までも起こるのだった。

Guide 「グレート・マーリニという名の奇術師でもあるロースンは、奇術のミスディレクションの技法をミステリに持ち込んだ」という意味の文章を読んだことがある人は多いだろう。本ガイドでもこの考えを踏襲《とうしゅう》するが、他とは異なり、推理と結びつけて考えたい。

J・D・カーは奇術の小道具をトリックに使うことがあるが、その小道具を知らない読者は、トリックを見抜《みぬ》くことはできない。だが、ミスディレクションを用いたトリックは、読者が推理することができるのだ。実際の奇術を取り上げて、それを説明しよう。

①コップを見せる。②それを新聞紙でくるむ。③それでテーブルを叩《たた》いて音を立て、コップが中にあることを示す。④今度は新聞紙を思い切りテーブルに叩きつける。⑤新聞紙はつぶれるが、中

のコップは消えている。

これを推理すると、①の段階でコップが存在するのは事実。↓④と⑤の段階ではコップは存在しないことは事実。↓②の段階でコップは隠《かく》された。↓③の段階では音がしたのは事実だが、コップが存在することは事実とは言い切れない。↓新聞紙でくるむ際にコップを隠し、そのコップをテーブルにぶつけて音を立てた。

——となる。ミスディレクションは③で、これを推理で見破っているわけである。マーリニものの短篇で、同じ原理を用いたトリックが使われていることに気づいた人もいると思う。

ただし、マーリニを「犯人の巧妙《こうみょう》なミスディレクションをあばく名探偵」と見なす読者は少ないと思う。おそらくその理由は、ロースンのもう一つの肩書き——ミステリの編集者——にある。作者はミステリ雑誌や叢書《そうしょ》の編集に長年たずさわり、その手腕は、《エラリー・クイーンズ・ミステリ・マガジン》の編集を任されるほどだった。『帽子から飛び出した死』の中で、〝意外な犯人でまだ残っているのは編集者か読者しかいない〟とさらりと言うことからも、作者のミステリ・センスがわかるだろう。

その作者が、作中犯人だけでなく、作中探偵にもミスディレクションを行わせるという——カーがよく使う——手法を前面に打ち出した。マーリニの発言によって、読者は誤った方向に導かれるのだ。特に、『棺のない死体』での誤導は、騙《だま》された読者が多いに違いない。そして、騙された読者はこう思う。「マーリニは名探偵ではなく、〝作者の共犯者〟だ」と。

29

探偵はタフで優しくて

フィリップ・マーロウ

Profile ①レイモンド・チャンドラー ②『大いなる眠り』1939 ③『ロング・グッドバイ』④自身が語り手 ⑤三十三歳／タフで優しい／保険会社の調査員→検事局の捜査員《そうさいん》→私立探偵

Debut ロサンジェルスの私立探偵マーロウは、富豪《ふごう》のスターンウッド将軍宅に呼び出される。強請《ゆす》られている次女のカーメンを救い出してほしいという依頼だった。表向きは古書店をしている脅迫《きょうはく》者《しゃ》を探るマーロウ。だが、その脅迫者は殺され、現場には全裸《ぜんら》のカーメンがいた。

Guide 作家の村上春樹《むらかみはるき》は、『大いなる眠り』の「訳者あとがき」で、チャンドラーは「ミステリーというフォーマットを引っ張ってきて、自分の文体を詰め込むための手頃な枠組《わくぐ》みとして、それを最大限に利用したのだ」と指摘《してき》している。これは正しいだろうし、そのためにジャンルを超えて評価されているという指摘も正しいだろう。だが、本ガイドで〈名探偵もの〉として考察すると、また別のものが見えてくるのだ。なお、今回は、これまでの切り口である〝推理〟と〝事件との関わり〟に、〝現実的〟を加えたい。作者の評論「むだのない殺しの美学（簡単な殺人法）」では、名探偵が活躍《かつやく》するような黄金時代の作品に対して、「現実的ではない」と批判しているからだ。

まず、マーロウは典型的なハードボイルド探偵で、推理ではなく行動によって事件を解き明かす。

特筆すべきは、その効率の良さ。彼が行動すると、必ず複数のデータが手に入るのだ。作中の時間経過を見ると、無駄足を踏んだ場面が省略されているわけではない。だが、このエンカウント率100%は現実的というよりはミステリ小説的だろう。警察組織が集めた膨大なデータから必要なデータだけを抜《ぬ》き出して使うミステリの名探偵の方が、ずっと現実的と言える。

また、マーロウの推理は、集まったデータをすべて結びつけて真相を描き出すというものだが、これも現実的ではない。現実では、集まったデータがすべて捜査中の事件に関係あるとは限らないからだ。これは、エルキュール・ポアロのようなミステリ小説中の名探偵の推理法だろう。

そして、マーロウと事件関係者の間に友情や愛情が生まれる話も同じ。こちらもまた、現実よりも、フィリップ・トレント以降のミステリ小説中の名探偵にふさわしいと言える。

ここまでの文は、マーロウを批判するためのものではない。作者は名探偵ものの枠組みを利用したが、逆に、その枠組みによって縛《しば》られてもいる、と言いたいのだ。他のジャンルにも存在する〝ヒーロー〟とは異なる〝名探偵〟という主人公。この観点から見たマーロウは、魅力的な名探偵以外の何ものでもない。そして、作者もまた、この枠組みが持つ特異な力に気づいたに違いない。それは、作者自身が示している——「われわれが知っている世間では、こんな（マーロウのような）人間は私立探偵にはならないということです」という言葉で。

30

スペース・オペラの名探偵

キャプテン・フューチャー

Profile ①エドモンド・ハミルトン ②『恐怖《きょうふ》の宇宙帝王』1940 ③『宇宙囚人船《しゅうじんせん》の反乱』 ④フューチャーメン ⑤二十代前半／天才科学者／成人まで人間社会との接触《せっしょく》なし

Debut 木星に住む地球人の間で〈先祖帰り病〉が蔓延《まんえん》し、人々が次々と猿人化していった。〈宇宙帝王〉と名乗る人物の仕業らしいが、捕まえるどころか正体すら明らかではない。万策尽きた太陽系政府主席は、キャプテン・フューチャーに助けを求めるのだった。

Guide SFでおなじみの〈宇宙パトロール〉や〈タイム・パトロール〉は、やっていることだけ見ると、警察と何も変わらない。こういったSFヒーローの中で、〝名探偵〟と呼ぶのにふさわしいのは、キャプテン・フューチャーことカーティス・ニュートンだろう。彼自身は普通の地球人だが、仲間（フューチャーメン）は、脳だけで生きているサイモン教授、ロボットのグラッグ、アンドロイド（合成人間）のオットーと人外ばかり。だが、〝事件との関わり〟と〝推理〟を見ると、文句なしの名探偵なのだ。

まずは、この未来での警察にあたる太陽系警察機構がお手上げの難事件にのみ取り組む、という設定。この設定を持つ名探偵が本ガイドに何人も登場することは言うまでもない。

次に、〝推理〟を見てみると、物語の序盤で宇宙帝王への攻撃が体をすり抜《ぬ》けてしまうことを知ったカーティスは、振動波を利用して肉体の非実体化を行っていると考える。そして、肉体を非実体化すると「地面をつきぬけて木星の中心まで落ちてしまう」とか、「普通の空気は吸えない」といった反論に対してきちんと説明。さらに、現代の科学では実用化は不可能な技術なので木星の古代文明の遺産ではないか、と推理する。

そして、圧巻は宇宙帝王の正体を見抜く推理。まず、カーティスたちに罠《わな》をかける機会があったのは四人だと指摘《してき》してから、その中の三人を一人ずつ消去していき、最後に残った一人を犯人だと指摘するのだ。つまり消去法推理。

この「犯人の（超科学を利用した）トリックをあばく推理」と、「犯人の正体をあばく推理」の二つを披露《ひろう》するカーティスは、まぎれもない〝名探偵〟だと言える。ちなみに、前者のトリックが優《すぐ》れている長篇は『暗黒星大接近！』、後者は犯人が〈ヘバールストン・ギャンビット〉を使って容疑圏外に逃れる初期長篇だろう。

だが、シリーズが続くと、解決すべきトラブルは人間が起こしたものではなくなり、推理が後退していく――と言いたいところだが、『宇宙囚人船の反乱』のような例外もある。護送中の囚人と共に間もなく消滅する小惑星に遭難《そうなん》したカーティスが、囚人たちと協力してゼロから宇宙船を建造するという話で、推理の出番はないように見える。だが、ここで、囚人たちが次々と姿を消すという事件が発生して、カーティスは名探偵ぶりを見せるのだ。さながらSF版『シャム双子の秘密』（クイーン）のように。

31

リュウ・アーチャー

探偵はカメラの目を持つか？

Profile ①ロス・マクドナルド ②『動く標的』1949 ③『さむけ』 ④自身が語り手 ⑤三十五歳頃、警察に失望して私立探偵に／離婚歴あり／「鉄の心臓に犀《さい》の皮をかぶった男」

Debut 私が今回受けた依頼は、失踪《しっそう》した石油王サンプソンを捜《さが》し出すことだった。だが、調査を始めて間もなく、サンプソンから十万ドルの現金を用意しておけと指示する手紙が届く。私は誘拐《ゆうかい》だとにらんで調査を続けるが、見つかったのは、サンプソンではなく謎《なぞ》の男の死体だった。

Guide アーチャーは典型的なハードボイルド探偵で、推理ではなく行動によって真相を少しずつ明らかにしていく。……と以前は考えていたが、法月綸太郎《のりづきりんたろう》の傑作評論「複雑な殺人芸術」を読んで、それが間違いだとわかった。

この評論では、若いA氏が年配のB氏になりすましたロス・マク長篇の叙述《じょじゅつ》を調べ、一人称一視点で、読者へのフェアプレイを担保するような書き方を用いていると指摘《してき》している。例えば、以下の文（引用時に変更あり）では――

①化粧がほとんど落ちてしまうと、B氏はずっと若く、むきだしに見えた。

②「(A氏は)どこかへ行って、一人で生活して、なんとか自分の力で救われたかったのよ」(B氏は)まるで寝言のように抑揚のない喋り方だったが、その内容には真実の感

情が感じられた。

①はB氏が見た目より若いことを、②はB氏がA氏の内面に詳しいことを示しているので、伏線に他ならない。法月が指摘するように、これは読者とのフェアプレイの実践《じっせん》だと考えるべきだろう。だが、それだけではない。どちらの文も、探偵役の一人称一視点で語られているのだから、〝探偵がデータを入手した描写〟だとも考えられる。アーチャーはここで、なりすましトリックを見抜《みぬ》くためのデータを入手しているのだ。その根拠として は、アーチャーはトリックを知っても驚《おどろ》く様子を見せない、という点を挙げよう。今まで自分がB氏だと思っていた人物がA氏だとわかっても驚かない理由は、これまでの伏線により、無意識の部分でB氏に違和感を覚えていたからとしか考えられない。

ここで初期作に目を転じて、アーチャーが友人と久々に再会した後、勤勉な法律家だった彼が「四十になって壁《かべ》に頭をぶつけるようなまねをしようと決意しているのだ」と感じる場面を見てみよう。アーチャーはいい歳の友人が若い女に夢中になっていることを言っているのだが、最後に友人が殺人者だと明らかになると、この感想は伏線に変わる。

こういった伏線はクリスティが得意だが、ポアロと違って、アーチャーは伏線を回収しない。代わりに、A氏や友人の心理分析《ぶんせき》（本ガイドの言葉を使うと「人間の内面に踏み込む推理」）を行っている。逆に言うと、アーチャーは伏線を回収して終わりの名探偵ではない。伏線を生み出した心理にまで踏み込む名探偵なのだ。

32

名探偵は「ミス」から「ママ」へ

ブロンクスのママ

Profile ①ジェイムズ・ヤッフェ ②「ママは何でも知っている」1952 ③『ママは何でも知っている』(②収録) ④デイブ（語り手／息子／刑事） ⑤ユダヤ系アメリカ人／五十の坂を越えたばかり／夫とは死別／音楽マニア

Debut NY市警殺人課の刑事デイブは、毎週金曜日、妻と共にママの家で夕食をとる。いつも息子が捜査中《そうさちゅう》の事件に関心を示すママに向かって、今夜のデイブは、三人の容疑者の誰が犯人か特定できない事件の話をする……。

Guide 都筑道夫《つづきみちお》は、この〈ママ〉シリーズを安楽椅子《あんらくいす》探偵ものの理想型と評価し、自身の〈退職刑事〉シリーズの参考にしたと語っている。私の評価も都筑と同じだが、その理由は（おそらく）都筑とは違っていて、以下の二つになる。

まず、隅の老人《すみのろうじん》のガイドで述べた安楽椅子探偵ものの問題点――探偵が聞いた話の中に推理に必要なデータがすべて含まれている保証はない――に見事な解決策を示した点。

ママは、デイブから事件の話を聞くと、必ずいくつかの質問をする。だが、それは「近くの映画館で、殺人のあった晩に《風と共に去りぬ》をやっていたところはあるかしら？」といった、事件と関係ないものばかりなのだ。それなのにママは、この質問の答えから推理を組み立ててしまう。つまり、ママの質問は、読者へのヒントになっているわけである。

そして、なぜママの質問が事件と関係ないように見えるかというと、デイブが事件と関係ないと思って話さなかったから。つまり、名探偵と凡庸《ぼんよう》な警察官の手がかりに対する感度の差を、〝ママの質問〟という手でヒントに変え、前述の問題点を解決しているのだ。実に見事な解決策と言えるだろう。

次は、ミス・マープルのガイドで述べた「殺人という重い罪を犯した人と軽い罪を犯した人を同等に扱うという危うさ」に見事な解決策を示した点。ママの推理法はマープルと同じで、かつて知人が起こした出来事を事件に重ね合わせるというもの。ただし、マープルのように、軽い罪を犯した知人と殺人という重い罪を犯した犯人を重ねているわけではない。例えば、ママから「雇人同士かばいあうものなんだよ」と聞いたデイブは、雇人であるA氏が殺人を犯し、やはり雇人であるB氏が（共犯者ではないが）かばった、と考える。しかしママは、「人殺しのためにアリバイをこしらえてやるほどのお人好しっているかしら？」とバッサリ。B氏がA氏をかばったのはもっと軽い犯罪だとしてA氏を容疑者から除外する。つまり、軽い犯罪を犯した知人を軽い犯罪を犯した容疑者と重ね合わせているので、何も問題はない。

この二点に加え、デイブの妻がママの推理にツッコミを入れることによって検証がなされている点もお見事。一九八八年から開始した地方都市が舞台の長篇シリーズでは、こういった点が存在しないか弱くなっているのが残念だが。

33

探偵はぼっちじゃない

87分署《ぶんしょ》

Profile ①エド・マクベイン ②『警官嫌い』1956 ③『殺意の楔《くさび》』④⑤87分署の刑事が交互に探偵役をつとめ、残りが協力する／探偵役が多いのはスティーヴ・キャレラ

Debut 87分署のリアダン刑事が何者かに射殺される。続いて殺されたフォスター刑事もまた、87分署の刑事だった。さらに87分署の刑事ブッシュも。犯人は〝警官嫌い（Cop Hater）〟なのだろうか？　だが、87分署の刑事キャレラは、その考えに違和感を持つのだった。

Guide このシリーズは、87分署全体が主人公となる〈複数主人公〉と、互いに無関係な複数の事件を並行して扱う〈モジュラー形式〉という二つのユニークな特徴《とくちょう》を持っている。そしてこの二つの設定は、「事件との関わり」と「推理」に、大きな変化を与えているのだ。

まず、探偵役を複数にすることによって、まったく異なる「事件との関わり」をいくつも描けるようになった。読者は「婚約者が殺人者に狙《ねら》われるが助かって結婚して子供が産まれる刑事」のドラマと、「婚約者が殺人者に殺される刑事」のドラマを一つのシリーズの中で——あるいは一冊の本の中で——味わうことができるのだ。一人の探偵の家族や恋人や友人が容疑者になったり犯人になったりする物語を何度も読まされるのは苦痛だが、複数の探偵がローテーションを組むならば問題は

ない。

そして、この二つの設定により、さまざまなタイプの事件を扱うこともできるようになった。この手法の最大の成功例『殺意の楔』では、「刑事部屋が拳銃《けんじゅう》とニトログリセリンを持った女に占拠される事件」と「古い屋敷で起こった密室殺人事件」が同時に起きる。つまり、一冊の本にサスペンスものと本格ミステリが同居しているのだ。しかも、後者の事件に取り組むキャレラは、前者の犯人の復讐《ふくしゅう》相手なのだ。おそらく、密室の事件だけ抜《ぬ》き出して読んだら、面白さは半減するだろう。

一方で、〝推理〟に関しては、さほど評価できない。87分署の刑事たちは、優秀な捜査官《そうさかん》ではあっても、推理を積み重ねていくタイプではないからだ。実際、『殺意の楔』の密室トリックも、推理ではなく直感で解明されている。

だが、〝デフ・マン〟が登場する作品群は〝推理〟に関しても評価できる。彼は犯行予告などを87分署に送りつけて挑戦する犯罪者だからだ。例えば、『死んだ耳の男』では、デフ・マンが送りつけてきた謎《なぞ》の手紙から犯行のターゲットを推理し、次に、なぜ予告してきたかを推理しなければならない。これは明らかに、戦前の〈名探偵VS天才犯罪者〉の構図だが、まったく同じというわけではない。87分署にとっては「数多の事件の中の風変わりな事件の一つ」に過ぎないし、デフ・マンの挑戦相手も名探偵個人ではなく警察全体だからだ。ただし、〝推理〟という観点からは、〈名探偵VS天才犯罪者〉を現代に甦《よみがえ》らせたと言ってもかまわないだろう。

34

不完全有欠の名探偵

シュロック・ホームズ

Profile ①ロバート・L・フィッシュ ②「アスコット・タイ事件」1960 ③『シュロック・ホームズの冒険《ぼうけん》』（②収録） ④ワトニイ（語り手） ⑤シャーロック・ホームズの下位互換。

Debut 今回のシュロック・ホームズの依頼人は若い女性。犯罪者らしき連中と付き合っている叔《お》父《じ》が持っていた手紙の意味を知りたいと言うのだ。その手紙の文は犯罪者が隠語《いんご》で打ち合わせているように見えたが、シュロックは暗号だと断言し、驚《おどろ》くべき解読を行うのだった。

Guide 本ガイドでは、もちろんシャーロック・ホームズは選ばなくてはならない。では、ホームズの贋作《がんさく》はどうだろうか？ 贋作が真作を超えることはないので、選ぶ必要はない。では、ホームズのパロディはどうだろうか？ 私は選んでも良いと思う――その風刺が、〝名探偵〟や〝ミステリ〟にまで届いているならば。そして、シュロック・ホームズものは、まさしくそのシリーズだと言える。もっとも、「現在の日本においては」と頭に付ける必要があるが。

シュロック・ホームズの最大の特徴《とくちょう》は、「必ず推理を間違える」こと。だが、現在の日本のミステリ・ファンならば、「必ず間違える探偵」は、「（シャーロックのように）たまに間違える探偵」よりも価値があることを、清涼《せいりょう》院《いん》流水《りゅうすい》に教わっている。清涼院の生み出した探偵ピラミッド・水野《みずの》は、この能力によってJDC（日本探偵倶楽部）で評価を得ているのだ。

そして、シュロックの間違いは、言葉の解釈《かいしゃく》による。例えば、ある事件では、メッセージの中に「TIME」という単語が出て来る。普通なら、「時間」という意味だと解釈するのだが、シュロックは、雑誌の名前だと解釈するのだ。現在の日本のミステリ・ファンならば、ここで笠井潔《かさいきよし》の論を思い出すだろう。笠井はダイイング・メッセージを例に、「メッセージの解釈は多様なのに、なぜ探偵は正しい解釈ができるのか？」という疑問を提示し、本質直観《ほんしつちょっかん》による推理法に結びつけているからだ。シュロックは本質直観によって、いつも普通の人とは異なる解釈を――どこか現在の陰謀論《いんぼうろん》めいた解釈を――行っている。しかし、普通の人とは異なる解釈を直観するのが名探偵ではないのだろうか。

ここまで考えを進めると、シュロックの推理が間違いだとは断言できなくなる。実際、作中世界では彼の解決は正しいと思われているのだ。もちろん読者は、「依頼人が死んだ」、「宝石が盗《ぬす》まれた」等のデータからシュロックが間違えたことはわかるが、逆に言うと、こういったデータがなければ、確信はできないのだ。

ここで、読者はこう考える。ひょっとしたら、シャーロックの推理も間違っていたのかも知れない。それを示すデータが作中に書かれていないだけかも知れない。「まだらの紐《ひも》」でシャーロックが推理した犯行方法だってシュロックと五十歩百歩かも知れない。――読者にこう考えさせる力が、本シリーズにはあるのだ。

35

探偵に必要なのは魔術《マジック》ではなく論理《ロジック》

ダーシー卿《きょう》

Profile ①ランドル・ギャレット ②「その眼は見た」1964『魔術師を探せ!』 ③『魔術師が多すぎる』 ④マスター・ショーン（魔術師） ⑤三十代／ノルマンディ公爵《こうしゃく》の主任犯罪捜査官《そうさかん》／魔術は使えない。

Debut 魔術が実在し、科学以上に日常で使われているパラレル・ワールド。そこで伯爵《はくしゃく》が射殺される。捜査に乗り出した主任犯罪捜査官ダーシー卿の推理と、助手の魔術師マスター・ショーンの魔術は、真相にたどり着けるのだろうか。

Guide 異世界を舞台にした本格ミステリは、先例のないトリックやプロットを生み出しやすいし、読者も欺《あざむ》きやすい。だが、〝推理〟という観点から見ると、難題が生じる。それは、「読者にとっては異世界でも、作中探偵にとっては普通の世界」というもの。生まれた時から魔術に親しんできた探偵ならば、推理の際に魔術の利用も考慮するのは当然だろう。いや、そもそも警察には、魔術の存在を前提とした捜査のノウハウが確立しているはずではないか。つまり、ただ魔術を使って殺人を犯すだけでは、作中の探偵や警察に見破られてしまうことになる。

では、異世界本格の先駆と言われるダーシー卿ものでは、この問題をいかにして解決しているのだろうか？　答えは、「魔術をミスリードに使う」と「既存のミステリのトリックと魔術を組み合わせる」の二つ。

シリーズ第一作「その眼は見た」では、犯行現場にちぎれたボタンが落ちていた。こんな手がかりは、普通なら偽装《ぎそう》の可能性を考えなければならない。しかし、ショーンが魔術を用いて、「このボタンは、被害者が愛人のために用意した服から、犯行時にちぎれて取れた」ことを証明する。つまり、このボタンは本物の手がかりと考えて良い——はずなのだが、読者がそう考えると、犯人当てに失敗するのだ。

さらにショーンは、魔術で被害者が死ぬ直前に見た光景を画像化する。そこには銃《じゅう》を持つ人物の姿が写っていたが、読者がこの画像をうのみにすると、犯人当てに失敗するのだ。

続く二つの中篇では、替え玉、操り、偽装工作といった既存のミステリでおなじみのトリックが、魔術と連携《れんけい》して、斬新なものに変わっている。そして、次の長篇『魔術師が多すぎる』では、J・D・カーの有名長篇のトリックに挑み、魔術と組み合わせることにより、カー版の欠点を解消（詳細は拙著《せっちょ》『密室ミステリガイド』参照）。それ以降の中篇でも、アガサ・クリスティの『オリエント急行殺人事件』の魔術世界版などがある。

そして、既存のトリックが魔術と連携しているがゆえに、それをあばくダーシー卿の推理は、ユニークで魅力的なものになっている。

なお、ダーシー卿は公爵の部下なので、公爵の都合に合わせて真相を隠《かく》したりねじ曲げたりすることがある。だが、これは異世界ならではの〝事件との関わり〟とは言えないだろう。

36

探偵はトイレにいる

ウィルフレッド・ドーヴァー警《けい》部《ぶ》

Profile ①ジョイス・ポーター ②『ドーヴァー1』1964 ③『切断』 ④マグレガー部長刑事 ⑤ロンドン警視庁の主任警部／巨漢／妻帯者／「史上最低の探偵」

Debut 地方都市で一人の女性が失踪《しっそう》。どう見ても、駆け落ちなどは考えられない。応援を求められたロンドン警視庁は、面倒なことになりそうだと感じ、大事な部下には任せられないと考える。かくしてこの事件は、ドーヴァー警部に押しつけられたのだった。

Guide ドーヴァーは「史上最低の探偵」と言われるくらい品性下劣《げれつ》であることは間違いない。だが、本ガイドの切り口である〝推理〟には、品性は関係ない。ドーヴァーのトイレ通いが事件解決につながる作もあるが、これはトイレで手がかりを手に入れただけであって、推理とは関係ない。では、ドーヴァーの推理に着目すると、何が見えてくるのだろうか？

まず、初期のドーヴァーの推理は間違っていたり不完全だったりするが、それでも事件は終結している。なぜかというと、ドーヴァーは〝名探偵（「迷探偵」ではない）〟だからだ。

ある作の犯人は、ドーヴァーの言動を勘違いして、自分が犯人だと気づかれたと思い込む。そして、ドーヴァーに銃《じゅう》を突きつけて馬脚を現してしまう。当たり前の話だが、警察官は仲間と連携《れんけい》や情報共有をしているので、一人だけ殺しても口封じにはならない。口封じになるのは、一人で捜査《そうさ》し、その最中には誰にも推理を話さない名探偵の場合だけなのだ。

ある作では、ドーヴァーはA氏を犯人だと推理して追い詰める。だが、犯人はA氏を愛するB嬢《じょう》で、彼女はA氏を守るために自白する。ドーヴァーは「最初からB嬢が犯人だと思っていて、自白させるためにA氏を追い詰めた」と報告する。もちろん、読者は嘘だと知っているが、作中人物にとっては、ドーヴァーの行為は、名探偵がよくやる罠《わな》に見えるのだ。

ある作では、マグレガーのおかげでドーヴァーは犯人の特定に成功するが、動機はわからない。なぜわからなかったのかといえば、動機がいわゆるエログロ系だったため。この種の動機は現実では珍《めずら》しくないが、当時の本格ミステリの名探偵にとっては、対象外だったのだ。

このように、作者は〝名探偵〟という存在を利用してユーモアを生み出してきたが、中期以降は作風が変わる。ある作では、再びエログロ系の動機が出て来るが、ドーヴァーは解決してしまう。そして、ドーヴァーだから解決できたということになる。このように中期以降は、名探偵への風刺を含んだユーモアは後退し、ドーヴァーのキャラに寄りかかったユーモアが前面に出る（こちらの代表作は、O・ヘンリー「赤い酋長《しゅうちょう》の身代金」のポーター版『ドーヴァー⑧／人質』だろう）。だが、本ガイドで取り上げるべきユニークさと魅力を備えているのは、初期のドーヴァーなのだ。

37

何曜日でも探偵は推理する

ラビ・スモール

Profile ①ハリイ・ケメルマン ②『金曜日ラビは寝坊した』1964 ③『土曜日ラビは空腹だった』④ヒュー・ラニガン警察署長 ⑤二十代後半／ラビ（ユダヤ教の律法学士）／妻帯者

Debut 郊外のバーナーズ・クロシングの新任ラビ、デイヴィッド・スモールは、適法《コウシャー》にこだわる厳格さや無頓着《むとんちゃく》な性格や若すぎる点などから、契約の更新が危ぶまれていた。そこに絞殺《こうさつ》事件が発生。しかも、被害者のハンドバッグが、彼の車の中で見つかったのだ。

Guide 本連作の成立事情については、自身が関心を持つ「郊外ユダヤ人社会」をテーマにした普通小説を書いたがボツにされた作者がミステリ仕立てにした、と言われている。ただし、作者は安易にミステリを利用したわけではない。彼はこれ以前に、ニッキイ・ウェルト教授を探偵役とする――「九マイルは遠すぎる」などの傑作を含む――本格ミステリ短篇をいくつも書いているのだ。ここでは、普通小説のための売れそうにないテーマを、小説部門のベストセラーに押し上げる〝名探偵〟というキャラクターの持つ力を指摘《してき》するだけに留めておこう。

『金曜日ラビは寝坊した』を読むと、作者が関心を抱いた「郊外ユダヤ人社会」では、ユダヤ教の戒律《かいりつ》を守って暮らすのが難しいことがわかる。理想に燃える若きラビは、そんな彼らに嫌われ、契約を打ち切られそうになる……と、ここまでなら普通小説。この次に殺人が起こり、ラビが犯人だと目されて、ようやくミステリになる。そして、ラビが自らの疑いを晴らし、真犯人を突きとめていく中で、住人たちは彼の考えを理解していく——。

さらに巧妙《こうみょう》なのは、『土曜日ラビは空腹だった』の設定。ラビがユダヤ人墓地に埋葬《まいそう》する許可を与えた人物が、保険会社から自殺だと見なされてしまう。信頼を失ったラビは、被害者の死の真相を明らかにしなければならなくなる。

しかし、〝事件との関わり〟よりも〝推理〟の方がさらに興味深い。『金曜日』の前半では、ラビがタルムード（ユダヤ律法の注釈書《ちゅうしゃくしょ》）を使って住民の揉《も》め事を解決する場面があるので、殺人事件も同じように解決するのかと思ったら、そうではなかった。タルムードを使うのではなく、ラビがタルムードの研究に用いる手法を使ったのだ。これは質疑応答とディスカッションを組み合わせたような形式なのだが、作者のファンならばウェルト教授の推理方法を、ミステリ・ファンならば安楽《あんらく》椅子《いす》探偵の推理方法を思い浮かべるに違いない。特に、『土曜日』のラビは、現場の状況をラニガン署長に訊きながら推理を進めるので、都筑道夫《つづきみちお》の退職刑事にそっくりである。

作者がラビを探偵役に据《す》えたのは、普通小説をミステリに仕立てるために過ぎなかった。だが、結果的に、ユダヤ律法の解釈のためにラビが行っている思考法が、名探偵の推理と重なることを示したのだ。

38

怪盗だって探偵をする

怪《かい》盗《とう》ニック・ヴェルヴェット

Profile ①E・D・ホック ②「斑《まだら》の虎を盗《ぬす》め」1966 ③『怪盗ニック全仕事1』（②収録）④グロリア（同棲《どうせい》相手）⑤一九三二年生まれ／価値のない物だけを盗む泥棒《どろぼう》

Debut 異常で奇妙な物だけを二万ドルで盗む怪盗ニック。今回の盗みの対象は動物園の虎――しかも、珍種《ちんしゅ》のシベリアトラだった。虎自体が危険な上に、最近は動物園の警備が強化されていた。依頼人はなぜ虎を欲しがるのか？　そして、なぜ盗みの時間を指定するのか？

Guide まずは《Profile》の補足を。一九三二年生まれというのは、作中ではなく、ホックのニックものとランドものを集めた短篇集の序文から。この連作の事件発生年は、発表年に近い（例えば、一九九八年発表の「グロリアの赤いコートを盗め」では、ニックとグロリアの出会いは三十年以上前の一九六五年となっている）ので、ニックの歳は発表年からだいたいわかる。

ルパンのガイドで述べたように、怪盗ものは推理と相性が悪い。怪盗は推理をする側ではなく、される側だからだ。ところがニックは、すべての事件で冴えた推理を披露《ひろう》している。理由は、「二万ドルで価値のない物を盗む」という設定（実は、この設定が登場するのは第四話からなので、《Debut》の文は合っていない）。

いわゆる〈価値〉には、芸術品のような〈公的価値〉と、形見の品のような〈私的価値〉の二種類がある。従って、ニックの依頼人は、二万ドル以上の私的価値がある品物を、現在の持ち主と交渉せずに非合法な手段で入手したいと考えていることになる。となると、犯罪がらみの可能性が高い。つまり、盗みのＷＨＹの謎《なぞ》を解くことが、犯罪の発見につながるわけである。そして、この〝価値のないもの〟を手がかりにして隠《かく》された犯罪をあばく推理は、他に例がない。その上、昨日の新聞やカッコウ時計から犯罪をあぶり出す推理がアクロバティックなものになることは言うまでもない。つまり、ニックの推理は、とびきりユニークで魅力的なのだ。

また、この連作には、「ニックはどのようにして盗み出すか？」というＨＯＷの謎もある。大部分の作では、依頼の品は簡単には盗めない状況下にあるからだ。もっとも、読者にとっては推理すべき謎であっても、ニックにとっては困難な仕事に過ぎない——はずなのだが、実は、全八十七作中の十二作で、ニックはＨＯＷの謎を解く推理も披露している。ただし、盗むのはニックではなく、ライバルの女怪盗サンドラ。彼女は毎回奇抜《きばつ》な手で品物を盗み出し、ニックはその〝奇抜な手〟を推理するのだ。

さらにニックは、いくつかの作品では依頼人の意外な正体を推理し、「空っぽの部屋から盗め」では、何もない部屋から何を盗むのかを推理している。つまり、ＷＨＯもＷＨＡＴも守備範囲というわけ。ルパンは怪盗と探偵の二刀流だが、ニックは違う。彼にとっては、怪盗の仕事と探偵の仕事は一体化しているのだ。

39

犯人をゆさぶる名探偵

コロンボ

Profile ①W・リンク&R・レヴィンソン（製作・脚本）②「殺人処方箋《しょほうせん》」1968・TVドラマ『刑事コロンボ』③「別れのワイン」④ウイルソン刑事 ⑤四十過ぎ／妻帯者／警部補／愛車はプジョー／犬を飼っている。

Debut 精神分析《ぶんせき》医フレミングは、愛人と手を組んで妻を殺害。アリバイ・トリックを使って容疑圏外に逃れたつもりだった。だが、事件を担当したコロンボは、最初からフレミングを疑っているように見えるのだった。

Guide これまでの名探偵ガイドなどでは、コロンボは「小説ではなくTVの探偵」で、「犯人を最初から明かす倒叙《とうじょ》ミステリの探偵」という観点から紹介されることが多かった。だが、〝推理〟に着目する本ガイドでは、小説上の名探偵と変わらない。コロンボは自分はTVの探偵だと思っていないし、コロンボにとっては倒叙形式ではない。あくまでもコロンボは、現実に起こった事件に取り組んでいるだけなのだ。

ところが、それでいてコロンボの推理法は、他の名探偵にはないユニークなものになっている。それは、〝弱い推理〟を利用した推理法。

例えば、「自殺に見えた被害者が、死ぬ前に美容院に予約を入れた」というデータが見つかったとしよう。ここで探偵が、「これから自殺する人が美容院を予約するわけがない。被害者は他殺だ」という推理を披露《ひろう》したら、作品の中でも外でも失笑を買うに違いない。予約の後で急に死にたくなることはあり得るからだ。つまり、この推理は〝弱い〟。ミステリで使おうとしたら、別の〝強い推理〟で自殺説を否定してから補足として使うか、「電話で予約した時刻の方が遺書を書いた時刻より後だった」といったデータを追加して〝強い推理〟にグレードアップするしかないだろう。

だが、コロンボはこの〝弱い推理〟を弱いままで使う。どう使うかというと、犯人ではないかと疑っている人物にその推理をぶつけ、反応を見るのだ。自殺の偽装《ぎそう》を見破られそうになった犯人は、必死にコロンボの推理に反論する。もともと弱い推理なので、反論に耐えることはできない。だが、コロンボにとっては、相手の反応を見るだけで充分なのだ。

ドラマ『刑事コロンボ』の魅力の一つに、中盤でのコロンボと犯人の対決がある。ここでコロンボは、〝弱い推理〟で犯人に少しずつダメージを与え、終盤では罠《わな》を仕掛けたり、相手が反論できないくらいの〝強い推理〟でノックアウトする。コロンボは自分が倒叙ミステリの探偵役だとは自覚していないが、この戦法は、倒叙形式でこそ映えるのだ。

なお、この戦法を使うには、早い段階で犯人の見当をつける必要があるが、コロンボは、それにも〝弱い推理〟を用いている。例えば、「帰宅した夫が『ただいま』と言わなかったのは、妻の死を知っていたから」という推理は、まさに〝弱い推理〟ではないか。

40

探偵が最後にやってくる

ヘンリー

Profile ①アイザック・アシモフ ②「会心の笑い」1972 ③『黒後家蜘蛛《くろごけぐも》の会1』（②収録） ④ヘンリー以外の黒後家蜘蛛の会のメンバー ⑤六十代／給仕／かつてあるものを盗《ぬす》んだ。

Debut 〔シリーズ設定〕化学者、数学者、弁護士、画家、作家、暗号専門家の六人による〈黒後家蜘蛛の会〉の月例会では、毎回ゲストを招いている。そして、そのゲストが謎《なぞ》を抱えている場合は推理合戦となるが、謎を解くのはいつも給仕のヘンリーだった。

Guide 作者は、本連作ではクリスティを意識したと語っているが、作品で言うと、『火曜クラブ』だろう。この作の「安楽椅子《あんらくいす》探偵形式で謎が提示され、会員によるディスカッションが行われ、弁護士や画家などを差し置いて平凡な人物が謎を解く」というフォーマットを、明らかに本連作は踏《とう》襲《しゅう》している。

だが、本ガイドでたびたび取り上げている安楽椅子探偵ものの問題点——探偵が聞いた話の中に推理に必要なデータがすべて含まれている保証はない——に対する解決策は、まったく異なっている。クリスティの解決策は、「事件を語る人物は真相を知っているので、データの語り落としはない」だが、アシモフは、「会員たちのディスカッションの中でデータ不足が解消される」なのだ。

例えば、「ロレーヌの十字架」を見てみよう。ゲストは女性を捜《さが》しているのだが、バスに乗っていた八歳の子供が、彼女は〈ロレーヌの十字架〉がある場所でバスを降りたと証言。しかし、そのルートを調べても、十字架は見つからなかった。子供が見間違えたとしたら、何を見間違えたのか……というのが謎となる。

謎が提示された時点では、可能性を一つに絞《しぼ》り込むためのデータは揃《そろ》っていない。だが、会員たちが思いついた答えをゲストが否定するという流れが繰り返され、可能性が消えていくにつれて、どんどんデータが増えていく。そして、可能性がすべて消去されたと思われた時点で、ヘンリーが見逃していた可能性を指摘《してき》。これが毎回の推理の流れとなる。そして、ヘンリーはこう語る(「指し示す指」より)。

たまたま、皆さまそれぞれに違う筋道《すじみち》を辿られました。わたくしはただ、残った道を行ってみただけのことでございます。

ヘンリーの解決は、最初に提示したならば、単なる可能性の一つに過ぎない。しかし、他の会員が他の可能性を提示し否定された後で出されることにより、「腑《ふ》に落ちる解決」になるわけである。ディスカッション形式を生かした見事な手法だと言えるだろう。

そしてまた、会員が化学者、数学者、弁護士、画家、作家、暗号専門家と多彩なので、ディスカッションの内容も多彩になっている点もすばらしい。いや、多彩な人物の多彩な思考を描き分ける作者の技量こそがすばらしいと言うべきだろう。

41

探偵は誰かのために

コーデリア・グレイ

Profile ①P・D・ジェイムズ ②『女には向かない職業』1972 ③『皮膚《ひふ》の下の頭蓋骨《ずがいこつ》』④ベヴィス、モーズリイ（共に助手）⑤二十二歳／プライド探偵事務所の共同経営者→所長

Debut バーニイ・プライドの探偵社にタイピストとして雇われたコーデリアは、能力を認められて共同経営者になった。ところが、バーニイは癌を宣告されて自殺。事務所を残されたコーデリアは、「女には向かない職業」だと言われながらも、私立探偵を続ける決意を固める。

Guide 「P・D・ジェイムズの探偵ならダルグリッシュ警視を取り上げるべきだ」と言う人は少なくないと思う。だが、探偵のユニークさという観点からは、コーデリアの方が上なのだ。

まず、コーデリアはダルグリッシュの孫弟子《まごでし》だという点。バーニイはかつて警視の部下であり、崇拝する上司のやり方を彼女に伝えたのだ。実際、現場を調べる際は、「警視はなんと言っていたか?」、「(コーデリアは）警視の指示に従ってカテージを捜索《そうさく》した」と考える。もっとも、彼女が警視から学んだのは、「推理」というよりは「捜査の進め方」のようだ。彼女が見せる、ブレークの詩を手がかりにした冴えた推理はダルグリッシュ風だが、師から学んだのではなく、作者の得意技という感じを受ける。

そして、自ら法に背《そむ》く行為をしたコーデリアに

は、ダルグリッシュとの師弟対決が待っていた。彼女の偽装《ぎそう》は次々と見破られるが、幸運にも恵まれて、何とか逃げ切る。そして、ダルグリッシュは彼女に向かって、自分はかつてバーニイをクビにしたが、「彼を安く見すぎていたのではないかという気がしてきました」と語る。コーデリアの有能ぶりが、その師匠であるバーニイの評価をアップさせたのだ。

コーデリアに関してもう一つ注目すべきは、父親との関係。彼女は生まれた時に母親を失い、父親には見捨てられる。だが、十六歳になると、革命家の父は彼女を引き取り、同志たちのための料理女や家政婦や連絡係をやらせた。つまり、コーデリアは父にとって役に立つ存在になって、ようやく娘として認められたのだ。

この「誰かの役に立たなければならない」という考えは、狩野俊介《かのうしゅんすけ》も持っている。だが、コーデリアの場合は、成人してもこの考えを捨てないのだ。バーニイの共同経営者になったのも「彼の不運をこちらから進んで抱きしめてやろうという気持ち」からだった。『皮膚の下の頭蓋骨』で彼女が自分は探偵に不向きだと感じたのも、守るべき人が殺された時ではない。夫を失った妻に何もできず、自分は無用だと感じた時だった。コーデリアは「無垢《むく》」や「けなげ」だと評されることが多いが、それは、自分ではなく他人のために行動しているからだろう。

だが、『皮膚』が出た一九八二年。「わたしのボスはわたし」と宣言し、誰かのためではなく自分のために行動する女性私立探偵がデビューする——V・I・ウォーショースキーが。

探偵はクロスワード・パズルを解く

モース警部《けいぶ》

Profile ①コリン・デクスター ②『ウッドストック行最終バス』1975 ③『キドリントンから消えた娘』 ④ルイス部長刑事 ⑤四十代／主任警部／クロスワード・パズルの愛好家

Debut バスがなかなか来ないのでヒッチハイクをした二人の若い娘。やがて、その一人が死体で発見された。捜査《そうさ》に乗り出したオックスフォード市テムズ・バレイ警察のモース主任警部は、もう一人の娘を突きとめる。だが、彼女はヒッチハイクを否定するのだった……。

Guide 作者がこのシリーズにおいて、クロスワード・パズルの手法で本格ミステリを書こうとしていることは、さまざまな人が指摘《してき》している。では、従来の名探偵と比べて、モースの推理は、どこが異なるのだろうか?

クロスワード・パズルでは、鍵《かぎ》には複数の解釈《かいしゃく》が存在する。例えば、「縦《たて》1の鍵＝赤い果物、三文字の単語、最後の文字は『ゴ』」となっていたら、答えは「イチゴ」か「リンゴ」か特定できない。そして、一つに絞《しぼ》り込むためには周囲のマス目の単語を用いる。まず、答えを「イチゴ」だと仮定し、横1の鍵が埋《う》まるかをチェック。埋まると縦2の鍵、横2の鍵に進む。上手く埋まらない場合は前に戻って、今度は「リンゴ」に代えて進める。ここで重要なのは、他の鍵も解釈が複数あるということ。すべての鍵の解釈が確定するのは、すべてのマス目が埋まった時になる。これをミステリに当てはめると、解釈が確定しない複数の手がかりを組み合わせて事件を解決することになるわけで、ユニークきわまりない推理と言える。

実際に第一作を見ると、鍵になる手がかりは被害者の「明日の朝は笑い話になるわ」という言葉。まずモースは、この言葉に一つの解釈を下して捜査を進める。ところが終盤では、もう一つの解釈を思いつき、それを前提にすると他の手がかりの解釈も一変し、犯人が明らかになる。まさしくクロスワード・パズルのミステリ化ではないか——とは言い難い。

問題は、「笑い話」の解釈が変わっても、犯人以外の事件の真相はほとんど変わっていないこと。クロスワードならば、マス目のほんの一部しか変わらない変更だと言える。これでは、アガサ・クリスティなどの〈事件の構図が反転する作品〉と変わらないように見えてしまう。また、プロットの都合で、モースがいつまでも一つの解釈に固執しているのも問題だろう。

作者もこの欠点は自覚していたらしく、次の『キドリントンから消えた娘』では、モースは自説に固執しないで、かなり早い段階から、手がかりの解釈を何度もひっくり返している。このため、従来の〈事件の構図が反転する作品〉では解決篇でまとめて行われていた「手がかりの解釈変更によるひっくり返し」を、作品の最初から最後まで行うことができるようになった。こういったプロットは他に例がなく、まさしく、ユニークな推理の物語と言える。

43

名探偵は甦り、挑戦する

ニッコロウ・ベネデッティ教授《きょうじゅ》

Profile ①W・L・デアンドリア　②③『ホッグ連続殺人』1979　④ロン・ジェントリイ（弟子《でし》／私立探偵）⑤イタリア人／老教授／哲学者／「世界でもっとも偉大な探偵」

Debut ニューヨーク州の地方都市スパータで、「HOG」と名乗る人物による連続殺人が起こり、町は恐怖《きょうふ》に支配される。ここで私立探偵のロンが助けを求めたのは、世界的に有名な探偵ベネデッティ教授。彼はかつてロンに探偵技術を教えた師匠でもあった。

Guide ベネデッティ教授は、哲学の教授だが悪の本性をきわめるために探偵活動をしているという設定（火村英生《ひむらひでお》助教授みたいだ）。そして彼は、一九七〇年代に〝アマチュア名探偵〟を甦《よみがえ》らせようという作者の試みのために生み出された探偵である。正確に言うと、デアンドリアは熱烈なクイーン・ファンなので、〝探偵エラリー・クイーン風のアマチュア探偵〟となるが。
　まず、探偵役と事件との関わりを見てみると、デビュー作『視聴率の殺人』は、探偵役はアマチュアではあるが、事件に巻き込まれた普通の人物。これは戦後のアメリカでよく見られるライトな本格の典型的な探偵役だと言える。ところが、教授は事件とは無関係で、名探偵として名前を知られ、たびたび警察に難事件を持ち込まれる、という設定。これは中期の探偵エラリーと同じ（初期のエラリーは警察関係者にしか知られていない)。クイーン中期の傑作『九尾の猫』では、連続殺人でパニックになった住民を安心させるために、政治家や警察がエラリーを担《かつ》ぎ出そうとする場面があるが、『ホッグ連続殺人』では、これも踏襲《とうしゅう》している。

今度は〝推理〟に着目すると、こちらも中期クイーン風。本連作では、いくつもの手がかりを組み合わせて犯人を特定する初期クイーン風の推理ではなく、犯人が事件の構図を錯覚《さっかく》させ、探偵がそれをあばく中期風の推理が描かれている。例えば、『ホッグ』では、教授は「なぜ被害者はガス・ヒーターを使わずに凍死《とうし》したのか？」という謎《なぞ》を解き明かして事件の構図を一変させ、犯人を特定する、といった風に。

ところが、本連作には、国名シリーズの趣向も盛り込まれていた。第一作『ホッグ』と第二作『ウルフ連続殺人』では、解決篇の直前に、教授がロンに向かって「きみ《アミーゴ》にも真相がわかるはずだ」と告げる場面がある(第三作『MANX MURDERS』では、逆にロンが教授に告げる)。ここで作者が言いたいのは、「読者のあなたにも真相がわかるはずだ」と「教授だけが持っているデータはない」の二点。つまり、ここで作者は、〈読者への挑戦〉をしていることになる。おそらく作者は、「国名シリーズのようにメタレベルから挑戦する趣向は現在では受け入れてもらえない」と考え、作中レベルでの挑戦を考え出したのだろう。かくして教授は、ロンに挑戦することにより、その背後の読者にも挑戦する名探偵になったわけである。

44

人を食った探偵

ハンニバル・レクター博士《はかせ》

Profile ①トマス・ハリス ②『レッド・ドラゴン』1981 ③『羊たちの沈黙《ちんもく》』 ④クラリス・スターリング（FBI訓練生） ⑤四十八歳／精神異常犯罪者治療施設に収容／人食い

Debut 〈噛《か》みつき魔〉による連続一家惨殺事件。FBIの捜査官《そうさかん》クロフォードは、元FBI教官グレアムに捜査を依頼する。そして、行き詰まったグレアムがアドバイスを求めた人物は、かつて彼に重傷を負わせ、現在は異常犯罪者専用の施設に収容中の〝人食い〟レクター博士だった。

Guide 21世紀から前世紀を振り返って見た場合、レクター博士を無視することはできないだろう。「連続殺人鬼として特殊施設に収容されながらも天才的な頭脳で推理を行う」という設定を受け継ぐ現在のミステリは、枚挙にいとまがない。本ガイドで取り上げた名探偵の中にも、レクター博士のような人物が登場するエピソードを持つ者が何人かいる。というわけで、博士を〝名探偵〟という切り口で見ていこう。

レクター博士のデビュー作『レッド・ドラゴン』では、〈噛みつき魔〉の正体を推理するのは博士ではなくFBIのグレアム。彼は、「犯人が新聞記事を読んでから殺人を犯すまでの時間の短さ」と、「犯人が被害者宅の錠の交換を知らなかったこと」の二つの手がかりから犯人を突きとめる。これは、いわゆるプロファイリングとは無縁の、普通の探偵の推理だろう。では、レクターは何をしたかというと、〝操り〟。厳重な監視体制の中、〈噛みつき魔〉と連絡をとり、ある行為をするように仕向けるのだ。

次の『羊たちの沈黙』で、連続皮剝《かわは》ぎ魔〈バッファロウ・ビル〉の捜査の中心となるのはＦＢＩの訓練生クラリス。彼女はグレアムほどの推理力はなく、単なるワトソン役にすぎない。レクターは安楽椅子《あんらくいす》探偵として、クラリスが提供するデータだけに基づいて犯人を突きとめ、意味ありげなヒントを出す。その推理法はプロファイリングを用いたもので、まさに名探偵と呼ぶにふさわしい――とは言えない。未読の人のために詳細は伏《ふ》せておくが、レクターはＦＢＩより多くのデータを持っているのだ。探偵の方が読者より多くのデータを入手しているなら、本格ミステリにおいては、〈安楽椅子探偵〉とは呼べないだろう。

ただし、そうやって手に入れた「自分だけが真相を知っている」状態を利用して他人を操る手際は、前作以上にすばらしい。本ガイドの読者ならば、ドルリー・レーンと重ね合わせたに違いない。つまりレクターは、安楽椅子探偵としてではなく、事件を支配する力によって、名探偵になったのだ。

ここで、「この設定を受け継ぐ現在のミステリ」を見てみると、安楽椅子探偵の設定を強化している作が多いことに気づく。つまり、レクターの後継者たちは、ワトソン役の提示したデータのみで、真相を推理している。そして、その上で、他人を操り、支配しているのだ。

45

V・I・ウォーショースキー

女探偵は沈黙しない

Profile ①サラ・パレツキー ②『サマータイム・ブルース』1982 ③『ダウンタウン・シスター』 ④メアリ・L・ニーリイ（助手） ⑤語り手／女性私立探偵／空手の達人／離婚歴あり

Debut わたしは私立探偵のV・I・ウォーショースキー。今回の依頼は大手銀行の専務からで、息子の失踪《しっそう》したガールフレンド捜《さが》し。ところが、その息子は殺され、依頼人も偽名《ぎめい》を使っていた。わたしは暗黒街からの脅迫《きょうはく》と暴力をくぐり抜《ぬ》け、大規模な保険金詐欺《さぎ》に挑む。

Guide 作者のエッセイなどを読むと、「当時のシカゴで女性が私立探偵をやる際のハードルを乗り越えるには何が必要か」という観点から主人公が造形されていることが、よくわかる。

まず、V・Iが空手の達人という設定が、男性との体力差を埋《う》めるためのものであることは誰でもわかるだろう。だが、彼女の父親が警察官という設定は、「父親から正義を守る心を学んだ」というやわな理由ではない。V・Iには、「警察内に頼りにできる友人（正確には「父の親友」）を持つ必要があった」からなのだ。また、彼女の弁護士という前歴は、探偵免許を取るには「法執行機関での実務経験」が必要だから。さらに、バツイチの経験は、旧弊《きゅうへい》な男たちからの「結婚したことがない女に何がわかる」という批判をかわすためのもの。また、作者はV・Iを歳をとる探偵に設定しているが、これは公民権運動との関係とのこと。この場合、シリーズが続くと体力の衰《おとろ》えが問題になるが、作者はこれを、「V・Iの一匹オオカミ的部分がしだいに減って、他人の助けを受け入れるようになる」とすることで解決している。

では、こういった造形をされたV・Iは、どのような名探偵なのだろうか？　男の私立探偵と比べると、〝推理〟はさほど変わらないが、〝事件との関わり〟には、二つの大きな違いがある。一つ目は、男以上に暴力にさらされていること――恋人が「きみは安全ネットのないまま崖《がけ》から飛び下りる人生を続けたがっている」と言って去って行くほどに。二つ目は、身内がらみの事件が多いこと。そして、この二つは、作者の「社会的弱者の側に立ち、社会的強者に立ち向かう」という姿勢から生まれている。

社会的強者は、金や権力を用いて合法的に弱者を黙《だま》らせようとする。だが、V・Iは沈黙《ちんもく》しない。そこで強者は非合法的な暴力に頼ることになる。かくして彼らはV・Iと同じ土俵に上がることになり、返り討《う》ちにされてしまう。

しかし、社会的強者との戦いは、ビジネス的には採算が取れないので引き受けたくない。そこで作者は、事件に身内をからませ、V・Iが引き受けざるを得ない状況を、途中で放り出すことができない状況を作り出すわけである。そしてこの結果、友情や愛情で結ばれた知人が増えた彼女は――作者のサム・スペード評を借りるならば――「他人のことなどおかまいなしの荒《あら》っぽい個人主義者」ではなくなるのだ。

46

犯罪を芸術と見なす探偵

オーウェン・バーンズ

Profile ①ポール・アルテ ②『混沌《こんとん》の王』1994 ③『あやかしの裏通り』④アキレス・ストック（語り手／友人）／ウェデキンド警部 ⑤二十代半ば／美術評論家／劇作家／女好き

Debut 二十世紀初頭のイギリス。アキレスが友人のオーウェンから頼まれたのは、名門マンスフィールド家の内偵だった。一族を呪う「混沌の王」が、三年前に当主の息子を不可能状況下で殺し、今また、新たな犠牲者《ぎせいしゃ》を求めているらしい。そして混沌の王は、交霊会にあらわれる――。

Guide 「アルテの名探偵ならバーンズではなくツイスト博士を選ぶべきだ」と考える読者は少なくないと思う。だが、実質的な第一作である『赤髯《あかひげ》王《おう》の呪《のろ》い』の探偵役が、最初はフェル博士だったことを思い出して欲しい。そもそもツイスト博士は、フェル博士のエピゴーネンとして創造されたわけである。作者が自らの作風に合わせてゼロから作り出したのは、オーウェン・バーンズの方なのだ。

では、そのオーウェンはどんな探偵かというと、登場人物表の「美術評論家」という肩書きに加え、犯罪を芸術にたとえるとくれば、ファイロ・ヴァンス。ある作品では、オーウェンは連続見立て殺人の背後に犯人の狂気を見出すが、これは『僧正《そうじょう》殺人事件』と同じ。

ただし、オーウェンとアキレスの関係は、ヴァンスとヴァン・ダインではなく、エルキュール・ポアロとヘイスティングズに近い。オーウェンはアキレスに隠《かく》し事をしたりミスリードをしたりすることが多いが、これもポアロ風。

ところが、ある作品では、オーウェンは「ぼくは大馬鹿ものさ。ほとんど初めから終わりまで、あいつ（犯人）に操られていたんだから」と自嘲《じちょう》する。もちろんこれは、エラリー・クイーン風。

そうかと思うと、『吸血鬼の仮面』では、吸血鬼が存在するとしか思えないいくつもの幻想的な光景を論理的に解体している。もちろんこれは、御手洗潔《みたらいきよし》風――ではあるが、作者はこの時点では『占星術殺人事件』くらいしか読んでいなかったようなので、御手洗は意識していなかったと思われるが……。

そして、天才的な犯人ではなく、普通の犯人が起こした単純な犯罪が、偶然の重なりによって複雑になった事件――これも御手洗ものに多い――も扱っている。

さらにオーウェンは――作者によるとモデルはオスカー・ワイルドだというのに――美しい女性には眼がなく、事件関係者に美人がいれば、もれなく仲良くなる。これはフィリップ・トレント風と言うか、アメリカ軽ハードボイルド探偵風。その上、「ぼくの審美眼は女性の丸みをおびた体についつい引きつけられてしまうんだ」と言って、美女の胸の谷間をのぞき込み、入れ替わりトリックに気づいたりもする。

どうやらオーウェン・バーンズは、ツイスト博士ものでもノン・シリーズものでも使えないプロットを一手に引き受ける探偵のようだ。

47

探偵は動けない

リンカーン・ライム

Profile ①ジェフリー・ディーヴァー ②『ボーン・コレクター』1997 ③『ウォッチメイカー』 ④アメリア・サックス巡査 ⑤四十歳／世界一の科学捜査《そうさ》官《かん》／四肢《しし》麻痺《まひ》

Debut 事故で首と頭部と左手の薬指しか動かなくなった科学捜査官ライムは自殺をしようとしていた。だが、そこに持ち込まれた〈ボーン・コレクター〉の事件。ライムは自宅を科捜研に変え、アメリア巡査を文字通り手足として使い、この連続殺人鬼に挑むのだった。

Guide 作者はライムについて「犯罪捜査理論の化身のような人物」で、「頭脳だけで犯罪解決に取り組む人物を作りたかった」と語っている。しかし、ライムの造形を見ると、過去のさまざまな名探偵が取り込まれているのだ。

まず、安楽椅《あんらくい》子《す》探偵の流れ。助手のアメリアはライムの指示通りに動くので、ネロ・ウルフとアーチー・グッドウィンの分業タイプになる。ライムが自分で捜査できない理由が四肢の麻痺だというのは、TVドラマ『鬼警部アイアンサイド』と同じ。ライムが科学捜査の第一人者だという設定はソーンダイク博士の後継。事件の捜査がライムの再起と重なり合うプロットは、一九七〇年代以降のネオ・ハードボイルドの名探偵と重なる部分を持つ。

さらに、劇場型犯罪者との対決という観点からは、ハンニバル・レクター博士とクラリスのコンビを彷彿《ほうふつ》とさせる。日本の読者なら、〈蜘蛛男《くもおとこ》〉や〈魔術師〉と戦う明智小五郎《あけちこごろう》を思い出すだろう。

犯罪者側に目を転じると、犯行時にライムの存在を知っている者が少なくない。彼らはライムを意識して、偽《にせ》の手がかりをばらまく。いや、自身の犯行計画にライムを組み込む者もいる。いやいや、ライムがいるから犯罪を犯す者もいるのだ。これは、エルキュール・ポアロ、ファイロ・ヴァンス、エラリー・クイーンといった黄金時代の天才型名探偵と天才型犯罪者の関係とそれほど違ってはいない。

また、ライムは自身の捜査を描いた本を何冊か刊行。そして、ある事件では、犯罪者がそれらの本を読んで、ライムの捜査や思考のパターンを学習する。これは、探偵エラリーに対してある事件の犯人がやった行為と同じ。

おそらく作者が意識していたのは、アイアンサイド（ライムが「アイアンサイド」と呼ばれる場面がある）とレクター博士だけだろう。だが、過去の名探偵の膨大《ぼうだい》な活躍譚《かつやくたん》が、こういった結びつきを生み出してしまうのだ。

もちろん、このシリーズには作者独自の魅力もある。例えば、名探偵対怪人のプロットでは、長篇をもたせる都合上、探偵が後手に回って被害者が増えてしまうのだが、本連作では――作者の巧《こう》妙《みょう》なプロットにより――それほど多くはない。また、犯罪者が前面に出るプロットは意外性を出しにくいのだが、これまた作者は実に巧妙に〈どんでん返し〉をくり出すのだ。

48

世界の謎を解く名探偵

ロバート・ラングドン教授《きょうじゅ》

Profile ①ダン・ブラウン ②『天使と悪魔』2000 ③『ダ・ヴィンチ・コード』 ④作品毎に異なる美女 ⑤四十五歳／宗教図像解釈《かいしゃくがく》学の教授／引き締まった六フィートの体

Debut 宗教図像解釈学の教授ラングドンは、スイスの科学研究所長から相談を受ける。それは、十六世紀から続く科学者たちの秘密結社〝イルミナティ〟の紋章《もんしょう》についてだった。この組織はヴァチカンに反物質爆弾を仕掛け、さらに次期教皇候補四人を誘拐《ゆうかい》して殺しているのだ……。

Guide デビュー作の敵役は、破壊《はかい》も殺戮《さつりく》もOKの強大な組織。プールを一日に五十往復する程度しか体を鍛えていないラングドンが立ち向かえるはずもなく、殺されないようにするのが精一杯。これは二作目以降も同じで、アクションという観点からは、彼はジェームズ・ボンドのようなヒーローとは言えない。では、何のヒーローなのだろうか？

ラングドンものは、科学と宗教、文学と美術と建築、そして歴史や精神世界まで扱うスケールの大きいエンターテインメントとなっている。ただし、ラングドンが挑むのは、文章や絵画や建築物に秘められたメッセージの解読。もちろん、メッセージを解読して判明した事実はスケールが大きいが、解読行為そのものは、他の作家の名探偵と変わらない。つまり、彼は〝名探偵ヒーロー〟だと言える。

ただしラングドンは、成吉思汗《じんぎすかん》や邪馬台国《やまたいこく》の謎《なぞ》を解く神津恭介《かみづきょうすけ》のお仲間ではない。ベッドでのんびり謎を解く神津に対して、ラングドンは命がけで世界を飛び回りながら謎を解いているからだ。加えて、一人で謎を解く神津に対して、ラングドンは解読の際は他人の手を借りることも多い。助手役の女性のやわらか頭に先を越される時もあるし、クライマックスなのに他人の話を聞いているだけの時もある。

では、本ガイドにラングドンの先輩探偵がいるかというと、パトリック・クェンティンのピーター・ダルースが挙げられる。既に起こった事件ではなく現在起こっている事件に主人公が巻き込まれる――しかも美女同伴で――というプロットも、周囲の人は誰も信用できないというシチュエーションも、クェンティンと同じ。作品によっては犯人と見なされて追いかけられたり、冒頭《ぼうとう》で記憶喪《そう》失《しつ》になったりするのもダルースと同じ。何よりも、一人だけではすべての謎を解けない点が、ダルースとよく似ているのだ。――まあ、作者はクェンティンは読んでいないと思われるが。

おそらくダン・ブラウンは、スケールの大きい事件に超人的な探偵が挑むという荒唐無稽《こうとうむけい》な物語も、学者肌《はだ》の探偵が書斎《しょさい》で蘊蓄《うんちく》を傾けながらメッセージを解読する物語も描きたくはなかったのだろう。こうしてラングドンものは、本来は安楽椅《あんらくい》子《す》探偵向きのメッセージ解読ミステリにダイナミックな展開を盛り込むことに成功し、ベストセラーになったわけである。

探偵は戯れる——数学とミステリと

韓《かん》采《さい》蘆《ろ》（数学《すうがく》少女《しょうじょ》）

Profile ①陸秋槎《りくしゅうさ》 ②「連続体仮説」2014 ③『文学少女対数学少女』（②収録） ④陸秋槎（語り手／高二／文系少女） ⑤高二／数学の天才少女／ほとんど授業に出ない。

Debut 陸秋槎は、学内誌に書いた犯人当て小説に対して、完璧《かんぺき》な別解を指摘《してき》されてしまった。そこで、新たな犯人当ては、天才少女・韓采蘆にチェックしてもらうことにする。了承した韓は、「新しく構築してきた形式体系の無矛盾性と完全性の検証」に取りかかった……。

Guide 解説で葉新章《ようしんしょう》や麻耶雄嵩《まやゆたか》が述べているように、『文学少女対数学少女』は、〈後期クイーン的問題〉を扱った小説になる。ならば、麻耶の『隻眼《せきがん》の少女』と同じかと言えば、そうではない。いや、他の後期クイーン的問題を扱ったミステリ小説のどれとも異なっている。では、どこが異なっているのだろうか？

後期クイーン的問題は、次の二つに分けることができる。

①作者側の問題——作者は唯一の真相を読者に提示できるか、という問題。

②探偵側の問題——探偵は唯一の真相を推理することができるか、という問題。

評論ではどちらの問題も取り上げているが、小説では、ほとんどが②になっている。普通に考えると、小説内において作中人物が扱えるのは、②

しかないからだ。作中人物にとっては自分は現実の存在で、事件も現実に起こったことで、作者も読者も存在しないからだ。実際、麻耶の『隻眼の少女』も、柄刀一《つかとうはじめ》の『或《あ》るギリシア棺《ひつぎ》の謎《なぞ》』も、②しか扱っていない。

ところが、『文学少女』は、評論ではなく小説なのに、①の問題を扱っているのだ。それが可能になったのは、作中作の設定。第一話では、作中作の作者である文学少女と作中作の読者である数学少女、という設定により、作者側の問題を、ごく自然に、小説の中で取り上げることに成功した。つまり、題名の『文学少女対数学少女』は、『作者対読者』というわけ。

ところが、第二話では、数学少女が作者で文学少女が読者（正確には聴取者）に変わる。ただし、現実に起こった事件の方では、数学少女が探偵役をつとめる。第三話では、第三者が作者で二人は読者になる。第四話では、文学少女が再び犯人当てを書くが、読者に求めるのは「正しい答え」ではなく、「面白い答え」だった。

そして、この四作で数学少女はミステリと数学を重ね合わせて戯《たわむ》れる。作者に向かって「この容疑者を削除すればいい」という後期クイーン的問題の解決法を語り、フェルマーの最終定理に還元される犯人当てを語り、不動点定理を使って密室トリックの存在を証明し、伏線の回収をグランディ級数に結びつける。そう、矢吹駆《やぶきかける》のように作中で評論を語るのではなく、戯れているのだ。こんなことは、小説でないとできない。かくして彼女は、ユニークな名探偵として、本ガイドに加わることになった。

イギリス名探偵かアメリカ名探偵か

50 ダニエル・ホーソーン

Profile ①アンソニー・ホロヴィッツ ②『メインテーマは殺人』2017 ③『その裁《さば》きは死』 ④アンソニー・ホロヴィッツ（語り手／小説家兼脚本家） ⑤四十歳くらい／元警部の諮問《しもん》探偵／過去を隠《かく》している。

Debut 作家のホロヴィッツは、自身が脚本を書いたドラマで元警部のホーソーンと知り合い、「おれの本を書いてほしい」と頼まれる。こうして結成されたコンビは、自身の葬儀《そうぎ》の手配をした直後に殺された資産家の事件に取り組む……。

Guide 本連作は、「シャーロック・ホームズ&ワトソン型名探偵コンビの現代版」、「アガサ・クリスティ風プロットの現代版」といった観点から語られることが多いが、本ガイドでは、別の角度から、別の作家に結びつけてみよう。

私の評論では、ホームズ&ワトソン型の叙述《じょじゅつ》を、以下の三階層に分けている。①作中レベル＝事件は現実にあったもの。ワトソン役は事件の最中に語っているので真相は知らない。②未来のメタレベル＝事件は現実にあったもの。ワトソン役は事件解決後にそれを振り返って語っているので真相を知っている。③神のメタレベル＝事件は架空のもの。真相は自分で考えたものなので、当然、作者は知っている。

ところが、作品を読んでいると、ワトソン役の語りで進む物語の中に、突然、語り手がそこにいない場面の描写が入ることがある。これは②（ワトソン役の語り）の間に③（作者の語り）が入った形。黄金時代の作品では、このように読者が③の叙述に接することは多々ある。J・D・カーなどは、作中探偵に「われわれは探偵小説の中の人物だ」と言わせているのだ。

　ところが、本連作では、作中に③の叙述は見当たらない。①も②も③も語り手はホロヴィッツなのでわかりにくいが、第一作の第三章や第二十四章を読めば、作者が②だけで読者と接するように気を配っていることは明らかだろう。第二作における語り手の「この時点で、わたしは手がかりを三つ見のがし、二つ読みちがえていた」という文も②のレベルで間違いない。つまり、読者には「この事件は現実にあったものです」と主張している。そして、この叙述形式は、コナン・ドイルでもクリスティでもなく、ヴァン・ダインやエラリー・クイーンのもの。

　もう一点、見てみよう。第一作でホーソーンは、「警察は大部分の殺人は四十八時間以内に解決するが、二パーセントの頭脳的犯人による殺人は解決できない。そこでおれに依頼が来る」という意味のことを語っている。だが、このセリフは、ヴァン・ダインの『ベンスン殺人事件』の第六章と、クイーンの『フランス白粉《おしろい》の秘密』のまえがきに登場するセリフとよく似ているのだ。警察が手を焼く難事件を持ち込まれるのはホームズも同じだが、こちらは民間の依頼も受けている。つまり、ホーソーンの名探偵としての立ち位置もまた、ホームズではなくヴァン・ダインやクイーンと同じなのだ。

国内篇

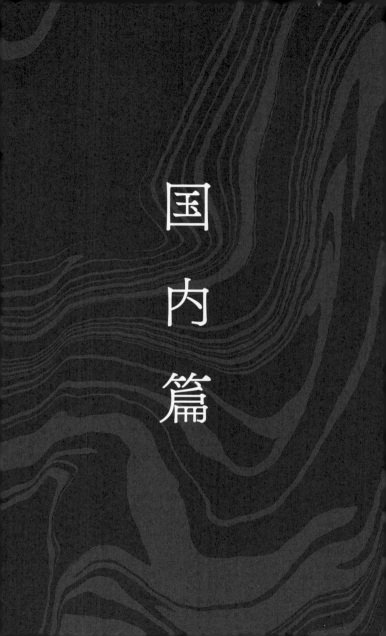

01

探偵と犯人は紙一重

明智《あけち》小五郎《こごろう》

Profile ①江戸川乱歩《えどがわらんぽ》 ②「D坂の殺人事件」1925 ③「屋根裏の散歩者」 ④私（語り手）／浪越警部／小林少年 ④二十五歳を超えていない／書生／本に埋《う》もれて暮らす／モジャモジャ頭／後に妻帯し、少年探偵団の後見人になる。

Debut 私は明智小五郎という青年と知り合い、探偵小説談義を楽しんでいた。そんなある日、古本屋の女房が密室状況で殺される。被害者が明智の幼馴染《おさななじ》みだと聞いた私は、一つの推理を組み立て、それを披露《ひろう》するが……。

Guide 初期の乱歩は結末で真相をひっくり返したり宙《ちゅう》ぶらりんにしたりするのを好んでいた。だが、これはシリーズ名探偵とは相性が悪い。名探偵の推理結果をひっくり返したり宙ぶらりんにしたりするわけにはいかないし、読者は「名探偵が解決する前に提示された解決はひっくり返されるな」と予想できてしまうからだ。実際、「D坂の殺人事件」では、明智は名探偵ではなく、重要容疑者の一人として登場している。

だが、好評を受けて明智をシリーズ探偵にしたことにより、乱歩は従来の「真相を確定させないミステリ」に加え、「名探偵に真相を確定させる本格ミステリ」も書けるようになった。そして、「心理試験」や「屋根裏の散歩者」といった名探偵の存在を利用した傑作を生み出していく。ただし、通俗ものや、子供向け作品にも明智を登場させたのはまずかった。これは当時の他の作家もやっているこのだが、乱歩の場合は大きな問題が生じてしまうからだ。

〈少年探偵団〉の団員は普通の少年少女なのだが、彼らはけっこう危険な目に遭《あ》っている。大人の事件に勝手に首を突っ込み、殺されかかるのだ――と書くと、「二十面相は人を殺さないから大丈夫」と反論する人がいるかもしれない。だが、その考えは間違っている。少年探偵団の世界に明智と文代夫人がいるということは、蜘蛛《くも》男《おとこ》や魔術師や人間豹《にんげんぴょう》もいることになる。そして、アドバルーンで逃げる人間豹が二十面相の変装なのかそうでないのかは、捕《つか》まえてみないとわからないのだ。作風が大きく異なるのに名探偵を共有したために生じた問題と言える。

ただし、〝推理〟の観点からは、この問題は生じない。どんなに作風が異なっていても、明智の推理は変わらないからだ。

明智は「D坂」で自らの推理法を「心理的に人の奥底を見抜《みぬ》くこと」だと語っている。一見するとファイロ・ヴァンスと似ているが、実は、ヴァンスが犯人の心理を評論家として見ているのに対して、明智は犯人に共感しているのだ。言い換えると、ヴァンスの推理法は〈FBI心理分析官《ぶんせきかん》〉風で、明智はハンニバル・レクター博士風というわけである。「D坂」や「屋根裏」の犯人も、蜘蛛男も魔術師も人間豹も、そして怪人二十面相も自身の同類だから、明智は彼らの事件を解決できるのだ。金田一耕助《きんだいいちこうすけ》や神津恭介《かみづきょうすけ》が持っていない、この犯罪者性こそが、彼をユニークな名探偵にしているのだろう。

02

探偵はジャンルを超える

帆《ほ》村《むら》荘《そう》六《ろく》

Profile ①海野《うんの》十三《じゅうざ》 ②「麻雀殺人事件」1931 ③「省線電車の射撃手」 ④雁金《かりがね》検事／大江山警部／須永助手／大辻助手 ⑤「目下売出しの青年探偵」／科学探偵／有楽町で私立探偵局を開いている／麻雀好き

Debut 帆村が雀荘《ジャンそう》で麻雀《マージャン》をしていると、隣《となり》の卓で殺人が起こる。被害者の親指の腹に傷があり、この指で毒を塗《ぬ》った麻雀牌《パイ》を盲牌《モウパイ》したために毒殺されたと推理する帆村。だが、殺害方法がわかっても、犯人はわからないままだった……。

Guide 作者は帆村を通俗ものや子供向けにも登場させているが、明智小五郎《あけちこごろう》のガイドで考察した問題は生じていない。帆村の場合、初期短篇の「俘囚《ふしゅう》」も、通俗ものの『蠅男《はえおとこ》』も、子供向けの『美しき鬼』も、犯人の残虐性《ざんぎゃくせい》は変わらないため、探偵としてやるべきことは同じだからだ。

ところが、帆村は――明智とは違って――SFにも登場するために、別の大きな問題が生じている。これらのSF作品では、帆村は宇宙人やロボットやサイボーグとも戦う（あと、未来の世界で宇宙船に乗って活躍《かつやく》する〝帆村荘六〟もいるが、まあ、これは子孫が名前を継いだのだろう）。もちろん、この世界では宇宙人も容疑者の一人なので、帆村が探偵としてやるべきことは変わらない。だが、読者の推理が変わってしまう。というのも、帆村ものを読む場合、ミステリ的な解決とSF的な解決の両方の可能性を頭に入れて推理する必要があるからだ。例えば、帆村ものの中篇の一つに、超能力者による犯罪としか思えない作がある。ここでシリーズの愛読者ならば、「今回の帆村は超能力者と戦うのか」と考えるに違いない。ところが、解決篇に入ると、超能力者は存在せず、人間がトリックでそう見せかけていたことが判明。ここで読者は驚《おどろ》くわけである。超能力者が出てきても、「どうせ二十面相のトリックだろう」で済む乱歩作品とは違うのだ。

ここで帆村の推理自体に目を移すと、初期短篇は、当時としてはかなりレベルが高い。デビュー作の「麻雀殺人事件」では、麻雀牌を使った毒殺トリックを早々と明かし、「このトリックを使ったのは誰か」という謎《なぞ》を、現場に落ちていた脱脂綿《だっしめん》から解明。「省線電車の射撃手」の推理の原理はクイーンの『アメリカ銃《じゅう》の秘密』と同じだが、犯人が走行中の列車の中にいるか外にいるかで(慣性の法則で)弾道《だんどう》が変わるため、推理がより複雑になっている。また、トリックの解明に特殊な科学知識が必要な場合は、それを事前に読者に提示するようにしてもいる。例えば「人間灰」では、死体を液体窒素《ちっそ》で凍《こお》らせるトリックを解決篇より前に明かし、「なぜ犯人はそんな方法を使ったのか?」を読者に挑戦しているのだ。もっとも、「俘囚」のように解決篇まで明かすことができない珍《ちん》奇《き》なトリックの作品が——読者が推理できない作品が——けっこう多いため、帆村ものは〈本格ミステリ〉と思われていないのだが……。

03

探偵はPedanticが止まらない

法《のり》水《みず》麟《りん》太《た》郎《ろう》

Profile ①小栗虫太郎《おぐりむしたろう》 ②「後光殺人事件」1933 ③『黒死館殺人事件』 ④支倉検事／熊城捜《そう》査《さ》局長 ⑤「三十七八がらみ」／刑事弁護士／博学／舞台でハムレットを演じたことがある。

Debut 法水は支倉検事から呼ばれて劫楽寺《こうらくじ》に向かう。住職が奇怪な変死を遂《と》げたというのだ。熊城が「(死体を見れば)僕が態々《わざわざ》君をお招きした理由に合点が往くだろう」と言う通り、怪奇派の空想画さながらの死体の状況を見た法水は、心中の動揺《どうよう》を覆《おお》い隠《かく》せなかった。

Guide 法水麟太郎を名探偵として見た場合、最大の特徴《とくちょう》は、その〈ペダントリー〉だろう。作者は自身がヴァン・ダインの影響を受けていることを認めているので、法水のペダントリー（知識や教養のひけらかし）は、ファイロ・ヴァンスを踏襲《とうしゅう》したものと考えて間違いない。——という考えは間違っている。実作を読み比べるならば、その使い方がまるで異なるからだ。

まず、ヴァンスが初めて推理を披露《ひろう》する『ベンスン殺人事件』の第九章を見てみよう。引用とラテン語を乱発していたヴァンスが、推理を語り始めると普通の話し方に変わるのだ。井上勇《いのうえいさむ》訳で読んだ人は、「横文字＋カタカナルビ」が急に姿を消してしまったので驚《おどろ》いたと思う。

もちろん、本ガイドの読者ならば、その理由はわかるに違いない。ヴァンスは〝読者にフェアプレイを担保する〟存在なので、読者にも可能な推理を、読者が理解できる言葉で説明しなければならないからだ。

今度は、小栗作品を見てみよう。法水のデビュー作「後光殺人事件」で最初に披露されるのは、蓮《はす》の閉じた花の中に蛭《ひる》が蠢《うごめ》いていたことから足跡トリックをあばく推理。ここでは読者が知らない言葉は「タパヨス木精蓮《レセダはす》」しか出て来ない。続く時計のトリックも後光のトリックも、読者は法水の説明についていくことができる。

だが、メインの〝苦痛を伴う殺され方をしたのに、なぜ被害者は抵抗も苦悶《くもん》もした様子がなかったのか?〟という謎《なぞ》の解明では、読者は置き去りにされる。「超自己催眠《さいみん》とでも云《い》う状態なのか、或《ある》いは魅《み》惑性《わくせい》精神病発作の最初数分間に現われる、強直性の意識混濁《こんだく》状態だったのか——孰《いず》れにしろ、その点は至極分明を欠くけれども」という法水の言葉を理解できる読者はほとんどいないだろう。まあ、単語自体は辞書に出ているが……(なお、「分明を欠く」は、「どっちかわからない」の意)。

ここにおいて、法水はヴァンスのように読者に対してフェアプレイを担保することはできなくなった。いや、話は逆で、法水は「読者のみなさんがトリックを見抜《みぬ》けないのは知識不足のためです。私と同じ知識があれば、みなさんも見抜けるはずです」と言っているので、〝作者のアンフェアを支援する存在〟だと言える。

そして作者はこの後、法水を使って、ヴァン・ダインのグリーン家を改築し、黒死館を建てることになる——。

04

捕物帳の名探偵

仙《せん》波《ば》阿《あ》古《こ》十《じゅう》郎《ろう》（顎《あご》十郎《じゅうろう》）

Profile ①久生《ひさお》十蘭《じゅうらん》　②「稲荷《いなり》の使」1939　③『顎十郎捕物帳《とりものちょう》』（②収録）　④ひょろ松（乾児《こぶん》）　⑤二十八歳／剣の達人／顔の面積の半分以上が顎／甲府《こうふ》勤番《きんばん》→例繰方《れいくりかた》→駕籠《かご》屋《や》

Debut　北町奉行所の与力・森川庄兵衛は毒殺事件の証拠の品である印籠《いんろう》を紛失《ふんしつ》してしまった。家で働いているのは信用できる者だけなのに、なぜ見つからないのだろうか？　甥《おい》の仙波阿古十郎（通称「顎十郎」）は、万年青《おもと》が枯れていることから何かに気づいたようだが……。

Guide　戦前の作家を〝推理〟という観点から見た場合、久生十蘭は群を抜《ぬ》いている。例えば、『黄金遁走曲《とんそうきょく》』では、被害者が死に際に左手を胸の上に置き、右手の人差し指で空を指さしていた。これはダイイング・メッセージであり、なんと三通りもの推理が披露《ひろう》される。しかもこの作は、E・クイーンの『シャム双子の秘密』（一九三三年）のわずか二年後に発表。さらに、一つのメッセージに対して三つも推理を提示するというのは、クイーンでさえまだやっていなかった。その上、一つ目の推理では、「探偵役が犯人を罠《わな》にかけるために、わざと誤った推理を披露する」という手の込んだ趣向を見せてくれる。

その十蘭が探偵役を固定した連作『顎十郎捕物帳』も、やはり〝推理〟に力を入れている。例えば、「ねずみ」では、顎十郎とライバルの同心・藤波の二人とも同じ真相を見抜く。だが、顎十郎はこう言うのだ。――「今度はまづ五分五分の勝負かな。……たゞ藤波は堺屋（犯行現場）へ行き、おれはうちで寝ころがつて考へたゞけのちがひだ。」と。つまり顎十郎は、「おれは現場に行かずにベッド・ディテクティブで推理したぞ」と自慢《じまん》しているのだ。これが事件の解決ではなく、推理を誇《ほこ》っていることは明らかだろう。

あるいは、代表作と言われる「遠島船」。この作は、「船を残して乗員だけが忽然《こつぜん》と消えた〈メアリー・セレスト号〉」の実話を取り込んでいる点ばかりが着目されているが、推理もすばらしい。不可能状況を、構成するパーツごとに分割し、それぞれに対してトリックを推理していく。これは、短篇では鮎川哲也《あゆかわてつや》の「赤い密室」など数作しか成功例が思い浮かばないくらい難しい推理なのだ。

そして、推理のキーとなる手がかりがまた、すばらしい。例えば「紙凧《かみたこ》」の、凧合戦での凧のおかしな動きが手がかりになるというのは、前代未《み》聞《もん》ではないだろうか。また、枯れている植物の手がかりはクリスティなどに似た例があるが、この手がかりから読者の目をそらすのが実に巧《うま》い。そうかと思うと、おなじみの「右利き、左利き」の手がかりがさりげなく登場。

さらに、鯨《くじら》一頭が消失する「両国の大鯨」では、推理の袋《ふくろ》小路《こうじ》に入った読者を尻目《しりめ》に、発想を切り替えて鮮《あざ》やかな推理を披露する。戦前の捕物帳の中から、本作だけをこのガイドに選んだ理由がわかってもらえたと思う。

05

探偵はヘビースモーカー

加賀美敬介《かがみけいすけ》捜査一課長《そうさいっかちょう》

Profile ①角田喜久雄《つのだきくお》 ②「怪奇を抱く壁《かべ》」19 46 ③『高木家の惨劇《さんげき》』 ④峰刑事 ⑤警視庁捜査第一課長／警視庁きっての巨体／ヘビースモーカー／妻と娘あり

Debut 加賀美は食堂でトランクのすり替えを目撃《もくげき》する。すり替えた男は郵便局でその中身の一つを郵送するが、宛先は何と、加賀美だった。さらにその男は喫茶店《きっさてん》に入り、新聞の尋《たず》ね人広告に印をつけてから姿を消す。男は加賀美に何をしてほしいのだろうか？

Guide 作者はメグレ警部を参考に加賀美を造形したらしい。だが、私がメグレらしさを感じるのは、キャラ造形ではなく叙述《じょじゅつ》の形式。メグレはしばしば地の文で「！」や「？」付きで独白をするが、加賀美もそれを踏襲《とうしゅう》しているからだ。ただし、メグレの独白が「共感」のためであるのに対して、加賀美は「脳内ディスカッション」といった感じを受ける。例えば、

拳銃《けんじゅう》の持ち方さえ知らんような少女に、それがよくなしえたであろうか？

否！　断じて、否！

といった風に。当時の日本の本格ミステリでは、記述者や視点人物は探偵以外の場合が多く、加賀美のように内面での推理を明かしている探偵役は珍《めずら》しい。しいて挙げると、鮎川哲也《あゆかわてつや》の鬼貫《おにつら》警部もそうだが、こちらは鬼貫が後半から出たりして出

番が少ない。ところが、加賀美は冒頭《ぼうとう》から出ずっぱりなのだ。その独白はまるで、探偵エラリー・クイーンとクイーン警視のディスカッションを一人でやっているようにも見える。

そして、この叙述形式により、読者は加賀美の推理を追うことができる。例えば、『高木家の惨劇』の中盤までを追ってみると……。

被害者は離れた位置から的確に頭部を銃で撃《う》たれている↓犯行時刻の午後三時には関係者全員にアリバイがある↓機械装置で銃を撃ったのではないか?↓現場を調べて銃の発射装置を発見↓発射装置に蜘蛛《くも》が巻き込まれていた↓発射装置は午後一時に起動している↓起動時刻の偽装《ぎそう》はできるか?↓できない↓犯人は一時のアリバイがない人物。

ミステリ・ファンには、機械トリックを高く評価しない者が多い。だが本作では、中盤でトリックを明かして、「誰がその装置を使ったか?」という別の謎《なぞ》にシフトしている。ここで、読者は推理を追うことが可能になるのだ。次の長篇『奇蹟《きせき》のボレロ』でもロープのトリックを中盤で明かしているので、作者は意図的にやっているのだろう。最終章ですべてが明かされる意外性は乏《とぼ》しいが、読者が探偵と共に推理を進めていくこの形式も、別の魅力《みりょく》を持っている。

ところが作者は、メグレもの同様、この叙述形式を用いて、加賀美にも「共感」をさせるのだ。例えば、『奇蹟のボレロ』では――

加賀美はその相手(犯人)を凝視しながら、自分で自分自身を見つめているという奇妙な錯覚にふととらわれがちだった。

06

探偵は作者を兼ねない

金《きん》田《だ》一《いち》耕《こう》助《すけ》

Profile ①横溝正史《よこみぞせいし》 ②『本陣《ほんじん》殺人事件』 1947 ③『獄門島《ごくもんとう》』 ④Yさん（探偵作家） ⑤二十五、六歳／小柄／もじゃもじゃ頭／しわだらけの着物／東京で探偵事務所を開く。

Debut 岡山の旧家で、新婚初夜を迎えた新郎新婦が日本刀で斬《き》り殺されるという事件が起こる。しかも、犯行現場である離れは密室状況で、自殺ということはあり得ない。探偵事務所のパトロンの依頼を受けた金田一耕助は、この恐《おそ》るべき密室殺人事件に挑むのだった……。

Guide 戦後の横溝正史は、J・D・カーに学び、いくつもの傑作を生み出した、と言われている。だが、厳密に言うならば、横溝はカーのフォロワーではない。カー作品の長所だけでなく短所も理解した上で、その短所をアガサ・クリスティやエラリー・クイーンの手法を用いて補っているのだ。本ガイドでは、その手法の中から、〝名探偵〟に関するものを取り上げよう。

本ガイドで述べたように、カーのギデオン・フェル博士は、作中人物でありながらメタ発言をしている。これは、「作中人物にとっては密室トリックを考えたのは作者ではなく作中の犯人」という問題を回避するための苦肉の策だったが、スマートな方法とは言い難い。横溝もそう考えたらしく、別の解決方法を編み出したのだ――「Yさん」という。

『本陣殺人事件』ではまだ名前のないこの人物は、事件関係者から話を聞いて小説化した探偵作家。『黒猫亭事件』などでは金田一に〝『獄門島』連載中のYさん〟と呼ばれ、由利麟太郎《ゆりりんたろう》ものの『蝶々《ちょうちょう》殺人事件』では「探偵作家のY・S」と呼ばれているので、横溝正史のことだろう。そのYは、『本陣殺人事件』の冒頭《ぼうとう》で、こう語っている。

まず、「密室の殺人」が現実に起こったことに触《ふ》れ、探偵小説における密室殺人の定義を説明。その後、ルルーの『黄色い部屋』など密室もの六作を思い浮かべた後、「しかしそれらの小説のどれともこれは違っていた。ただ、犯人がそれらの小説を読んでいて、(略)そこに新しい一つのトリックを築き上げたのではあるまいか」と締《し》めくくる。これがフェル博士のメタ発言と同じであることは、明らかだろう。

ところが、解決篇で金田一が明らかにする真相は、「犯人は探偵小説を参考にしてトリックを考えたが、読んだのは一作のみ」という正反対のもの。つまり、Yの発言は作者の立場から、金田一の発言は作中人物の立場からなされているのだ。この作中レベルと作外レベルの担当者の分離により、金田一はフェル博士のようなメタ発言をやらずに済んだわけである。さらに、『本陣殺人事件』のラストでは、Yがメタレベルから叙述《じょじゅつ》トリックを説明し、『黒猫亭事件』でも、Yによる「顔のない死体」をめぐるメタレベルでの発言を実現している。この手法は、作者が「このトリックは俺が考えた」と自慢できないという欠点はあるが、名探偵を作中レベルに留めておくことには成功を収めたと言えるだろう。

07

推理で社会を批判する探偵

摩《ま》耶《や》正《ただし》

Profile ①天城《あまぎ》一《はじめ》 ②「不思議の国の犯罪」1947 ③『天城一の密室犯罪学教程』（②収録） ④島崎警部補 ⑤長身／顔色が悪い／戦中は上海で少尉／戦後は大学で無給の副手（助手の下）

Debut 両端からしか出入りできない路地で男が殺される。一方からは被害者と死体発見者しか入らず、もう一方からは誰も出入りしなかった。島崎警部補は、死体発見者が犯人だと考えるが、摩耶はそれを否定。そして、発見者が犯人ならば、二つの疑問が生じると指摘《してき》する——。

Guide 〝推理〟という観点からは、摩耶は名探偵の中でもひときわユニークな光を放っている。例えば、〈弁証法的探偵小説〉と銘打《めいう》たれた「盗《ぬす》まれた手紙」では、摩耶は消えた手紙を探す推理に弁証法を使う。推理をしながら「止揚！」と叫ぶ名探偵は、六十年以上後に登場した上苙丞《うえおろじょう》まで存在しなかった（と思う）。

あるいは、密室殺人ばかりに取り組んでいるくせに、密室を揶揄《やゆ》するような推理をする点。特に、作者自身が、「（この作は）密室をコケにしたファルスです」と述べる「明日のための犯罪」では、真面目なんだか不真面目なんだかわからない密室解明の推理を披露《ひろう》している。

だが、とりわけユニークなのは、推理によって社会批判を行っている点。他の名探偵が社会を批判する場合は、犯行動機と結びつけている。差別され追い詰められた犯人が殺人を犯《おか》したことを名探偵が語り、「犯人は差別社会の犠牲者《ぎせいしゃ》なのです」と社会を批判する。だが、摩耶は、推理そのものが社会批判になっているのだ。

例えば、「ポツダム犯罪」で摩耶は、犯行現場には絞殺《こうさつ》向きの縄《なわ》、撲殺《ぼくさつ》向きの青銅の装飾品、刺殺向きの短刀、と三つも手頃な兇器《きょうき》があるのに、犯人はあえて使い勝手が悪い弓矢を使ったと指摘。そして、その理由として、「ポツダム宣言受諾」を挙げるのだ。

もっとも、これはレトリックと言えないこともないので、摩耶の推理としては中級編になる。では、お次は上級編に行こう。

「高天原の犯罪」の解決篇では、摩耶は島崎警部補に向かってこう語る。

君は、わかっていないのか、忘れようとしているのさ。大戦争をボッ始めた張本人の一味だとゆうことを、物見事にゴマ化そうとしているんだよ。南京とマニラの虐殺の責任をチョロまかそうとしているんだよ。三年前には『神国』に住んでいたくせに千万年も前から『民主国』に住んでいたような顔をしようとゆうのさ。戦争と虐殺の一切の責任を、うまいこと巣鴨の連中に転嫁して、この俺の手だけは清潔だといいたいのさ。

この文を読むと、摩耶は社会批判をしているだけに見えるだろう。だが、実は、推理を語っているのだ。なぜこんなセリフが推理になるかは伏《ふ》せておくが、これで、摩耶のユニークさがわかってもらえたと思う。

08

シン・天才探偵

神《かみ》津《づ》恭《きょう》介《すけ》

Profile ①高木彬光《たかぎあきみつ》 ②『刺青《しせい》殺人事件』1948 ③『成吉思汗《じんぎすかん》の秘密』 ④松下研三（語り手／一高からの友人） ⑤二十六歳／数学と法医学の天才／白皙美貌《はくせきびぼう》／軍医として出征。

Debut 警視庁捜査《そうさ》課長の弟・松下研三は、刺青競艶会《きょうえんかい》で、大蛇丸《おろちまる》の刺青を彫《ほ》った絹枝と出会い、写真を託される。だが、その絹枝は密室で殺され、刺青が彫られた胴体《どうたい》だけが持ち去られていた。兄と共に複雑怪奇な事件に頭を悩ます研三の前に姿を見せたのは、親友の神津恭介だった。

Guide ※『刺青殺人事件』は一九五三年の改稿版ではなく初稿版を参照した。

神津の造形は明らかにファイロ・ヴァンスを参考にしている。容疑者と将棋《しょうぎ》を指すことによって心理分析《ぶんせき》を行うのは、ヴァンスがポーカーでやったことと同じ。事件に対して評論家的な意見を語る姿なども、ヴァンスを彷彿《ほうふつ》させる。

ただし、大きな違いが一つ。それは、ヴァンスは美術評論家である作者自身を投影しているが、神津は作者の理想を投影しているという点。神津のユニークな特徴《とくちょう》である〝天才性〟は、作者の理想像だから与えられたのだ。ミステリでは天才的な推理力を持つ探偵は珍《めずら》しくないが、神津はそちらではなく、探偵デビュー前から、数学や法医学での驚異《きょうい》的《てき》な実績で、「天才」と言われているのだ。こういったハッタリめいた属性を付与するのはシャーロック・ホームズ時代の造形であり、初稿版では松下研三の一人称で神津が絶賛されている点も、このイメージに拍車をかけている。つまり、神津は前時代の探偵なのだ。

だが、ワトソン役の松下研三を見ると評価は一変する。彼は探偵小説マニアで、密室殺人が起こると密室ミステリをいくつも思い浮かべ、「ヴァン・ダインの得意とする、糸と針の密室は、この扉《とびら》に隙間《すきま》がないので出来そうにもない」と言ったりする。これは、金田一耕介《きんだいちこうすけ》のガイドで考察した"Yさん"と同じ役割——メタレベルからの発言——だと言えるだろう。また、「兄が地位の高い警察関係者」という属性は捜査に参加しやすくするためだが、こちらは探偵エラリー・クイーンと同じ。また、『刺青殺人事件』では研三が事件の関係者になるが、これは（研三はワトソン役だが）〈フィリップ・トレント方式〉。さらに、ヴァン・ダインが『グリーン家殺人事件』でやった「此《こ》の事件の要素と謎《なぞ》とを凡《すべ》て抽出し」たリストの作成までやっている。つまり作者は、研三を黄金時代以降のワトソン役に設定することによって、神津の前時代性をカモフラージュしているのだ。

この絶妙のコンビを用いて作者はいくつもの傑作を生み出したが、やがて、叙述《じょじゅつ》は通常の三人称に変わっていき、『刺青殺人事件』も改稿版では三人称になる。おそらく、作家として成長したためだと思うが、高木が得意な大トリックを用いた本格ミステリの叙述には、研三の一人称の方が合っているのではないだろうか。ファンとしては、研三の語りによる『人形はなぜ殺される』を読んでみたかったのだが。

09

探偵は時刻表を手に

鬼《おに》貫《つら》警《けい》部《ぶ》

Profile ①鮎川哲也《あゆかわてつや》 ②『ペトロフ事件』1950 ③『黒いトランク』 ④丹那《たんな》刑事 ⑤三十五歳／独身／クラシック音楽とココア好き／戦中は中国・大連《だいれん》、のちに警視庁勤務。

Brief 大連のロシア人の金満家ペトロフが殺害された。容疑者は遺産相続者である三人の甥《おい》。だが、三人とも完璧《かんぺき》なアリバイがあった。ロシア語に堪能《たんのう》という理由で駆り出された鬼貫警部は、この三つのアリバイに挑む。だが、アリバイを崩《くず》しても、また新たな謎《なぞ》が生まれていく……。

Guide デビュー当時の作者がF・W・クロフツを意識して書いていることは自身が認めている。ならば、本書のジョーゼフ・フレンチ警部のガイドで指摘《してき》した「探偵役が特殊な知識を入手した時点で読者にもトリックがわかってしまう」という問題には、どう対応しているのだろうか？

答えは、「問題自体が発生しない」。鮎川のトリックのほとんどは、特殊な知識は用いていないからだ。例えば、『ペトロフ事件』のトリックは、作者が時刻表を眺めていて思いついた、と自身が語っている。ということは、読者にその時刻表を提示するだけで、フェアプレイは成立する。かくして、同じ時刻表を見ているのにトリックに気づかなかった読者は、気づいた鬼貫を〝名探偵〟と見なすことになるのだ。

ただし作者は、クロフツにはなかった問題に直面することになった。それは、長篇を引っ張る力の欠如《けつじょ》。アリバイ崩しものの長篇の多くは、中盤あたりまでに犯人も動機も殺害手段も特定されるので、残りの物語を引っ張る謎は、アリバイ・トリックのHOWしかないのだ。もちろん、この欠如はクロフツ作品にもあるが、イギリスでは一つの謎だけで引っ張る作風にも一定の需要《じゅよう》がある(「退屈派《たいくつは》」と批判する人もいるが)。だが、日本において主流である江戸川乱歩《えどがわらんぽ》や横溝正史《よこみぞせいし》や高木彬光《たかぎあきみつ》の長篇の愛読者にとっては、この作風は退屈以外の何物でもない。

もちろん、鮎川はこの問題の解決策も編み出している。それは、一作に複数のトリックを盛り込むこと。〈捜査《そうさ》→推理→トリックの解明〉という流れが複数存在するために、読者は退屈することはない。それと同時に、複数のトリックを次々に解き明かしていく鬼貫の姿に、読者は名探偵らしさを感じることになる。

さらに作者は、この複数のトリックを連携《れんけい》させ、短篇を繋《つな》いだだけに見えないようにしている。例えば、ある長篇で、A氏のアリバイが確定したことを用いてB氏のアリバイを崩す鬼貫の推理は、名探偵と呼ぶにふさわしい。

最後に、鬼貫が名探偵として最もユニークな点を挙げておこう。それは、ある長篇で時刻表トリックを見抜《みぬ》いた後の台詞《せりふ》にある。――「(事件を)探偵小説的に考えすぎていた」、「現実において事があのようにすらすらと破綻《はたん》なくゆく筈《はず》はないよ」。これはアンチ・アリバイもの発言であり、この視点を持っているからこそ、鬼貫はアリバイ崩しの名探偵なのだ。

10

安楽椅子探偵対ハイカラ探偵

結《ゆう》城《き》新《しん》十《じゅう》郎《ろう》

Profile ①坂口安吾《さかぐちあんご》 ②「舞踏会殺人事件」1950 ③『明治開花 安吾捕物帖《とりものちょう》』（②収録） ④勝《かつ》海舟《かいしゅう》（幕末の英傑／ライバル） ⑤徳川家重臣の息子／洋行帰り／警視庁雇いの紳士探偵

Debut 政商・加納五兵衛が、仮装舞踏会の席上で殺される。会には閣僚《かくりょう》はじめ各国の大公使も出席。警視庁雇いの紳士探偵・結城新十郎が捜査《そうさ》にとりかかる一方、警視庁の剣術指南をつとめる虎之介は、勝海舟に事件の相談。海舟は家を一歩も出ることなく解決するが……。

Guide この連作に添《そ》えられた「読者への口上」によると、各話の構成は、第一段＝虎之介が勝海舟邸を訪ねる。第二段＝事件の説明。第三段＝海舟の推理（間違い）。第四段＝新十郎の推理（正解）。第五段＝海舟の負け惜《お》しみ。となっている。さらに作者は「捕物帖としては特に推理に重点をおき、一応第二段に推理のタネはそろえておきますから、お慰《なぐさ》みに、推理しながら読んでいただいたら退屈《たいくつ》しのぎになるかも知れません」とも語っている。まさしく、本ガイドで取り上げるべき連作なのだ。

取り上げるべき連作ではあるが、〝推理〟という観点からは、新十郎の推理に見るべきところはない。見るべきは、勝海舟の間違った推理、そして、この間違いに対する負け惜しみになる。そしてこの間違いには、海舟が安楽椅《あんらくい》子《す》探偵で、現場には行かずに推理するという設定が重要な役割を果たしている。

例えば、「刺殺と見せかけて毒殺」というトリックが使われている事件を見てみよう。虎之介は刺殺だと思い込んでいるので、海舟にはそう話す。海舟は刺殺を前提として推理をしたために間違える。新十郎は死体を調べて毒殺だと判明してから推理をしたので間違えない。

この海舟の間違いは、本ガイドでたびたび取り上げている安楽椅子探偵ものの問題点――探偵が聞いた話の中に推理に必要なデータがすべて含まれている保証はない――によるもの。作者は前記の「口上」で、「海舟という明治きっての大頭脳が失敗するのですから、この捕物帖の読者は推理が狂《くる》っても、オレもマンザラでないなと一安心していただけるでしょう」と述べているので、「明治きっての大頭脳」を失敗させるために、安楽椅子探偵の弱点を利用したことになる。驚《おどろ》くべきセンスではないか。

では、本連作は安楽椅子探偵へのアンチテーゼになっているかというと、そうではない。例えば、本ガイドで取り上げた久生十蘭《ひさおじゅうらん》『顎十郎《あごじゅうろう》捕物帳』の「ねずみ」では、主人公の顎十郎の方が安楽椅子探偵をつとめるという逆の設定で、しかも、事件のデータが不足している。ところが顎十郎は、欠けているデータを推理で補って真相を見抜《みぬ》くのだ。一方の海舟は、データ不足に気づかない。新十郎は被害者の倒れ方（これは虎之介も話している）から刺殺ではないことを見抜いたのだから、海舟も見抜いて然《しか》るべきだった。これがライバル役の悲しさか……。

11

探偵は犯人の奴隷

応《おう》伯《はく》爵《しゃく》

Profile ①山田風太郎《やまだふうたろう》 ②「赤い靴《くつ》」1953 ③『妖異金瓶梅《よういきんぺいばい》』（②収録） ④なし ⑤豪商《ごうしょう》・西門慶《さいもんけい》と兄弟の契《ちぎ》りを結んだ仲だが実は幇間《ほうかん》／放蕩《ほうとう》のため財産を失い西門家に居候《いそうろう》をしている。

Debut 中国・宋《そう》の時代。豪商にして好色漢の西門慶は豪邸《ごうてい》で八人の妻、妾《めかけ》、美少年、そして幇間たちと暮らしていた。ある日、第七夫人の宋恵蓮《そうけいれん》と第八夫人の鳳素秋《ほうそしゅう》が殺され、両足が切断されていた。幇間の一人、応伯爵は犯行が不可能状況下で行われたことを指摘《してき》するが……。

Guide 〝推理〟と〝事件との関わり〟を切り口にして名探偵を考察した場合、取り上げるべき山田風太郎作品は、『妖異金瓶梅』と『明治断頭台』が双璧《そうへき》だろう。だが、後者の趣向が最終章で明かされるのに対して、前者の趣向は第二話で早々と明かされている。そこで、こちらを取り上げた次第。**序盤で明かされる趣向でも知りたくないという人は、本ガイドを読む前に本篇を読んでほしい。**

本作の第一話を読んだ人は、中国の奇書『金瓶梅』を下敷《したじ》きにしたことによって生まれる特異な不可能状況、悪魔のようなトリック、驚愕《きょうがく》の動機、といったものに感心するに違いない。だが、第二話に進んだ読者は、真の驚《おどろ》きに見舞われることになる。なんと、第二話の犯人は第一話の犯人と同じなのだ。さらに、第三話以降も――例外はあるが――同じ犯人による犯行が続く。この「連作短篇集でどの短篇の犯人も同じ」という趣向は、〈日常の謎《なぞ》〉ものや怪盗《かいとう》ものや殺し屋ものなどでは作例がないわけではないが、殺人が起こる謎解き形式のミステリでは見かけない。実にユニークな設定だと言える。

だが、さらにその先もユニークなのだ。ドルリー・レーンのガイドに書いたように、探偵役は、「自分だけが真相を知っている」状態を作り出した場合、事件を支配できる。ところが応伯爵は、犯人を支配できない。犯人に惚《ほ》れ抜《ぬ》いているため、肉体関係の強要などはできないのだ。毎回、犯行をあばきながら、キスとボディタッチ程度で終わってしまう。いや、ある短篇では、応は犯人の共犯者をつとめるのだ。

また、犯人の方も、応の口を封じるために肉体関係を持つわけにはいかない。犯人は西門を心から愛していて、犯行も彼の愛を独占するためのものだったからだ。犯人を固定することにより、この犯人と探偵の異常きわまりない関係を一冊を通して描くことができたわけである。

ところが、〝推理〟に着目すると、また別のものが見えてくる。第二話以降は、犯人は直接手を下さず、被害者が破滅《はめつ》するように仕向ける場合が多いのだが、これを推理だけで突きとめるのは難しい。探偵は、犯人の行動の裏に悪意があったことを論理的に証明しなければならないからだ――が、本作では難しくない。第一話で、犯人に悪意があることは証明されているからだ。言い換えると、犯人を固定することにより、悪意を証明する推理を省略できるわけである。作者はここまで考えていたのか……。

12

はいから探偵が通る

ハイカラ右京《うきょう》

Profile ①日影丈吉《ひかげじょうきち》 ②「舶来幻術師《はくらいげんじゅつし》」1954 ③『ハイカラ右京探偵暦』（②収録） ④吾来《ごらい》警部（警視庁強力犯係長） ⑤洋行帰り／警視庁の外部嘱託《しょくたく》／国際的スパイの噂《うわさ》あり

Debut 明治の中葉。満員の寄席《よせ》で十四歳の美少年芸人が失踪《しっそう》。事件はさらに、異人館での人間消失、二つの殺人と続く。警視庁の吾来警部は幽霊を目撃《もくげき》したと語る人物が犯人だと考える。だが、外部嘱託の右京慎策《しんさく》、通称「ハイカラ右京」は、別の人物を犯人だと考えるのだった。

Guide 『ハイカラ右京探偵暦』は典型的な名探偵ものになっているが、この形式は作者には合わないように見える。日影作品の探偵役は、事件関係者の輪の外で超然としていてはならないのだ。作者がこの形式を選んだのはなぜだろうか？

一つ目の理由は、書きやすさ。この連作は平均すると二ヶ月に一作のペースで発表されていて、作者にしてはかなり速い。これは、あらかじめ枠《わく》組《ぐ》みが決まっている名探偵ものだったから、という理由が大きいと思われる。

二つ目は、右京は謎《なぞ》を解いて終わりの名探偵ではないという理由。彼は犯人を欺《あざむ》き、利用し、上前をはねる。目的のために警察を操る手法といい、新聞を利用した情報操作といい、女性に対する態度といい、作者がアルセーヌ・ルパンを意識しているのは明らかだろう。そして、短篇でこういった複雑なキャラを描こうとしたら、シリーズ化するしかない。
だが、最も大きい理由は他にある。まずは、以下の文を読んでほしい（省略等あり）。

読者は、この話の最初にあらわれたA氏の異様な風貌《ふうぼう》を、最前から頻りに気にして、おられたことと思うが、筆者も幼少の折、当時、五十歳代の女盛りだった、お秀さんから、この事件の物語を聞いた時にも、やはり最初から何となくA氏に疑惑を抱いたのであるが――思いは同じ、A氏の住居をさして行くハイカラ右京に、今は万事を任せて、彼の後を追って見よう。（第一話）

右京の活躍譚《かつやくたん》は、作中にも登場するお秀が昔の事件を作者に語るという形式をとっている。お秀は、語る際には犯人がA氏だと知っているので、冒頭《ぼうとう》に伏線を張るのは当然。それを聞いた作者が、小説化の際に冒頭に伏線を張るのも当然。読者がその伏線を回収するのも当然。――なのだが、右京にとっては〝小説の冒頭〟など存在しないため、伏線の回収などできない。代わりに右京は、読者の知らないところで捜査《そうさ》を行って犯人を突きとめている。つまり、推理ではなく捜査による解決で、これは、黄金時代より前のシャーロック・ホームズとそのライバルたちの手法だと言える。もともと日影作品では、探偵役の推理ではなく、伏線の回収と後出しのデータによって解決することが多い。このミステリ面の弱さに読者が気づかないように、作者は、探偵ヒーローが推理をショートカットして事件を解決する手法を用いたのだろう。

13

伊丹英典（Itami Eten）は名探偵（Meitantei）

伊《い》丹《たみ》英《えい》典《てん》

Profile ①福永武彦《ふくながたけひこ》 ②「完全犯罪」1956 ③『加田伶太郎《かだれいたろう》全集』（②収録） ④久木進（伊丹の助手／警察署長の息子） ⑤三十代半ば／妻帯者／古典文学科助教授／探偵小説ファン

Debut 日本へ帰る船の中で、船長、事務長、船医、そして古典学者の伊丹英典が探偵の能力について雑談をしていた。そこで船医が、自分がかつて体験した未解決事件の話をして、みんなで推理することになった。四人は十数年前の密室殺人に挑み、それぞれ異なる推理を語る……。

Guide 福永武彦が加田伶太郎名義で一九五六年に発表した「完全犯罪」は、本格ミステリ短篇の歴史に残る傑作と言える。安楽椅子《あんらくいす》探偵の設定、密室殺人の多重解決、伊丹の消去法推理と、どれもすばらしい。――のだが、他の本格ミステリとは、二つの点で違いがある。

一つ目は叙述《じょじゅつ》の形式。船医が伊丹たちに事件の話を語るのではなく、船医が事件を小説化して、それを伊丹たちに読んでもらうという設定なのだ。これでは、船医は一晩で原稿用紙五十枚ほどを書き上げたことになる。なぜこんな不自然な叙述形式をとったのだろうか？

答えは、作者のエッセイ「素人《しろうと》探偵誕生記」にある。本作は雑誌に分載されたのだが、作者は当初、犯人探しの懸賞《けんしょう》にしたかったらしい。となると、フェアなデータ提示が重要になるが、船医は真相を知らないし、事件当時は中学生だったし、すべての出来事に立ち会っているわけではなく、容疑者の一人でもあるので、それは難しい。そこで作者は、〝大人になった船医が事件を振り返って小説化する〟という手を用いた。船医は視点人物ではあるが、「安原清」という一人の作中人物として三人称で描かれている。安原がいない場面でも、後で知った話は小説に組み込んでいる。この探偵エラリー・クイーン方式で書かれた小説を伊丹たちが読めば、探偵と読者が持つデータは完全に一致するわけである。

二つ目の違いは、多重解決の扱い。他のミステリでは間違った解決は後出しのデータによって否定されることが多いのだが、本作では問題篇のデータを用いて否定している。これもおそらく、本作が犯人探しの懸賞として書かれたからだろう。

読者からもっともらしい別解が届いた場合、作者としては「その解決も成り立ちますが、私の考えた解決とは異なるので不正解にします」とは言えない。この問題への対応として、読者が考えそうな解決を否定するロジックを作中に組み込んでおくことにしたので、結果的に多重解決になったのだろう。

だが、二作目以降は――読者への挑戦を考慮しなくなったためか――データ提示も推理も緩《ゆる》くなったように見える。探偵と読者が入手したデータのギャップは大きくなり、伊丹の推理も「想像」と言われるようになった。ところが、その緩さが逆に、推理の飛躍《ひやく》を生み出すことに成功しているのだ。まったくもって、作者の本格ミステリのセンスには感心するしかない。

14

兄妹——大学生探偵の事件簿

仁《に》木《き》雄《ゆう》太《た》郎《ろう》

Profile ①仁《に》木《き》悦《えつ》子《こ》 ②「黄色い花」 1957 ③『猫は知っていた』 ④仁木悦子（語り手／妹／音大の学生） ⑤植物学専攻の大学生／妹より身長が二十九センチ高く、体重が十四・五キロ軽い。

Debut 仁木雄太郎・悦子が住む家の隣《となり》に建つ数川邸《てい》で殺人が起こり、二人はたまたま第一発見者になる。だが、雄太郎が気になったのは、死体ではない。木戸の前に咲いていた〝のぼろぎく〟と、現場の花びんに挿《さ》してあった二輪の黄色い花——トロロあおいの花だったのだ。

Guide 作者はエッセイで、「世界で一番本格派らしい人はクイーンだといまでもそう思い、尊敬もしていますが、好きで読むという段になると、私はもう、あの緻《ち》密《みつ》な論理の積み重ねで構築されたお城のようなクイーンの作品を最後まで読み通す根気がなくなってしまいました」と語っている。確かに、仁木作品では「緻密な論理の積み重ね」は見ることができない。だが、クイーンの別の特《とく》徴《ちょう》は見ることができる。

一つ目は、ディスカッションによる推理。クイーン作品では、探偵エラリー・クイーンの推理をクイーン警視が検証する形で推理が進む場合が多いが、仁木雄太郎と悦子もこの形が多い。しかも、父子や兄妹という家族の親しさが、遠慮のない議論を生み出している点も共通している。そして、このディスカッションを成立させるのに必要なのが、ワトソン役の推理力の高さ。兄の推理の疑問点を挙げ、弱い点を突く妹の頭脳は、名探偵に限りなく近い。実際、悦子が単独で事件を解決する短篇もけっこうあるのだ。

　ちなみに、悦子はクイーン警視のような警察関係者ではないので、大学生の兄を警察捜査《そうさ》に参加させる力はない。そこで、そちらは兄妹と親しい上に雄太郎の名探偵ぶりを知っている峰岸老警部が担当している。作者は実に巧《うま》い。

　二つ目の特徴は、巧妙《こうみょう》な手がかり。読者が「まさか、こんなもので犯人を特定できるなんて」と驚《おどろ》く手がかりのことで、クイーン作品ならば、『エジプト十字架の秘密』を挙げればわかりやすいだろう。実を言うと、『猫は知っていた』で私が一番驚いたのは、仁木兄妹が居候《いそうろう》する部屋が手がかりになっていることだった——「まさか、こんなことで犯人を特定できるなんて」と。他にも、A氏を容疑者から外すはずの手がかりが反転してA氏を犯人だと指摘《してき》する手がかりになる短篇など、幾《いく》つも挙げられる。

　ここで指摘したいのは、この二つは、クイーンのラジオドラマが全米で大ヒットした理由でもあるという点。ミステリ・ファンではない一般の聴取者には、探偵が一人で延々と喋《しゃべ》るよりも、ディスカッション形式の方がわかりやすい。また、「この密室トリックは先例がない」と言われてもピンとこない聴取者も、巧妙な手がかりならば楽しめる。おそらく、この二つが盛り込まれていたから、『猫は知っていた』はミステリ・ファン以外にも受け入れられ、ベストセラーになったのだろう。

15

リアリズムと名探偵

三《み》原《はら》紀《き》一《いち》警《けい》部《ぶ》補《ほ》

Profile ①松本清張《まつもとせいちょう》 ②『点と線』１９５８ ③『時間の習俗』 ④鳥飼刑事（福岡署のベテラン刑事） ⑤三十歳過ぎ／警視庁捜査《そうさ》二課警部補／コーヒー党／なんとなく箱を連想させる。

Debut 博多の香椎《かしい》海岸で男女の死体が発見された。どう見ても心中だったが、鳥飼刑事は男女の足どりと食堂車の伝票に不自然さを感じ、本庁から来た三原警部補も同意する。殺人事件として捜査を開始した二人だったが、そこには難攻不落のアリバイが立ちふさがっていた。

Guide 松本清張といえば〈リアリズム宣言〉を思い浮かべる人が多いと思う。私自身、拙著《せっちょ》『エラリー・クイーンの騎士たち』の中で、このテーマについて考察して、清張作品のリアリズムは犯人が担保していることを指摘《してき》した。例えば、『点と線』では、犯人が弄《ろう》したトリックは次の三つがある。

①殺人を心中に見せかけるトリック。
②〝東京駅の四分間の見通し〟トリック。
③乗り物を利用したアリバイ・トリック。

まず①は、犯人の「警察の捜査に対抗するよりは、そもそも警察が事件捜査に乗り出さない失踪《しっそう》か自殺か事故死に見せかけるトリックを弄する方が危険性が少ない」という考えに基づくもので、実にリアルだと言える。

②はトリックの成功率は低いが、殺人の前に実

行するので、失敗したら計画を中止すれば良い。また、このトリックは偽装《ぎそう》心中を補強するためのものなので、失敗しても偽装が崩壊《ほうかい》するわけではない。これもリアルだと言える。

③はトリック①が失敗した時の保険なのに、警察の通常の捜査では見破れないほどしっかり作り込んでいる。犯人からすれば、殺人は重罪なので、「万が一の保険」をしっかりかけておくのはリアルだと言える。

これだけリアリズムに徹《てっ》して周到な計画を立てた犯人だが、三原&鳥飼タッグの前に敗れ去る。二人は天才型名探偵ではないが、安易に心中説に飛びつかず、ささいな疑問を徹底的に追及して解き明かしていく。こういった警察官は少数派であっても存在する（と信じたい）ので、探偵もまた、リアルだと言える。

ところが、このコンビが再登場する『時間の習俗』は一変する。犯人は恐《おそ》ろしく手が込んでいる上に綱渡《つなわた》りのようなアリバイ工作をするのだが、成功しても〝鉄壁《てっぺき》のアリバイ〟にはならない。このトリックでは、警察に「写真は共犯者に撮影させたのでしょう」と言われても反論できないからだ。それなのに作者は、「三原の直感は、〇〇（犯人）一人の犯行と決めている」という文を書いて終わりにしてしまう。

ただし、大部分の読者はこの文で納得するに違いない。なぜならば読者は、三原が名探偵だと知っているからだ。名探偵が単独犯だと直感したなら、読者はそれを信じてかまわない。つまり、名探偵の存在こそが、『時間の習俗』のリアリズムを担保しているのだ。

16

心の舞台に立つ探偵

中《なか》村《むら》雅《が》楽《らく》

Profile ①戸《と》板康二《いたやすじ》 ②「車引殺人事件」1958 ③「グリーン車の子供」 ④竹野悠太郎（語り手／新聞の演劇記者） ⑤七十七歳／歌舞伎《かぶき》役者／屋号は高松屋／探偵小説好き

Debut 演劇記者の竹野が歌舞伎「車引《くるまびき》」を観ていると、藤原《ふじわらの》 時平《しへい》を演じていた役者が殺される。犯人は黒子に扮《ふん》して毒を飲ませたらしいが、誰かはわからない。だが、老優・中村雅楽は、殺人のずっと後にラジオの天気予報を聴いただけで、真相を見抜《みぬ》いたのだった。

Guide 老優・中村雅楽は老優ドルリー・レーンを意識して生み出したと作者自身が認めているが、レーンは雅楽と違って舞台がらみの事件は扱わない。雅楽は歌舞伎がらみの事件において、歌舞伎がらみの手がかりを用いて、歌舞伎がらみのトリックをあばくのだ。――というのは最初期の作風。確かに、江戸川乱歩《えどがわらんぽ》が絶賛した小道具の使い方の巧《うま》さや、巧妙《こうみょう》な手がかりなど、見るべき点は多い。だが、私が本ガイドで選んだ理由は、中後期の作風にある。この時期の作風は、しばしば〈日常の謎《なぞ》〉の先駆だと指摘《してき》されるが、これでは狭《せま》すぎると思う。中後期の雅楽ものは――私が本ガイドでたびたび使う言葉だが――「人の内面に踏み込む推理」の物語なのだ。例えば、クイーンのダイイング・メッセージものは、メッセージを残した被害者の内面を推理する物語であり、北村薫《きたむらかおる》の〈日常の謎〉は、日常の謎、つまり不可解な行動を取った人間の内面を推理する物語となるわけである。

もともと歌舞伎のような芸の世界の考え方は、一般人には理解しづらい。自身もこの世界の住人である雅楽は、推理によって、この世界ならではの人々の内面に踏み込んでいく。この推理は長短篇共に見られるが、ここでは三つの傑作だけを取り上げよう。

最初の傑作は「團十郎《だんじゅうろう》切腹事件」で、実在する八代目市川團十郎の切腹事件の謎を、雅楽がベッド・ディテクティヴで解明するという話。雅楽は、團十郎がらみのあるトリックをあばくことによって当時の彼の苦境を浮かび上がらせ、それを自殺の動機に繋《つな》げていく。この推理は、大向こうをうならせるに違いない。


次の傑作は「美少年の死」。犯人が美少年を殺害した動機はかなり異常なものなのだが、畳《たた》んであった屛風《びょうぶ》の手がかりを基にした雅楽の曲芸的な推理が、読者にその異常な動機を納得させてしまう。

そして、最高傑作であり、日本推理作家協会賞を受賞した作が「グリーン車の子供」。この短篇で雅楽が内面を推理するのは、グリーン車で相席になった子供ではなく、実に意外な人物。雅楽が新幹線で隣《となり》に座った子供の謎を推理していくと、ついにはその人物の内面にまで踏み込んでしまったのだ。

芸の特殊な世界の人々の内面に踏み込んでいく推理。中村雅楽が名探偵たる所以《ゆえん》は、この推理にある。

17

探偵は割り切れない

千《ち》草《ぐさ》検《けん》事《じ》

Profile ①土屋《つちや》隆夫《たかお》 ②『影の告発』1963 ③『針の誘い』 ④山岸事務官／大川警部／野本刑事 ⑤東京地検の検事／妻あり子供なし／大学時代は弓道部マネージャー

Debut 混雑するデパートのエレベーターで起こった殺人事件。たまたまデパートにいた千草検事は、現場に落ちていた一枚の名刺を手がかりに、容疑者を絞《しぼ》り込んでいく。だが、最も怪《あや》しい男には写真による鉄壁《てっぺき》のアリバイがあった。千草検事はこのアリバイを崩《くず》せるのだろうか。

Guide 作者の有名な言葉に「推理小説とは、割り算の文学である」、「事件÷推理＝解決　この数式に示された解決の部分に、剰余《じょうよ》、即《すなわ》ち未解決の部分や疑問が残されてはならない」というものがある。本ガイドでは、この考えに異を唱《とな》えたい。なぜならば、この式には、〝探偵〟が抜《ぬ》けているからだ。その欠落がどんな問題を生じているか、千草検事のデビュー作『影の告発』を作例として見ていこう。

この作の第1章では、千草が「曇《くも》っているな」と言った後に、「(その言葉を)思い出したのは、ずっと後になってからである」という地の文が入る。さらに、各章の冒頭《ぼうとう》では、正体不明の少女の意識の流れが描かれている。もちろんどちらも真相のヒントなので、読者は推理に用いて良い。ただし、作中人物の千草はどちらの文も読めないので、推理に用いることはできない。つまり、「事件÷推理」の「推理」が、作中探偵と読者では異なるのだ。それなのに作者は、自分が用意した推理、すなわち読者にやってほしい推理のことしか考えていない。そしてこの考えが、さらなる問題を生み出していく。

第12章では、犯人は特定できたがどうしてもアリバイを崩すことができない。そこで野本刑事が「共犯者がアリバイ工作を手伝った可能性」を示唆《しさ》するが、千草はこれを無視する。本作はアリバイ崩しものなので、確かに読者は共犯者の可能性を考える必要はないだろう。だが、作中人物の千草にとっては、これはきちんと考えるべき可能性になる。それを考えないために、割り算は作者と読者の間でしか成立しなくなり、千草を名探偵と呼ぶことはできなくなってしまった——が、続く『赤の組曲』と『針の誘い』では、名探偵と呼ぶことができるのだ。

この二長篇では、捜査陣は事件に関して大きな錯覚《さっかく》をしている。事件に関して錯覚しているわけだから、「事件÷推理」は上手くいくはずがない。だが、千草だけは、些細《ささい》な手がかりからこの錯覚に気づき、正しい事件の形を把握《はあく》する。そして、事件の形がわかれば、推理で割ることが可能になるのだ。千草は『影の告発』の中で、「重要なのは（略）最初に、正しい等式を作り上げること」だと語っているが、まさにこのことを言っているように思える。そう、千草は名探偵にふさわしい推理を披露《ひろう》しているが、それは、〝事件〟を割る推理ではなく、〝事件〟の真の形を明らかにする推理なのだ。

18

探偵小説を知らない探偵

砂《すな》絵《え》のセンセー

Profile ①都筑道夫《つづきみちお》 ②「よろいの渡し（人喰い舟）」 1968 ③『血みどろ砂絵』（②収録） ④〈なめくじ長屋〉の大道曲芸師たち ⑤年齢も身元も不明／路上に砂で絵を描く大道曲芸師

Debut 雨が降ると仕事にあぶれる大道曲芸師たちが住む長屋、通称〈なめくじ長屋〉。住人たちのリーダー格である砂絵描きのセンセーが、金の臭《にお》いをかぎつけたのは、隠居《いんきょ》殺しで追われる犯人が渡し船から忽然《こつぜん》と消失した事件。何やら気づいたセンセーは、仲間に調査を命じる。

Guide 作者はエッセイで、捕物帳《とりものちょう》を書くというアイデアは、旧知の中田《なかた》雅久《まさひさ》が雑誌《推理界》の編集者に勧《すす》めたものだと語っている。そこで、《推理界》の総目次を調べてみると、シリーズ第一作は《推理界》の一九六八年十二月号に掲載され、その後、ほぼ毎月のように載っている。明らかに、編集部に好評で、作者も書きやすかったのだ。さらに、《推理界》の以前の号を見ると、都筑の初登場はその一年前の一九六七年十二月号で、キリオン・スレイもの第一作。ところが、こちらのシリーズの続きは他誌に発表され、一九七〇年にようやく一冊分（六作）たまった。明らかに、編集部には不評で、作者も書きにくかったのだ。うがった見方をすれば、都筑の現代ものが不評だったので、中田は時代ものを提案したとも考えられる。

では、なぜ都筑は時代ものの方が書きやすかったのだろうか？　ここで、「春暁八幡鐘《しゅんぎょうはちまんがね》」を見てみよう。この短篇の〝価値のない物を盗《ぬす》む〟というアイデアは、E・D・ホックの怪盗ニック・ヴェルヴェットものの流用。気づく読者もいるので、現代ものなら、作中人物に「怪盗ニック・シリーズでは～」と言わせておくべきだろう。だがもちろん、時代ものでは、その時代には存在しない作品には言及できない。ちなみに、都筑が高く評価する『半七捕物帳』では、岡本綺堂《おかもときどう》は「半七は江戸時代のホームズである」と語っているが、もちろん、作中にはホームズの名前は出て来ない――この時代には存在しないので。

　今度は、「夜鷹《よたか》ころし」を見てみよう。夜鷹の連続殺人は、〈切り裂きジャック〉の売春婦連続殺人を下敷《したじ》きにしている。有名な事件なので、現代ものなら、作中人物に「切り裂きジャック事件と似ている」と言わせておくべきだろう。だがもちろん、時代ものでは、まだ起きていない事件への言及はできない。ちなみに、都筑が高く評価する久《ひさ》生《お》十蘭《じゅうらん》の『顎十郎《あごじゅうろう》捕物帳』も、「遠島船」でこの手法を使っている。

　都筑は、事件のシチュエーションなどをよそから借りてくることが多い。だが、読者が知っている元ネタに作中でまったく触《ふ》れないというのは不自然ではないか。少なくとも、都筑はそう考えるタイプの作家であり、その考えが作品を窮屈《きゅうくつ》にする場合がある。ところが、時代ものでは、そもそも作中で説明することができないので、気にする必要はない。これが、シリーズを順調に続けられた理由の一つだろう。

19

甦るアマチュア天才探偵

墨《すみ》野《の》朧《ろう》人《じん》

Profile ①高木彬光《たかぎあきみつ》 ②『黄金の鍵《かぎ》』1970 ③『仮面よ、さらば』④村田和子（語り手／愉快《メリー》な未亡人《・ウィドウ》）⑤四十代／ギリシャ風の顔立ち／企業分析家《ぶんせきか》／ピアノの名手

Debut 亡き夫の遺産で悠々自適の生活を送る村田和子は、ある日、墨野朧人という企業分析家に一目《ひとめ》惚《ぼ》れをしてしまう。その墨野が卓越した推理力の持ち主だと聞いた和子は、友人の事件を相談。そして、小栗上野介《おぐりこうずけのすけ》の埋蔵金《まいぞうきん》がからむ連続殺人に巻き込まれていくのだった。

Guide 作者によると、墨野シリーズはE・クイーンのドルリー・レーン四部作に挑んだシリーズで、一～四作目には五作目で明かされる〝名探偵〟に関する仕掛けの伏線が張られている。まさに本ガイドで取り上げるべき名探偵シリーズなのだ――が、大きな欠点が二つある。

一つ目は、完結まで時間がかかってしまったこと。作者はシリーズ開始当初には「数年で完結させる」と語っていたが、実際には脳梗塞《のうこうそく》などで十八年かかっている。最終作で過去四作の伏線を回収されてもピンとこなかった読者が多かったに違いない。また、脳梗塞から復帰後に書かれた二作は他者が執筆に協力しているのもマイナス。もし、開始から三年程度でシリーズが完結していたら、読者にこの仕掛けのすばらしさがきちんと伝わったに違いない。

二つ目は、最終作以外の出来の悪さ。最終作の前に『Xの悲劇』『Yの悲劇』『Zの悲劇』と並ぶレーン四部作に対して、墨野の四作は、日本どころか高木作品のベストテンにも入らない。なぜそうなったのだろうか?

『黄金の鍵』の初刊本に添《そ》えられた「著者の言葉」には、「推理小説というギリギリの課題をリアリズムの世界で長く追求していると、時には昔の探偵小説、ロマンの世界も恋《こい》しくなる。十年ぶりで、私はそのなつメロ的な世界にもどってみた」とある。十年前といえば、神津恭介《かみづきょうすけ》もの『成吉思汗《じんぎすかん》の秘密』の改稿版が刊行された年。これ以降の十年は、リアリズム重視の社会派推理小説のブームにより、神津のような天才型の素人《しろうと》探偵は出番を失った、と高木は言いたいのだろう。つまり墨野は、天才型素人探偵の復活のために作られたのだ。言われてみると、墨野の造形は、神津恭介を彷彿《ほうふつ》させる。

だが、それでも各作品は傑作にならなかった。理由は明らかで、作者は天才的探偵は復活させたが、天才的犯人は復活させなかったから。神津ものの『刺青殺人事件』や『呪縛《じゅばく》の家』や『人形はなぜ殺される』などに登場する天才的な犯人が、墨野ものには存在しないのだ。三原警部補のガイドで述べたように、松本清張《まつもとせいちょう》のリアリズムでは、犯人は警察が事件捜査《そうさ》に乗り出さないようにトリックを弄《ろう》する。だが、神津ものの犯人は、警察に挑戦して勝つためにトリックを弄するのだ。作者がリアリズムに縛《しば》られて天才的犯人の復活を怠《おこた》ったことが、シリーズの各作品の評価を下げてしまったのだろう。

20

探偵は中身も中学生

可《か》能《のう》キリコ&牧《まき》薩《さつ》次《じ》(スーパー&ポテト)

Profile ①辻真先《つじまさき》 ②『仮題・中学殺人事件』 1972 ③『合本・青春殺人事件』(②収録) ④⑤キリコ=中二、スーパーウーマン/薩次=中二、ジャガイモみたいな顔

Debut 少年推理作家・桂真佐喜が執筆中の作品は、中学二年の可能キリコと牧薩次が二つの難事件に挑む話だった。一つ目の事件は時刻表アリバイの事件、二つ目の事件は中学校のトイレで起きた密室殺人。キリコと薩次は、どちらの事件も、鮮《あざ》やかな推理で解決していく——。

Guide 「推理」と「事件との関わり」を切り口にして名探偵を考察している本ガイドでは、スーパー&ポテトは二つのハンデを背負っている。

一つ目は、このシリーズがジュニア向けに書かれていること。第一作は探偵役が中学生なので、大人がやるレベルの推理を披露《ひろう》するのは不自然に見える。また、ジュニア向け作品では、子供たちを陰惨《いんさん》な殺人事件に深く関与させるプロットも難しい。作者はこの問題をどう解決しているのだろうか?

まず、第一話のアリバイ・トリックは、キリコが推理ではなく知識を使って解いている。つまり、中学生でも知識があれば解けるし、時刻表を暗記しているキリコならば解ける、というわけである。これは巧《うま》い解決策に見えるが、そうではない。中学生でも気づくトリックに警察の誰も気づかない

理由が説明されていないからだ。また、事件の容疑者はキリコの知り合いではないのに、彼女はラストで中学生らしからぬ——が、名探偵らしい——行動をとる。

だが、第二話の薩次による密室の解明はすばらしい。この推理は、大人の警察官よりも中学生の方が自然にできるからだ。また、被害者は薩次の友人だが、それが謎解《なぞと》きのモチベーションになっているというのも実に巧い。

二つ目のハンデは、本作にはメタレベルの仕掛けが組み込まれていること。なんと作者は、冒頭《ぼうとう》で堂々と、〝この小説の犯人は読者だ〟と宣言しているのだ。ただし、作中人物（正確には、作中人物である桂真佐喜が書いた作中作内の人物）であるキリコと薩次にとっては、〝読者〟は存在しない。このため、二人はこの趣向を推理どころか認識さえもできない——と思いきや、最後の最後で、二人は推理はできないが認識はできていることがわかる。その方法は伏《ふ》せておくが、ヒントとして、牧薩次は現実に存在し、『完全恋愛』という小説を書いていることを挙げておく。なお、シリーズ三作目の『改訂・受験殺人事件』のメタレベルの仕掛けは、キリコと薩次は作中では認識できなかったが、いずれは認識できるようになるのだ。

その後、作者はメタレベルの仕掛けを後退させ、キリコも薩次も成長して大人になった。これで、二つのハンデはなくなったわけである。だが、本ガイドでは、こちらの時期ではなく、名探偵として二つのハンデを背負った時期の二人を取り上げるべきだろう。

21

黄色い部屋に住む探偵

退職刑事《たいしょくけいじ》

Profile ①都筑道夫《つづきみちお》 ②「写真うつりのよい女（退職刑事）」 1973 ③『退職刑事1』（②収録） ④五郎（語り手／息子／現職刑事） ⑤かつては硬骨《こうこつ》の刑事、いまや恍惚《こうこつ》の刑事。

Debut 定年退職後に五人の息子の家を順番に訪れる元刑事の父。だが、息子の一人である私の家に来ると、昔の血が騒《さわ》ぐのか、いつも「お前がいま手がけているのは、どんな事件だね？」と聞いてくる。そこで私が、男もののパンツをはいて死んでいたホステスの事件を話すと……。

Guide 作者が一九七〇～七一年に発表した評論「黄色い部屋はいかに改装されたか？」は、本格ミステリを書く者と読む者に大きな影響を与えた。それと同時に、作者自身の創作にも大きな変化をもたらした。本ガイドで取り上げたなめくじ長屋ものは変化前で、退職刑事ものは変化後。いや、正確には、変化したのではなく、その理論を実践《じっせん》した〈謎《なぞ》と論理のエンタテインメント〉シリーズだと言うべきだろう。この連作は、なめくじ長屋ものにあった〝謎と論理にとって余分なもの〟をすべて削《そ》ぎ落とした、結晶のような輝きを放っているのだ。

都筑は、ジェイムズ・ヤッフェの〈ブロンクスのママ〉シリーズを、「アームチェア・ディテクティブ（安楽椅子《あんらくいす》探偵）・ストーリイのもっとも理想的なもの」と公言して、その設定を基に、「退職刑事が息子の刑事から事件の話を聞いて解決する」というフォーマットを作り上げた。だが、むしろ、踏襲《とうしゅう》した部分より変更した部分の方が興味深い。

まず、ママは息子の事件の説明が終わってからまとめて質問をするが、パパは息子の説明の最中に頻繁《ひんぱん》に口をはさむ。本ガイドで何度も述べた、安楽椅子探偵ものの問題点——探偵が聞いた話の中に推理に必要なデータがすべて含まれている保証はない——の見地からは、パパの方が優《すぐ》れている。例えば、パパ「腕時計をはめていたのか、被害者は？」、息子「いえ、三面鏡の前においてあったんです」という会話で示されるデータをママの息子が提示しようとしたら、「三面鏡の前には被害者の腕時計が置いてありました」と語るしかない。しかし、腕時計が手がかりだと思っていない息子が、わざわざそんなことを話すはずがない。

また、都筑の作品には珍《めずら》しく、警察官が名探偵役をつとめているのも、データ不足の問題を解決するためだろう。事件の説明者とそれを聞く名探偵を同じ職業にすれば、データを用いる際の知識にギャップが生じることはないからだ。

こういった設定の下で繰り広げられる推理は、どれもすばらしい。第一話を例にとると、「警察を呼んでもらうわよ」という言葉から事件の構図をひっくり返し、女性の被害者が男もののパンツをはいていた謎に鮮《あざ》やかな解決をつけている。これこそが、作者が「黄色い部屋はいかに改装されたか？」で提唱した、〈論理のアクロバット〉の物語なのだ。

探偵が名探偵になるには

22 十《と》津《つ》川《がわ》警《けい》部《ぶ》

Profile ①西村京太郎《にしむらきょうたろう》 ②『赤い帆船』1973 ③『七人の証人』 ④亀井《かめい》刑事 ⑤三十歳／デビュー時は警部補／中肉中背／鋼鉄《こうてつ》を思わせる身体つき／鋭《するど》い眼つき／趣味はヨット

Debut 毒殺事件の被害者は、ヨットによる単独無寄港世界一周に成功した男だった。十津川警部補が捜査《そうさ》に乗り出すと、さらに二人が殺される。しかも、最後に残った唯一の容疑者には、東京―タヒチ間ヨットレースに出場していたという鉄壁《てっぺき》のアリバイがあったのだ。

Guide 十津川は『寝台特急殺人事件《ブルートレイン》』の中で、「(自分は)警察官としては、感傷的すぎる」と独白している。だが、これこそが十津川の魅力《みりょく》であり、多くのファンを惹《ひ》きつけた理由なのだ――という文は他のガイドに任せて、本ガイドでは〝推理〟という観点から見ていこう。

この観点から最も興味深い西村作品は、『名探偵なんか怖くない』で始まるパロディ・シリーズ。エルキュール・ポアロ、エラリー・クイーン、メグレ警部、明智小五郎《あけちこごろう》の四人が日本で起こった事件を解決する楽しいシリーズだが、四人それぞれが、いかにも彼らしい推理を披露《ひろう》するわけではない。四人が一つの真相を分担して語るだけなのだ。では、四人の名探偵の「らしさ」はどう描かれているかというと、過去に解決した事件への言及。つまり、作者の考える「名探偵らしさ」とは、個性的で卓越した推理力ではなく、数々の難事件を解決したという実績なのだ。

今度は、十津川のデビュー作『赤い帆船』を見てみよう。プロットは典型的なアリバイ崩《くず》しものになっていて、①初期捜査でA氏のアリバイが確認→②さらなる捜査でA氏が犯人だと判明→③A氏のアリバイ崩し、と展開する。鮎川哲也《あゆかわてつや》作品なら、この②と③で冴《さ》えた推理を見せてくれるのだが、西村作品は違う。例えば、②でA氏が犯人だと確信するのは「強い動機があるから」。そして、アリバイも「崩す」というよりは、「トリックを思いつく」といった感じになっている。この時期のミステリは、松本清張《まつもとせいちょう》の影響で、「平凡な犯人が平凡ではないトリックを実行し、それを平凡な探偵があばく」となっているものが多いが、本作はまさにそのタイプ。西村作品では驚《おどろ》くほど巧妙《こうみょう》なトリックを用いる犯人が多いが、探偵の方は、それを推理で見破ることができないのだ（もっとも、十津川は無能というわけではなく、犯人が複雑なトリックを使わない『七人の証人』などでは、ちゃんとした推理を披露している）。

だが、それでも十津川は、「名探偵」と呼ばれるのにふさわしい。十津川ものを一作読むだけだと、彼の名探偵ぶりではなく、巧妙なトリックを弄《ろう》する犯人の姿が印象に残る。ところが、読んだ数が増えるにつれ、犯人一人一人の印象は薄まり、十津川の印象が濃くなっていく。つまり、数々の難事件を解決したという実績こそが、十津川を名探偵にしているのだ。

23

探偵に必要なのは推理力か？　財力か？

神戸大助《かんべだいすけ》（富豪刑事《ふごうけいじ》）

Profile　①筒井康隆《つついやすたか》　②「富豪刑事の囮《おとり》」1975　③『富豪刑事』（②収録）　④浜田鈴江《はまだすずえ》（父の秘書）　⑤若い／捜査《そうさ》一係の刑事／キャデラックを乗りまわし、八千五百円の葉巻を半分も吸わずに捨てる。

Debut　非道な手段で巨万の富を築いた大富豪の神戸喜久右衛門《きくえもん》。彼は息子の大助が、刑事の仕事で自分の財産を使うことが罪ほろぼしになると考えていた。かくして大助は、五億円強奪事件の犯人を、大金を使ってあぶり出そうとする。

Guide　金持ちの名探偵は珍《めずら》しくないが、大助のように金を湯水のように使う名探偵は珍しい。いや、そもそも、そんな主人公自体が珍しい。金を湯水のように使う敵役を、知恵と工夫で倒すのが主人公だからだ。読者は町工場が大企業に一泡《ひとあわ》吹かせる物語を読みたいのであって、その逆は誰も読みたいとは思っていない。

もちろん、作者はこんなことは百も承知なので、巧妙《こうみょう》な設定を持ち込んでいる。まず、大助の使う金はすべて父親のもの。その財産は悪辣《あくらつ》な手段で築いたものだが、秘書が、ではなく父がやったことなので、大助とは関係ない。彼自身は、「富豪」というよりは、「富豪から財産の運用を任された人物」なのだ。加えて、それでも大金を湯水のように使うことに抵抗がある読者のために、「犯人を罠《わな》にかけるための行為が利益を生む」というオチも用意している。

　では、この設定で、富豪刑事はどのような推理を見せるか、というと、何も推理しない（第四話では推理を見せるが、名探偵の域には達していない）。そして、推理をせずに犯人に罠をかけるために、問題が生じているのだ。

　例えば、第一話では、推理で犯人が特定できないため、四人の容疑者全員に罠をかける。このため、犯人ではない人物が強盗《ごうとう》をやってしまう。新たな犯罪を生んだ責任を問われた大助は「蒼《あお》ざめ、うなだれた」だけで終わり。

　第二話では、大金を使って犯人が同じ密室トリックを実行するように仕向ける。しかし、トリックを推理しておかないと、どんな条件をそろえれば犯人が同じトリックを実行するかわからないではないか。


　作者は明らかに、大助を名探偵として描こうとはしていない。その決定的な証拠が、第二話の終盤にある〈読者への挑戦〉。大助が読者に向かって挑戦しているので、名探偵らしく見える——が、実は、その二十ページほど前で、脇役《わきやく》の鎌倉《かまくら》警部が既に読者に挑戦しているのだ。このため、大助の頭脳は鎌倉警部以下ということになってしまうわけである。

　ミステリ作家が〝富豪刑事〟を描いたならば、卓越した推理で真相を見抜《みぬ》き、大金を使って犯人を追い込む探偵になっただろう。つまり、推理と金の連携《れんけい》。だが筒井は、推理の代わりに大金を使って事件を解決する探偵を描いた。まったくもってユニークな設定であり、麻耶雄嵩《まやゆたか》の『貴族探偵』の先駆なのかもしれない。

24

副大統領令嬢は名探偵

キャサリン・ターナー

Profile ①山村美紗《やまむらみさ》 ②『花の棺《ひつぎ》』1975 ③『百人一首殺人事件』 ④浜口一郎《はまぐちいちろう》（エスコート役） ⑤二十歳／米副大統領の娘／コロンビア大学のミス・大学《ユニバシティ》／生け花を学ぶために来日

Debut アメリカ副大統領の一人娘キャサリンが生け花を学びに来日。外相の甥《おい》の浜口がエスコート役を任される。ところが、彼女が師事を望む華道家は家元制度批判のためか行方不明で、間もなく死体で発見される。さらに、密室状態の茶室で新たな殺人が……。

Guide 現在の読者なら、キャサリンの属性が特別だとは感じないだろう。だが、郷原宏《ごうはらひろし》によると、彼女がデビューした一九七二年当時は、探偵役が若い女性というのも、外国人というのも、ほとんど例がなかったらしい。なぜ作者は、探偵役にこんな設定を与えたのだろうか？

まず、「米副大統領の娘」という属性は、「若い外国人女性」という属性をフォローするためだとすぐわかる。日本語をまともに話せない二十歳の女の子が警察の捜査《そうさ》に加わることは難しい。だが、米副大統領の娘が「捜査に加わりたい」と言ったならば、日本の警察は断ることはできないだろう。

そして、「若い外国人女性」という属性に関しては、作者自身が「古びた土塀《どべい》の前に、ぴっかぴかのスポーツカーが停まっているようなポスター」の効果を狙《ねら》ったと語っている。ただし、『花の棺』

で事件の検討をする場面を読むと、別の狙いが見えてくる。キャサリンが密室殺人を面白がると、浜口は「不謹慎《ふきんしん》な」と感じるのだ。当時のミステリの探偵役ならば、何人も死んでいる事件を「面白い」とは言わないだろう。だが、松本清張《まつもとせいちょう》以前のアマチュア名探偵は、こういうタイプが多かったのだ。

今度は本シリーズの犯人を見てみよう。すると、密室好き以外にも、連続殺人にパターンを持たせたり、見立てを行ったり、言葉遊びが好きだという特徴《とくちょう》があることに気づく。清張以前のミステリの犯人には、やはり、こういうタイプが多かったのだ。つまり、作者が書きたかったのは、清張以前のゲーム性が強いミステリであり、キャサリンの属性はこの作風から逆算して決められたものだったと考えられる。

そのキャサリンの推理には、他の名探偵にはない二つの特徴がある。一つ目は、外国人ならではの観点からの推理。『消えた相続人』の動機や、『花の棺』の密室の推理などは、作者が日本人であることを忘れてしまいそうだ。

二つ目は、謎《なぞ》の一部を浜口が推理する場合があること。キャサリンも、解決篇では「私たちの推理」と語っている。おそらく作者は、すべての謎をキャサリンに解決させない方が良いと考えたのだろう。そしてその理由は、『百人一首殺人事件』の中で、キャサリンの口を借りて作者が語っている――「日本では、頭のいい、冷静な女性というのは、男性から敬遠されるんじゃなかったかしら」と。

25

読者を狼狽させる探偵

亜《あ》愛《あい》一《いち》郎《ろう》

Profile ①泡坂妻夫《あわさかつまお》 ②「DL2号機事件」 1976 ③『亜愛一郎の狼狽《ろうばい》』（②収録） ④三角形の顔をした老婦人 ⑤三十五ぐらい／長身で端整な顔立ち／運動神経ゼロ／カメラマン

Debut 爆破予告がされていたDL2号機だったが、無事に空港に着陸した。だが、乗客の一人が「爆破予告は俺を狙《ねら》ったものだ」と騒《さわ》ぎ、自宅の警備を求める。空港で雲を撮影していたカメラマンの亜愛一郎は、その男の何かが気になるようだったが……。

Guide 亜のシリーズがブラウン神父ものを意識して描かれていることは自他共に認めるところ。では、私がブラウン神父のガイドで述べたように、亜も「推理によって世界に対する読者の見方を変えてしまう探偵」なのだろうか？ そういう面がないわけではないが、私はそれよりも、「推理によって読者を作中世界に引きずり込む探偵」だと思っている。例えば、ある短篇では、亜が犯人の思考を説明すると、刑事は「すると自分も（犯人と同じ思考の軌道を辿《たど》っていたのではないか」と考える。そして、このくだりを読んだ読者もまた、同じことを考えてしまう。つまり読者は、作中犯人の思考が自分と同じだと思い知らされることになるのだ。この「作品の中にいる人物の思考が、作品の外にいる読者の思考と重なってしまう」点こそが、亜の推理の魅力《みりょく》だと言えるだろう。

このタイプの傑作は何篇もあるが、最高傑作は、「歯痛《はいた》の思い出」。ほとんどの読者は、亜の推理を聞くと、「自分も作中の犯人と同じ」だと感じてしまうはずである。加えて、亜の推理の進め方が実に鮮《あざ》やかで、ブラウン神父ものの傑作「奇妙な足音」の亜愛一郎バージョンだと言ってもかまわないだろう。

このガイドで取り上げるべき亜の魅力的な推理はもう一種類ある。それは、読者にとっての〝当たり前〟をひっくり返す推理。例えば、「お面を顔にどう着けるか?」と聞かれたら、ほとんどの読者は「そんなの決まっているじゃないか」と答えるに違いない。だが、ある短篇における亜の推理を聞いた後では、もはや、「そんなの決まっている」とは答えられなくなってしまうのだ。

こちらのタイプの短篇の最高傑作は、「掌上の黄金仮面」と「病人に刃物」。どちらも不可能状況を扱っているが、推理によって「そんなの決まっている」という読者の思い込みを打ち砕《くだ》いて不可能を可能にする亜の姿は、まぎれもなくトップクラスの名探偵なのだ。

亜は他にもHOWやWHYの謎《なぞ》を解き、見立ての謎を解き、暗号を解き、幻想的な謎を解き、異世界での謎を解く。作者が作り出した他の探偵役——曾我佳城《そがかじょう》やヨギ ガンジーなど——がどちらかと言えば似たタイプの謎を解くのと比べると、実に多彩だと言える。そして、これだけ多彩な推理を披露《ひろう》しながら、亜の名探偵としての姿は、決してぶれることはないのだ。

26

超人探偵の華麗な冒険

神《じん》野《の》推《すい》理《り》

Profile ①小林《こばやし》 信彦《のぶひこ》 ②「ハムレットには早過ぎる」1976 ③『神野推理氏の華麗《かれい》な冒険《ぼうけん》』(②収録) ④星川夏彦(語り手/TVディレクター) ⑤四十近い/コント作家/マザコン

Debut 神野推理はコント作家として一世を風靡《ふうび》したが、今は劇作家として「ゴドーが街にやってくる」の執筆にいそしむ毎日。だが、自身が住むマンションで殺人が起き、鬼面《おにつら》警部と旦那《だんな》刑事に協力して神のごとき推理を披露《ひろう》したのがきっかけで、探偵になる決意を固めたのだった。

Guide 本連作については、作者自身が「パロディ化といってもいい」と語り、私も初刊時に読んだ際は、名探偵パロディとして楽しんだ。だが、半世紀近くたった今では、そうとは言えない。

あらためて読むと、当時は都合良く偶然を使っているように思えたトリックが、今では島田《しまだ》荘司《そうじ》の奇想理論の実践作《じっせんさく》に思える。当時はギャグに思えた誤認トリックが、今ではルッキズム風刺に思える。当時は他作家の名探偵を名前を変えずに登場させるのは贋作《がんさく》やパロディしかなかったが、今では珍《めずら》しくない。作中でミステリ論が交《か》わされ、メタ的な発言が頻出《ひんしゅつ》するのも、今ではありふれている。

では、何がこういった変化をもたらしたかというと、私は新本格の登場だと思う。新本格の作家は〝古典的ミステリを現代に甦《よみがえ》らせた〟と言われているが、当時の小林信彦も同じだったのだ。ただし、新本格登場前には、雑誌《幻影城《げんえいじょう》》や横溝《よこみぞ》ブームや島田荘司や笠井潔《かさいきよし》が地ならしを終えていたのに対して、当時は、まだ松本清張《まつもとせいちょう》流リアリズムが幅を利かせていた。だから作者は、パロディという形式を選ぶしかなかったのだ。作中で神野が鬼面警部に「この事件は、あなた向きではない。……つまり、〈リアリズム〉ではないからです」と語っていることも、この考えを裏付けているように思える。

今度は、本ガイドの切り口に従って神野推理の推理を見てみよう。本連作はパロディと銘打《めいう》っていても、カミのオルメスものとは異なり、犯人は合理的な思考に基づいて殺人を行っている。つまり、推理は普通のミステリと何も変わらない。そして、普通のミステリの推理と比べると、作者は

——「鬼面と旦那」で気づいたと思うが——鮎川哲也《あゆかわてつや》ファンを公言するだけあって、推理に用いる手がかりの設定が実に巧《うま》い。

一つだけ挙げると、ある短篇では、重要証人が〝外国人用クリーニング店で働くアメリカ人〟となっている。そして、この設定の理由は、供述書《きょうじゅつしょ》を英語で書かせるため。供述書では現場にあった品物が複数形になっているのが重要な手がかりなのだが、日本語だと「二つの○○」となって、警察が手がかりに気づいてしまう。そこで作者は、証言を英語にした次第。

これらに加え、旦那刑事がたびたび披露する〈間違った推理〉も見逃せない。いかにもパロディ風な——いや、今では普通のミステリにも登場するような——珍奇《ちんき》な推理も。

27

猫だって探偵をする

三《み》毛《け》猫《ねこ》ホームズ

Profile ①赤川次郎《あかがわじろう》 ②『三毛猫ホームズの推理』1978 ③『三毛猫ホームズの騎士道』 ④片山《かたやま》義太郎《よしたろう》（刑事）＋晴美《はるみ》兄妹 ⑤年齢不詳の雌猫《めすねこ》／飼い主が殺され、片山家に引き取られる。

Debut 片山刑事は上司経由で大学の学部長から売春事件の調査を頼まれる。ところが、その学部長が殺されてしまった――しかも密室の中で。片山は学部長の飼猫「ホームズ」を連れて捜査《そうさ》をしている内に、この猫が事件解決のヒントを次々に与えてくれるように思えてきた。

Guide まず、赤川次郎のデビュー作「幽霊列車」における、探偵役・永井《ながい》夕子《ゆうこ》の〝推理〟を見てみよう。彼女は早い段階で、推理ではなく直感でトリックを見抜《みぬ》いているのにワトソン役に説明しない。その代わりに、意味ありげなヒントを出すのだ。これは明らかに、ギデオン・フェル博士＆ヘンリ・メリヴェール卿の後を継ぐ〝作者の共犯者〟タイプ。

ところが三毛猫ホームズは、夕子と同じ作者に生み出され、同じように直感でトリックを見抜き、同じように意味ありげなヒントを出すにもかかわらず、作者の共犯者ではない。なぜならば、猫であるホームズは、トリックを見抜いても人間に説明できないため、片山にヒントを出して解いてもらうしかないのだ。言い換えると、ホームズにはヒントを出す理由が作中レベルに存在するので、作者の都合だけで動いているわけではない。作者は猫を探偵役にすることにより、「ヒントを出す名探偵」に作中レベルでの存在意義を与えることに成功したのだ。

だが、シリーズ第一作『三毛猫ホームズの推理』を読んでこういったことを考えた読者は、次の『三毛猫ホームズの追跡』で驚《おどろ》くことになる。この作では、ホームズは明らかに真相を見抜いているのに、ヒントを出さないのだ。かくして片山はその理由を探るために――本ガイドの言葉を流用すると――猫の内面に踏み込む推理を行うことになる。まさに、本連作でしか見ることができない推理だと言えるだろう。

ここで、ヒント自体についても触《ふ》れておく。ミステリに登場するヒントには、真相を一足早く見抜いた名探偵などが提示するものと、真相を知らないワトソン役などがたまたま提示するものがある。三毛猫ホームズは前者に見えるが、私は、作者は後者の含みも残しているように思える。その理由としては、まず、作者がこのシリーズに対して、「彼女（ホームズ）自身はそれほど活躍《かつやく》しないように書いています。あまり活躍しちゃうと、SFになってしまいますからね」と語っていることが挙げられる。おそらく作者は、後者の解釈《かいしゃく》の余地を残しておけば、SFにはならないと考えているのだろう。

もう一つの理由は、作者がこのシリーズでは『三毛猫ホームズの狂死曲《ラプソディー》』と『三毛猫ホームズの騎士道』がお気に入りだと言っていること。この二作はホームズのヒントと片山の解決のギャップがかなり大きく、後者のタイプのように見えるのだ。

28

思想探偵

矢《や》吹《ぶき》駆《かける》

Profile ①笠井潔《かさいきよし》 ②『バイバイ、エンジェル』1979 ③『哲学者の密室』 ④ナディア（語り手／モガール警視の娘） ⑤三十歳前／日本でリンチ事件に関与／チベットで解脱《げだつ》／パリで探偵

Debut パリ警視庁のモガール警視の娘ナディアは、日本語の先生である矢吹駆に相談を持ちかける。それは、友人の叔母《おば》が首なし死体で発見された事件に関してだった。駆は事件の中心にあるのは首のない死体だと指摘《してき》し、〝現象学的直観〟を用いた推理を披露《ひろう》する——。

Guide 本ガイドの切り口である〝推理〟と〝事件との関わり〟の双方において、矢吹駆はユニークきわまりない名探偵だと言える。

その〝現象学的直観（本質直観）〟による推理法は、デビュー作では以下の通り。

①事件の支点は「首切り」。

②首切りの本質は「殺人という事実の隠匿《いんとく》」。

③この事件は殺人の何を隠蔽《いんぺい》しているかは現場に残された六つの謎《なぞ》から推理。

続く二作を見ると、『サマー・アポカリプス』では「二度にわたって殺された死体」、『薔薇《ばら》の女』では「不在証明の必要がない人物による不在証明の偽装《ぎそう》」という魅力《みりょくてき》的な支点が登場している。ところが、③に関しては、普通の名探偵の普通の推理とさほど差がない、という意地の悪い見方もできてしまう。

ただし、次の『哲学者の密室』は、こういう批判はできない。②の「密室の死の本質とは『特権的な死の夢想の封じ込め』」という考えがないと、③の密室トリックの解明ができないからだ。まあ、トリックだけなら見抜《みぬ》けるかもしれないが、「なぜそんなトリックを用いて密室を作ったのか」が推理できない。言い換えると、この作の密室トリックは、駆の本質直観による推理でなければ解けないのだ。そして、これ以降の作品も、同じ手法で書かれている。

これだけでも矢吹駆は充分、ユニークで魅力的な名探偵なのだが、さらに、〝事件との関わり〟においても、ユニークで魅力的なのだ。

この連作には、毎回、実在の哲学者をモデルにした人物が登場する。シモーヌ・ヴェイユ、バタイユ、ハイデガー、レヴィナス、ラカン、サルトルなどなど。彼らは事件の関係者として登場し、駆と思想闘争《とうそう》を行う。しかも、ミステリ部分と密接に結びついた形で。例えば、フーコー（もどき）が登場する『オイディプス症候群《しょうこうぐん》』を見てみよう。作中人物のフーコーは、自身が巻き込まれたクローズド・サークル内の連続殺人に対して、自著の『監獄《かんごく》の誕生』（もどき）を当てはめて、一つの考察を行う。それに対して、駆は別の考察を披露。かくして読者は、ミステリ小説の事件をはさんで、実在の哲学者と架空の名探偵の思想が火花を散らすスリルを味わうことができる。しかも、駆はこの思想対決に勝つために、事件を利用することもある。つまり、駆は事件の解決よりも思想闘争に勝つことを優先する名探偵なのだ。

29

探偵はフラグを折る

田《た》沢《ざわ》軍《ぐん》平《ぺい》

Profile ①連城《れんじょう》三紀彦《みきひこ》 ②「運命の八分休符」1980 ③『運命の八分休符』(②収録) ④なし ⑤二十五歳/定職なし/「ショウコ」と読める名を持つ女性たちと毎回フラグが立つ。

Debut 軍平がガードマンをつとめる人気モデルの波木装子《そうこ》に、東京でライバルを殺した嫌疑《けんぎ》がかかる。容疑者はもう一人いるが、そちらは犯行時に大阪にいたという鉄壁《てっぺき》のアリバイを持っていた。装子の依頼は、その容疑者のアリバイを崩《くず》してほしいというものだったが……。

Guide 『運命の八分休符』は典型的なシリーズ名探偵ものになっているが、この形式は作者には合わないように見える。連城作品の探偵役は、事件関係者の輪の外で超然としていてはならないのだ。——という考えは間違い。作者のデビュー作「変調二人羽織」も、代表作の「戻り川心中」も、事件の外にいる名探偵の推理が披露《ひろう》されている。本連作のルーツと言われる「消えた新幹線」も同様。ただし、読者が「連城の作風は名探偵ものに合わない」と感じるのには理由がある。

作者は「誘拐《ゆうかい》事件と見えて実は〜」といった〈構図の反転〉を得意としている。では、誰に見える構図が反転するのだろうか？　ノンシリーズものでは、それは視点人物になる。ただし、反転の驚《おどろ》きは、誰を視点人物にしても同じというわけではない。「A嬢《じょう》はB氏に一目《ひとめ》惚《ぼ》れをしていた」という構図が明かされた場合、B氏は驚くが、A嬢の親友は「やっぱりね」、警察は「それが何?」だろう。そこで作者はB氏を視点人物に据《す》えるわけである。

だが、名探偵ものでは、事件関係者ではなく、名探偵や警察に見える構図が反転する。そして、彼らの驚きは、事件関係者ほどではないため、読者の驚きも小さくなる。これは、連作の一篇「邪悪な羊」と他の誘拐ものを比べてみれば、明らかだろう。このため読者は、「連城の作風は名探偵ものに合わない」と感じるのだ。

ただし、名探偵ものにもメリットがある。ノンシリーズものでは事件関係者が構図の錯覚《さっかく》に気づくだけだが、名探偵ものでは推理によって構図を反転させている。このため読者は、名探偵の推理に驚きを感じるのだ。

名探偵の効用をもう一つ。「ある少年が少女に思いを伝えるため、鸚鵡《おうむ》に好きだという言葉を覚えさせる。だが、鸚鵡は少年に向かって好きだと言うだけだった。実は、少女も少年が好きで、鸚鵡に好きだという言葉を覚えさせていたのだ。二人は鸚鵡が相手の気持ちを伝えているのに、自分が教えた言葉を繰り返しているだけだと考えてしまう」という構図の錯覚は、何もなければ少年も少女も一生気づくことはない。だが、そこに名探偵がいたならば、二人の錯覚を正し、ハッピーエンドにできる。偽《いつわ》りの構図に縛《しば》られた人々を名探偵が解き放つから、本連作は――プロットはノンシリーズと変わらないのに――ユーモア・ミステリとしても評価されているのだろう。

30

探偵から探偵作家に

牧《まき》場《ば》智《とも》久《ひさ》

Profile ①竹本健治《たけもとけんじ》 ②『囲碁《いご》殺人事件』1980 ③『トランプ殺人事件』 ④須堂信一郎（大脳生理学者）／武藤類子（女子高生剣士） ⑤十二歳／IQ208／天才囲碁棋士《きし》

Debut 天才囲碁棋士の牧場智久は、姉の典子と大脳生理学者の須堂と共に、囲碁のタイトル戦を観に行く。だが、タイトル保持者が首なし死体となって発見される。犯人はなぜ首を切断して持ち去ったのか？　この謎《なぞ》に挑む牧場姉弟と須堂だったが、犯人の魔手は智久にも伸びるのだった。

Guide 牧場智久が最初に活躍《かつやく》する〈ゲーム三部作〉――『囲碁殺人事件』『将棋殺人事件』『トランプ殺人事件』――では、牧場姉弟と須堂がトリオで名探偵役をつとめている。通常の名探偵ガイドならば、武藤類子をワトソン役にして智久が単独で名探偵を演じるシリーズをメインで取り上げるべきだろう。だが、竹本作品の名探偵を考察するならば、〈ゲーム三部作〉をメインにしなければならない。

本ガイドでたびたび述べているように、読者に信用されている名探偵は、作品世界に安定をもたらす。作者のデビュー作『匣《はこ》の中の失楽』では、探偵役はいても名探偵がいないので、読者は誰の言葉も信用できない。だが、三部作では、名探偵の言葉だけは信用できる。また、『匣の中の失楽』の作中作は信用できないが、『トランプ殺人事件』

の作中作は、名探偵がそれを読んで検証しているので信用できる。

名探偵の効用をさらに言うと、ゲーム三部作には犯人の異常な思考が出て来るが、これは異常者自身が語っても意味はない（異常者は自分が異常だと思っていないので）。別の異常者が語っても正常者には説得力がない。正常者はそもそも異常者を理解できないので語れない。説明できるのは、正常者でありながら異常者の思考が理解できる人物、つまり名探偵しかいないのだ。例えば、ブラウン神父のように――。

また、『将棋』では、名探偵トリオが都市伝説を調べていくと、盗作《とうさく》問題や殺人事件が次々につながっていく。こういった「無関係なものにつながりを見出す」ことは、名探偵でなければできない。例えば、法水麟太郎《のりみずりんたろう》のように――。さらに作者は、

「名探偵の推理行為が事件を招く」というアイデアも持ち込んでいる。

この後、作者は牧場智久もので安定した世界を描いていくが、同時に、名探偵が存在しても安定しない世界を描く手法も編み出す。それは、「名探偵ではなく、名探偵を生み出した探偵作家を作中に出す」という手法。名探偵の推理はその作者が考えたものなので、探偵作家を名探偵として扱ってもおかしくない。ただし、探偵作家が安定をもたらすことができるのは、自分が作り出した世界に限られている。探偵作家自身は、自らが存在する世界を安定させることはできないのだ。竹本健治は、この手法を用いた『ウロボロスの偽書《ぎしょ》』によって、再び不安定な世界を生み出したわけである。

31

ぼくらの時代の名探偵

伊《い》集《じゅう》院《いん》大《だい》介《すけ》

Profile　①栗本薫《くりもとかおる》　②『絃《いと》の聖域《せいいき》』1980　③『鬼面の研究』　④森《もり》カオル（語り手）　⑤二十代後半〜三十代前半／教育実習生↓塾講師↓私立探偵／銀ぶち眼鏡／長身／さだまさし似

Debut　長唄《ながうた》の家元が住む邸宅《ていたく》で殺人が起こった。捜査《そうさ》を始めた山科警部補は、「まるで、古い探偵小説のページをめくりはじめたようだ」と感じ、「昔の小説の名探偵は、この事件にこそ必要なのかもしれない」と考える。そこに、伊集院大介と名乗る男が訪れた……。

Guide　伊集院大介のデビュー作『絃の聖域』が、横溝正史《よこみぞせいし》の作風を現代の都会に甦《よみがえ》らせようとしていることは、明らかだろう。山科警部補は、何度も何度も、今回の事件は自分がこれまで取り組んだものとは異なることを強調し、冴《さ》えた推理を見せた素人《しろうと》に捜査《そうさ》協力を頼む。頼まれた伊集院も、いきなり「カサンドラだ」と意味不明なことを叫《さけ》んだり、大事な時に東京を離れて信州に調査に行ったりする上に、解決篇では、愛憎渦巻《あいぞううずま》く複雑な人間関係をあばき、芸と家に縛《しば》られた人々の怨念をあばき、見事な金田一耕助《きんだいちこうすけ》ぶりを見せる。

だが、これは同時に、作者・栗本薫の限界もあらわになっている。本格ミステリとして見た場合、横溝の世界をきちんと再現してはいるものの、そこからはみ出す部分がないのだ。この作の一年前に出た笠井潔《かさいきよし》の『バイバイ、エンジェル』が、ヴアン・ダインとクイーンの作風を目指しながら、本格ミステリとして独自の部分を持っているのとは、大きく異なっている。

作者もそれはわかっていたらしく、次作『優しい密室』では横溝から離れ、お得意の青春ミステリに伊集院を登場させることにした。そして、ここで彼を一昔前の名探偵として設定したことが生きてくる。明智小五郎《あけちこごろう》や帆村荘六《ほむらそうろく》のガイドで述べたように、昔の探偵は、異なる作風に登場できる柔軟性《じゅうなんせい》を持っているからだ。

ただし、実際の探偵活動は——のちにワトソン役をつとめる——女子高生の森カオルが担当。最終解決だけは伊集院が行い、「単純きわまりない事件だったのです。わざわざ、ぼくが推理力をはたらかせるまでもなかった」と上から目線で語るが、これは彼がカオルより推理力が上だからではない。カオルの知らないデータをいくつも入手していたからなのだ。従って、この作の伊集院は、名探偵とは言い難い。

だが、次の『鬼面の研究』はすばらしい。この作で伊集院が挑むのは、鬼の伝説が残る村で起きた事件。まさに現代の金田一たる彼にふさわしい事件ではないか——と思った読者は、伊集院の解決によって驚《おどろ》かされることになる。

さらに作者は、〈天狼星《てんろうせい》〉シリーズで伊集院を悪魔的犯罪者と戦わせ、〈ぼくら〉シリーズの主人公と共演をさせ、現代の社会問題とも取り組ませている。つまり、伊集院大介の名探偵としての個性は、作者の多彩な作風に対応できる多様性にこそあるのだ。

32

探偵は批評家から芸術家へ

御手洗潔《みたらいきよし》

Profile ①島田荘司《しまだそうじ》 ②『占星術殺人事件』1981 ③『眩暈《めまい》』 ④石岡和巳《いしおかかずみ》（語り手／作家） ⑤三十歳／占星術師／ギターの名手でレコードを出している／別名での探偵活動あり

Debut 四十年以上前に起こった占星術殺人事件。それは、六人の娘が殺され、体の一部を切断されるという事件だった。さらに、その連続殺人を予告した手記の書き手が密室で殺される事件も加わる。だが、未解決のこの事件の新たな証拠が見つかり、御手洗潔が解決に乗り出した。

Guide デビュー作『占星術殺人事件』の解決篇で、犯人の大トリックをあばきながら、御手洗はこう語る――「本日はどうも犯人をたたえる講演会といった趣《おもむ》きが強いです」と。つまり御手洗は、「犯人は芸術家だが探偵は批評家です」と言っているのだ。この言葉は怪盗キッド……ではなく、G・K・チェスタートンの名言で、探偵より犯人を上位に置く考え方を示している。確かに、最初の二作における御手洗は、そう見られてもおかしくない。

だが、一九九〇年の『暗闇坂《くらやみざか》の人喰《ひとく》いの木』以降の作品群では、そう見ることはおかしい。こちらの御手洗が解決篇で披露《ひろう》する〝推理〟は、独創的で、魅力《みりょくてき》的で、そして芸術的だと言えるからだ。この違いは、どこから来ているのだろうか？『暗闇坂』以降の作品は、作者が提唱した〈奇想理論〉の実践作《じっせんさく》になっている。これは、〝詩美的・幻想的な謎《なぞ》を論理的に解体する〟作風のことだが、「詩美的・幻想的な謎」という箇所が重要。初期二作の死体切断や密室をめぐる謎は、既存のミステリではありふれていて、〝詩美的・幻想的な謎〟とは言えない。だが、奇想理論を実践した『眩暈』を例にとると、「二つの死体をつなぎ合わせて作った〝人体アゾート〟が動き出す」や、「鎌倉がゴーストタウンと化す」や、「昼なのに太陽が消滅する」や、「怪獣に腕を食いちぎられると新たな手が生えてくる」といった、まごうかたなき〝幻想的な謎〟が提示されている。ただし、これらの謎のすべてを犯人が作り出したわけではない。このため、犯人は芸術家ではなくなり、その地位は、なぜ幻想的な謎が生じたかを論理的に解き明かす御手洗に与えられることになる。

当たり前の話だが、幻想的な謎というものは、解明されたら、もはや幻想的ではない——原理を知っている人にとっては、蜃気楼《しんきろう》や虹《にじ》は幻想的ではなく、単なる科学的現象に過ぎないように。つまり、奇想理論の実践作における幻想的な謎には、先例はあり得ない。ということは、その謎を解体する推理もまた、先例はあり得ないということになる。

これが御手洗の推理の魅力に他ならない。『眩暈』ならば、前述の謎に対して「目撃者の嘘か幻覚だ」と主張する科学者に対し、「目撃者は実際にその光景を見た」と反論して、幻想的な謎を論理的に解体する御手洗の推理は、他の作品では見ることができないユニークさ、つまり独創性を持っている。そしてもちろん、魅力と芸術性も——。

33

旅する名探偵

浅見《あさみ》光彦《みつひこ》

Profile ①内田康夫《うちだやすお》 ②『後鳥羽《ごとば》伝説殺人事件』1982 ③『天河《てんかわ》伝説殺人事件』 ④浅見陽一郎（兄／警視庁刑事局長） ⑤三十二歳／フリーのルポライター／マザコン／愛車はソアラ

Debut 後鳥羽伝説の地を訪ね歩いている女性が殺された。警察は捜査に乗り出すが、鍵《かぎ》となる人物も殺される。単独捜査が裏目に出た野上刑事の前に現れたのが、浅見光彦と名乗るルポライター。彼の妹は被害者の友人で、しかも、八年前に不審《ふしん》な死を遂《と》げたというのだ……。

Guide 作者はエッセイ等で、『後鳥羽伝説殺人事件』を書いた時はシリーズ化は考えていなかったと語っている。だが、あらためて読んでみると、浅見光彦の設定は、シリーズ化に耐えうるものになっていることがわかる。中でも巧《うま》いのは、光彦の兄・陽一郎が警視庁刑事局長だという設定。一介のルポライターに過ぎない光彦に警察を協力させるための設定で、これは、探偵エラリー・クイーンと父のクイーン警視の関係と同じ。さらにシリーズが続くと、兄が光彦に捜査を依頼する、という設定の作品も出て来る。これは、シャーロック・ホームズと兄のマイクロフトの関係と同じ。さらにさらに、〝警察が刑事局長におもねるために光彦に相談する〟ということさえもあるのだ（『平家伝説殺人事件』）。これは――いや、海外にも日本にも先例はないか。

次に巧いのが、「軽井沢のセンセ」の設定。本連作は、光彦の友人であるこの先生が、実際にあった事件を小説にして出版しているという設定なのだ。つまり、作者の内田康夫が作中に入り込んだ形をとっている。この設定には——金田一耕助《きんだいちこうすけ》のガイドで述べたように——作品の外と内のギャップを解消する狙《ねら》いがある。浅見光彦の場合ならば、長期シリーズにつきものの矛盾《むじゅん》は、センセが事件を小説化する際のミスだと言いたいわけである。

今度は、光彦の推理を見てみよう。『後鳥羽』での光彦は、犯行時の殺人者の行動をトレースしてその属性をあぶり出すクイーンばりの鮮《あざ》やかな推理を披露《ひろう》する。だが、その後は、事件関係者の謎《なぞ》めいた言動の裏にある意図を探る推理が増え、こちらはさほど魅力《みりょくてき》的とは言えない——のだが、代わりに別の魅力が生まれている。それは、謎めいた言動の裏にある人々の思い。最初の成功例『赤い雲伝説殺人事件』の光彦は、原発誘致をめぐる地元の人々の思いと、平家伝説の島に住む人々の思いが、赤い雲の絵によって交錯《こうさく》する事件を鮮やかに解明する。さらに、代表作『天河伝説殺人事件』や『箸墓《はしはか》幻想』では、その世界ならではの動機を推理している。

あえて欠点を指摘《してき》すると、職業柄か、光彦がこういった思いを「推理する」のではなく、「教えてもらう」場合がけっこう多いということだろうか。例えば、『津和野《つわの》殺人事件』では、地元の人に「津和野は(略)津和野の歴史そのものを背負って生きる町です」と言われて初めて、光彦は彼らの思いが理解できるのだ。

34

21歳・探偵の推理は動機無視

更科《さらしな》丹希《にき》（ニッキ）

Profile ①平石貴樹《ひらいしたかき》 ②『笑ってジグソー、殺してパズル』1984 ③『だれもがポオを愛していた』 ④藤谷刑事／入舟警部 ⑤二十一歳／帰国子女／法務省特別調査室の調査官

Debut 最初の被害者は国際ジグソーパズル連盟日本支部長で、パズルのピースが死体のまわりに散らばっていた。次の被害者はその夫で、やはりピースが散らばっていた。だが、警察に協力していた法務省調査員のニッキは、その散らばり方が同じではないことに気づく……。

Guide ニッキのデビュー作『笑ってジグソー、殺してパズル』の村上貴史《むらかみたかし》の解説に、「(刊行当時は) 本格ミステリ好きの読者にとっては、絶対量が不足していた」とある。しかし、私の印象では、「本格ミステリはそこそこあったが、クイーンのような作風はほとんどなかった」だった。当時のミステリの作風は、横溝正史《よこみぞせいし》ブームと雑誌《幻影城《げんえいじょう》》の影響下にあったので、当たり前の話ではある。数少ない例外とも言える笠井潔《かさいきよし》も、この時期はSFに移ってしまっていた。

こんな時期に、クイーンの作風の復権を目指したのが〈更科ニッキ〉シリーズとなる。冒頭《ぼうとう》で作者が「真犯人像を読者が正しく指摘《してき》しうるように、私は言わばなつかしの、本格探偵小説的な努力を傾けてみた」と宣言し、終盤には〈読者への挑戦〉が入り、物語は〝データの提示とそれに基づく推

理〟以外の余分なものはない。現場のピースをめぐる推理も、注射器をめぐる推理も、共犯者の有無に関する推理も、実にすばらしい。特に、〝犯行時に停止した時計〟という苔《こけ》の生えた手がかりの使い方は見事。もちろん、クイーンのコピーなどではなく、作者独自の優《すぐ》れたロジックになっている。

なお、ニッキが「動機ばかり捜《さが》してちゃダメですよ」と言うのは、やはり動機を軽視するクイーン流だろう……と思っていたが、こちらは、松本清張の「私は今の推理小説が、あまりにも動機を軽視しているのを不満に思う」という意見への反論かもしれない。

本作の唯一の不満は、密室トリックの解明が「推理」ではなく「説明」に見える点。これはトリックものにつきまとう問題なのだが、作者もそれを自覚していたようだ。というのも、次作では〝見立て殺人〟をメインの謎《なぞ》にすることにより、ニッキは――名探偵にふさわしく――鮮《あざ》やかな推理を披露《ひろう》してくれるからだ。

最後は私見だが、作者は本シリーズを書くにあたり、クイーンのラジオドラマを参考にしたのではないだろうか？　探偵の名「ニッキ」はクイーンがラジオドラマ用に創ったキャラ「ニッキー・ポーター」から採ったと言われているし、会話メインの文章だし、レギュラー陣の魅力《みりょくてき》的なかけあいも挑戦状もあるし、文中には、

ニッキ「……信用できると思いました」

「フーッ（と伸びをして）、くたびれたよ」

といった、脚本特有の発話者の表示やト書きが出て来るからだ。

35

パンク探偵

キッド・ピストルズ

Profile ①山口雅也《やまぐちまさや》 ②『13人目の名探偵』1987 ③『キッド・ピストルズの妄想《もうそう》』 ④ピンク・ベラドンナ（キッドの同僚） ⑤首都警察《スコットランド・ヤード》〈そんな馬鹿な《ナッツ》〉事件課の刑事／パンクス

Debut パラレル・ワールドの英国では、警察は国民の信頼を失い、民間の優秀な探偵（探偵士）の方が地位が上だった。その探偵士が、〝切り裂き猫《キャット・ザ・リパー》〟によって、次々と殺されていく事件が発生。謎《なぞ》に挑むのは、三人の探偵士、そして、パンクス刑事キッドとピンクだった。

Guide キッドのデビューは一九八七年刊行のゲーム・ブック『13人目の名探偵』だが、本ガイドの執筆では、一九九三年刊行の改稿版『13人目の探偵士』を参照したことをお断りしておく。

この連作の舞台は、パラレル・ワールドの英国。堕落《だらく》と腐敗《ふはい》で国民の信頼を失った警察の代わりに、民間の優秀な探偵（探偵士）が警察に先んじて捜《そう》査《さ》権《けん》を与えられ、警察はその下部組織になったという設定を持つ。この設定から本連作を〈異世界本格〉や〈特殊設定本格〉と見なす読者も少なくない。ただし、〝推理〟を切り口にすると、そうとは言い切れないのだ。

まず、一般的な〈異世界本格〉では、「死者が甦《よみがえ》る」や「魔術が使える」といった、われわれの住む世界ではあり得ない物理法則が存在する場合が多い。作者はそれを利用して、異世界ならではのトリックや動機や推理を生み出すわけである。ところが、『13人目の探偵士』では、物理法則は何も変わっていない。つまり、トリックも推理も、〈現世界本格〉と変わらないのだ。実際、『13人目の探偵士』の推理は、われわれの世界でも通用するものになっている。

実は、『13人目の探偵士』の推理がらみの魅力《みりょく》は、推理そのものではなく、複数の推理を並立させる手法にある。未読の人のために伏《ふ》せるが、この部分は現実とは異なる物理法則を利用しているのだ。作者によると、ゲーム・ブックのシステムを残そうとしたらしいが——。

そして、作者は進化を続け、この世界ならではの〝推理の物語〟を描くようになった。その最初の成功例は、『キッド・ピストルズの妄想』。この作品集に登場する犯人は、誰もが異常な発想に基づいて事件を起こす。例えば、「ノアの最後の航海」の遺伝子の話はわれわれの世界でも知られている。だが、そこから殺人に至る発想には、読者はついて行けない——はずなのだが、実際にはついて行ける。なぜならば、この連作をずっと読んでいる人ならば、知っているからだ。まるでマザーグースが支配するかのようなこのパラレル英国では、異常な発想をする人は珍《めずら》しくないということを。

本書のブラウン神父のガイドでは、神父の言葉により、「読者の世界に対する見方は変わり、常識ではあり得ない真相を受け入れてしまうことになる」と述べた。山口雅也は、パラレル・ワールドを利用して、常識ではあり得ない真相を読者に受け入れさせることに成功したのだ。

36

1／3探偵中

島《しま》田《だ》潔《きよし》&鹿谷《ししや》門《かど》美《み》

Profile ①綾辻行人《あやつじゆきと》 ②『十角館の殺人』1987 ③『時計館の殺人』 ④江南《かわみなみ》 孝明《たかあき》（語り手／大学生→編集者） ⑤三十六歳／折り紙名人／ヘビースモーカー→一日一本／無職→推理作家

Debut 孤島に建つ十角館を、大学の推理小説研のメンバー七人が訪れ——次々と殺されていく。一方、本土にいる元推小研の江南のもとに、「中村青司」を名乗る人物から、殺人を告発する手紙が届く。江南はたまたま知り合ったミステリ・ファンの島田潔《しまだきよし》に相談するが……。

Guide 《Profile》を補足すると、島田潔が探偵役をつとめるのは〈館〉シリーズの前半。後半では鹿谷門美が探偵役をつとめる。とある事情により、まとめて取り上げているが、シリーズ未読の人は、仮面ライダー1号と2号のようなものだと思ってほしい。**ここから先は、シリーズのトリックに触れているので要注意。**

ミステリのトリックには、作中犯人などが捜査側を欺《あざむ》くために仕掛けるものと、作者が読者を欺くために——作中犯人を経由せず——直接仕掛けるものの二種類がある。そして、後者は名探偵とは相性が悪い。例えば、作者が叙述《じょじゅつ》トリックを用いて、女性である容疑者Aを男性に見せかけたとしよう。「犯人は女性」というデータがある場合、読者は騙《だま》されてA氏を容疑者から外すが、作中探偵は騙されない。というか、作中探偵には叙述トリックはまったく効果を発揮していないのだ。従って、「男性に見える容疑者Aが女性だと証明する推理」もできないことになる。この状況で、作中探偵を〝名探偵〟だと考える読者がいるだろうか？

島田の初登場作『十角館』は、まさにこのタイプの作品だった。読者と作中探偵の持つデータのギャップが大きすぎるため、島田は名探偵らしい推理を読者に披露《ひろう》できないのだ。この問題は後続の作品にも存在し、島田&鹿谷は名探偵らしい推理を封じられている。私見では、この問題を回避できた作品は、三作しかない。

『時計館の殺人』では、トリックは読者と作中探偵の両方に対して機能している。従って、鹿谷はいくつもの手がかりからトリックを見抜《みぬ》いて、名探偵ぶりを発揮することができた。

『黒猫館の殺人』では、叙述トリックは作中作に仕掛けられている。このため、作中探偵の鹿谷も読者と同じ位置（作中作の外）に立って、見事な推理を見せている。ちなみに、『迷路館の殺人』も作中作形式だが、作中作の外側にも叙述トリックが仕掛けてあるのでまったく同じ位置ではない。

そして『奇面館の殺人』では、読者は作中人物の身元を信用できないが、それは叙述トリックによるものではない。彼らが全員、仮面をつけているからなのだ。この前代未聞《みもん》のアイデアにより、作中探偵も他の人の身元が確認できず、読者と同じ位置で推理をすることになる。

三作というのは、現在まで刊行されている〈館シリーズ〉九作の三分の一しかない。だが、その三作で探偵役が見せる推理は、実に魅力的《みりょくてき》なものになっているのだ。

37

探偵は白岡にいる

黒《くろ》星《ほし》光《ひかる》警《けい》部《ぶ》

Profile ①折原一《おりはらいち》 ②『七つの棺《ひつぎ》（五つの棺）』1988 ③『鬼面村《おにつらむら》の殺人（鬼が来たりてホラを吹く）』 ④竹内刑事／葉山虹子《はやまにじこ》（ライター） ⑤三十八歳／白岡署勤務／推理小説好き

Debut 黒星は推理小説好きが裏目に出て、いつも事件の解決に失敗。左遷《させん》に左遷を重ねた末に、地の果ての白岡署に流れ着く。名探偵ぶりを発揮して県警への栄転を狙《ねら》いたいが、白岡では殺人事件など起きそうもない。だが、黒星の赴任《ふにん》と共に、白岡で次々と密室殺人が起きる……。

Guide 短篇集二冊、長篇四冊を数えるこのシリーズにおいて、黒星はすべてに登場して推理を披露《ひろう》するが、それが正解だったことは一度もない。つまり、シュロック・ホームズと同じ理由で本ガイドに選ばれたわけである。

では、実際に事件を解決する部下の竹内刑事や旅行ライターの葉山虹子が冴《さ》えた推理を見せるかというと、それもない。彼らはトリックを説明するだけで、ほとんど推理はしないからだ。しかも、エピローグなどで犯人が真相を語る作品も少なくない。

では、黒星ものは、推理のないトリック小説なのだろうか？　もちろん、そうではない。このシリーズでは、一風変わった推理が描かれているのだ。それは——パロディ的な推理。

黒星のデビュー作品集『五つの棺』は、各収録短篇に「帝王死す事件」「ユダの窓《まど》事件」といった副題が添《そ》えてあり、密室状況の参照元がわかるようになっている。かくして読者は、エラリー・クイーンやカーター・ディクスンの作品を頭に入れて推理を進めることになる。

　短篇ではこの程度だが、長篇になると、もっと推理が独特になる。長篇第一作『鬼面村の殺人』は、クイーンの中篇「神の灯」に挑んだ家屋消失もの。黒星はまず、「神の灯」そのままのトリックを考えるがNG。お次はJ・D・カーの人間消失トリックを家屋に応用する手を考えるが、こちらもNG。最後は葉山が「神の灯」に別の家屋消失トリックを組み込んだ手を考え出す。しかも、太陽の位置ならぬ月の位置を重要な手がかりにして。ここでは、パロディ元のトリックの応用方法を見つけ出すことが推理になっているわけである。さらに、次の長篇『猿島館の殺人』におけるメインの推理は、「パロディ元探し」。事件がどの名作のパロディになっているのかを推理するのだ。

　しかし、この手の推理ならば黒星は得意ではないのか？　なぜ、黒星は過去の名作を利用した推理ができないのだろうか？　その理由は、『黄色館《おうしょくかん》の秘密』でわかる。竹内から「(黒星の推理の) そのトリック、前例がありますけど」と問われた黒星は、「これは現実の犯罪なんだ。前例があるトリックを使ってもかまわないのさ」と答えてしまうのだ。この考えは、パロディ本格の名探偵にふさわしくない。ここは、「われわれはパロディ本格のなかにいるのだ。そうでないふりをして読者をたぶらかしたりはしない」と宣言すべきだろう。

38

ツアーに招かれた探偵

氏《うじ》家《いえ》周《しゅう》一《いち》郎《ろう》

Profile ①中町信《なかまちしん》 ②『佐渡《さど》ヶ島《がしま》殺人旅情（佐渡金山殺人事件）』1988 ③『阿《あ》寒湖《かんこ》殺人事件』 ④氏家早苗（妻） ⑤三十代前半／高校教師→売れない推理作家

Debut 推理作家・氏家周一郎と妻・早苗が佐渡を訪れると、同宿の女性が殺される。しかも、その後も殺人は続き、四日間で四人が犠牲《ぎせい》となった。第一の被害者が語った「写真の女」とは誰か、第四の被害者が言い残した「オーム」とは何か、氏家は解き明かせるのだろうか？

Guide 中町信の初期のアリバイもの中篇などには同じ刑事が登場することはあったが、長篇の〝シリーズ名探偵〟を意識して造形されたのは、氏家が最初となる。作者が長篇デビューから十五年もたって名探偵を生み出した理由は、おそらく、作家専業になって量産することを考えたからだろう。ただし、理由はビジネスライクであっても、作者の独特な作風のために、氏家は興味深い名探偵になっているのだ。

まず、氏家ものでは、作者お得意の叙述《じょじゅつ》トリックが封じられている。例えば、作者のノンシリーズもの『空白の殺意（高校野球殺人事件）』の叙述トリックは、読者のほとんどが欺《あざむ》かれるが、作中探偵にはまったく効果を発揮していない。つまり、名探偵シリーズでは、叙述トリックは使いづらいのだ。実際、氏家ものでは、叙述トリックは、プロローグなどにちょっとした仕掛けがある程度にとどまっている。

だが、作者にはもう一つ、〝巧妙《こうみょう》なミスリード〟という得意技がある。作風的には、アガサ・クリスティに近く、『佐渡ヶ島殺人旅情』ならば、「あの写真の人だわ……」、「私は、知っている……あなたが、殺したのよ」、「あの人が言っていたオーム」といった言葉の解釈《かいしゃく》を読者に勘違いさせる手法のことを指す。特に、「私は、知っている」という言葉は、どう考えても他の解釈はあり得ないのに、あり得たことにしてしまう作者の手腕はすばらしい。そして、ある解釈は誤りで別の解釈が正しいことを推理する氏家の姿は、まぎれもない名探偵に見えるわけである。

　氏家の特徴《とくちょう》はまだある。旅先で事件に遭遇《そうぐう》すること。そして、他の旅行客になぜか信頼されて、いろいろ相談を受けること。ここで思い出すのが、以上の三つの特徴を備えた名探偵・エルキュール・ポアロ。作者はクリスティ・ファンを公言しているので、ミスリードを軸とした作品向けの名探偵を生み出す際に、ポアロを参考にしたのだろう。また、氏家は推理作家で、作中に「『阿寒湖殺人事件』を脱稿した」といった文が出て来るが、作者名は中町信ではなく氏家というのもクリスティ風だと言える。

　だが、作者はさらに、氏家夫妻によるディスカッションも追加し、本格ミステリ度を高めている。早苗は毎回、すべてのミスリードにもれなく引っかかってしまうので、読者への重要なヒント提供者になっているのだ。

39

法《のり》月《づき》綸《りん》太《た》郎《ろう》

評論と併走する探偵

Profile ①法月綸太郎《のりづきりんたろう》 ②『雪密室』1989 ③『頼子のために』 ④法月貞雄警視（綸太郎の父） ⑤二十五歳過ぎ／推理作家／自分が解決した事件を自分で小説化

Debut 恐喝者《きょうかつしゃ》の招きに応じて〈月蝕荘〉を訪れた法月警視。だが、その晩、恐喝者《きょうかつしゃ》が離れで殺され、しかも、母屋と離れの間に降り積もった雪には、第一発見者の足跡しか残されていなかった。途方に暮れた法月警視は、名探偵で息子の綸太郎に助けを求めるが……。

Guide 作者は『雪密室』の文庫版あとがきで、「私はエラリイ・クイーンのエピゴーネンたろうとして、クイーンのコピー探偵をシリーズに起用する地点から始めた」と語っている。確かに、自身が解決した事件を小説化する名探偵とその父親の警視というコンビは、クイーンのコピーと言えるだろう。だが、〝推理〟を切り口にすると、違いが浮かんでくるのだ。

例えば、『雪密室』の〈読者への挑戦〉の「(足跡トリックに関しては) 犯人はロープ、ワイヤー、滑車その他、いかなる機械的な手段をも使用していないことを確言します」という文。これを読んだ人が自力で推理する際には、機械的トリックは考えなくて良い。だが、もちろん、作中探偵は考えなくてはならない。そして、作中探偵が論理的な推理で機械トリックを消去できるのならば、それを読者にも求めるのがクイーンのエピゴーネンたろうとする作家の姿勢だろう。作者自身も、評論「初期クイーン論」では、挑戦状の意義は〝作者の恣意性《しいせい》の禁止〟だと述べている。ということは、挑戦状の中で問題篇に存在しない——従って、作中探偵の推理には使われていない——データを提示することは、おかしな話になってしまう。

……というのは意地の悪い見方で、実は、「初期クイーン論」が発表されたのは一九九五年。つまり、『雪密室』の六年後なのだ。おそらく話は逆で、一九九三年以降の作者の卓越したクイーン論の数々は、それ以前の実作における悪戦苦闘《くとう》によって生み出されたものなのだろう。

もう一つ例を挙げると、一九八九年の『誰彼《たそがれ》』では、推理を確定させるために、作者がメタレベルから保証をしている。おそらく、作者がこの手を使わざるを得なかったことが、〝作者の恣意性〟の考察に繋がっているのだろう。

先行していた実作に評論が追いついたのが一九九二年の『ふたたび赤い悪夢』で、この長篇では、作中に評論が組み込まれる形をとっている。そして、これ以降の作者はクイーン論を次々に発表。二〇〇四年の『生首に聞いてみろ』は、評論を基にした実作になっている。

もっとも、作者の「評論から生み出された推理の物語」はユニークではあるが、前代未聞というわけではない。その先例である都筑道夫《つづきみちお》は、法月がクイーンに次ぐ分量の評論を書いている作家でもある。おそらく、都筑論もまた、法月の実作に取り込まれているのだろう。

40

探偵はクローズド・サークルの中に

江《え》神《がみ》二《じ》郎《ろう》

Profile ①有栖《ありす》川有栖《がわありす》 ②『月光ゲーム』1989 ③『女王国の城』 ④有栖川有栖（語り手／英都大一回生） ⑤英都大四回生／推理研部長／母の占いでは「三十歳を迎えずに死ぬ」

Debut 夏合宿のため山のキャンプ場にやって来た英都大推理小説研究会の四人。だが、山が噴火したため、キャンプ場はクローズド・サークルと化した。しかも、その中で殺人が起こる。噴火の脅《きょう》威《い》と殺人鬼の恐《きょう》怖《ふ》。推理研の四人は、この二つから逃れることができるのだろうか。

Guide 江神の商業デビュー作は、厳密に言うならば、鮎川哲也《あゆかわてつや》編『無人踏切』（一九八六年）収録の「やけた線路の上の死体」になる。この作には推理研のメンバー――江神、有栖川、織田、望月――が揃《そろ》って登場し、ディスカッションを行い、江神が見事な推理を披露《ひろう》している。だが、本ガイドでは、その推理の中の、「この二人以外に犯人はあり得ない、という仮の前提の下にですけど」という台詞《せりふ》に注目したい。

作者は、江神ものの長篇すべてに〈読者への挑戦〉を入れ、クイーン風の論理的な推理に挑んだことを宣言している。そして、そのクイーンの初期長篇の特徴《とくちょう》として、「容疑者を絞《しぼ》り込む推理」を挙げることができる。これは、劇場やコロシアムにあふれかえる容疑者から一気に犯人を特定するのではなく、推理で数十名程度に絞り込んでから特定する、という手法のこと。これを怠《おこた》ると、犯人の条件を満たす人物が他にも存在する可能性を否定できなくなってしまうのだ。——といっても、私は「江神は推理による絞り込みを怠った」と批判しているのではない。「やけた線路」は短篇だし、クイーンも短篇ではそこまでやっていない。私が言いたいのは、作者はこの絞り込みの必要性をきちんと自覚している、ということなのだ。

では、長篇第一作『月光ゲーム』において、作者はどのように絞り込みを行ったのだろうか？　答えは〝クローズド・サークルの利用〟。噴火を利用して、容疑者をサークル内の十数名に絞り込んだのだ。これは上手《うま》い設定ではあるが、探偵エラリーの推理が「二万人↓数十人↓一人」なのに対して、江神の推理は「十数人↓一人」だけなので、物足りない感じがしてしまう。ところが作者は、次の『孤島パズル』と四作目の『女王国の城』では、一人に絞り込む推理を大幅にレベルアップ。読者はその緻密《ちみつ》でアクロバティックな推理に物足りなさを感じることはない。さらに、『双頭の悪魔』では、サークルを二箇所に設定して、ユニークな推理を生み出してもいる。まさしく、クローズド・サークルを利用した魅力《みりょくてき》的な推理の物語だと言えるだろう。

また、〝事件との関わり〟においても、作者はクローズド・サークルを巧《たく》みに利用している。単なる大学生である江神は、普通なら事件に関与することはできない。ところが、江神は事件前からクローズド・サークル内にいるために、否応なしに関わってしまうのだ。

41

吾輩は犬であり探偵である

元《もと》警《けい》察《さつ》犬《けん》マサ

Profile ①宮部《みやべ》みゆき ②『パーフェクト・ブルー』1989 ③『心とろかすような』 ④蓮見加代子（蓮見探偵事務所調査員） ⑤語り手／元警察犬のジャーマン・シェパード

Debut 五年前に警察犬を引退した俺（マサ）は、現在は蓮見探偵事務所で用心犬をつとめている。ある日、所長の娘・加代子が、家出した少年を連れ戻す依頼を受けた。俺たちは少年を見つけて連れ帰ろうとするが、その途中、殺人を目撃。しかも、被害者は少年の兄だったのだ。

Guide このシリーズの探偵役は犬で、しかも、一人称の語り手。本ガイドの中でも、かなりユニークな探偵だと言える。プロットは典型的なハードボイルドなので、さながら、犬になったフィリップ・マーロウといった感じである。

ただし、『パーフェクト・ブルー』を読むと、この設定が巧《うま》く使われているとは言い難い。犬なのに他人の葬式《そうしき》にまで入り込むし、文字が読めるだけでなく、一面以外の新聞記事も読んでいる（どうやって？）。しかも、犬のくせに、アクション場面では人間に先手を取られている。どう見ても人間の設定の方が良いのだ。

その理由は、初刊時の担当編集者（戸川安宣《とがわやすのぶ》）のエッセイを読むとわかる。この作の初稿は、三人称で書かれていたのだ。プロットから考えると、加代子視点の三人称だったのだろう。つまり、犬の一人称を前提として構想したストーリーではなかったことになる。

　では、なぜ犬の一人称に変えたのかというと、おそらく、〝事件との距離〟を置くためだろう。本作の真相はかなり重く陰鬱《いんうつ》（犯人は「鬼畜」と言われる）なので、感受性の強い加代子の視点から描くと、その重さと陰鬱さが読者にダイレクトに伝わってしまう。作者はそれを避けるために、視点人物を犬に変えたのだ。例えば、マサは犯人を「鬼畜」と評した刑事に同意するが、そこで「ただし、畜という文字は抜《ぬ》きだ」と考えて思考を止めてしまうので、さらに重くなることはない。これも推測だが、《オール讀物《よみもの》》推理小説新人賞を受賞した際に、「軽さ」や「後味の良さ」などを評価されたので、初長篇になる本作も、その作風にしたかったのではないだろうか。実際、作者のその狙《ねら》いは成功し、宮部みゆきの作品ガイドなどでは、本作は〈ハートウォーミング〉タイプに分類されているのだ。とは言え、作品の後味が良くなったからといって、マサが名探偵になったわけではない。

　ただし、「マサの事件簿」という副題を持つ連作短篇集『心とろかすような』では、マサが名探偵らしい活躍《かつやく》をしている。マサの存在を前提として構想された連作なので、マサが捜査に参加できない場面があるし、気づいた手がかりを人間に伝えられないもどかしさも描かれている。「マサ、留守番する」では、自ら犬や猫やカラスに聞き込みを行い、血の臭《にお》いから推理し、最後にはペットの立場から人間を批判して、文句なしの名探偵ぶりを見せるのだ。

42

人を育《はぐく》む探偵

春《しゅん》桜《おう》亭《てい》円《えん》紫《し》

Profile ①北村薫《きたむらかおる》 ②『空飛ぶ馬』1989 ③『夜の蟬《せみ》』 ④私（語り手／女性／大学二年） ⑤四十歳前／既婚／娘あり／落語家／近世文学に関して博覧強記

Debut （「織部《おりべ》の霊《れい》」）大学生の「私」は、五代目春桜亭円紫の大ファン。ところが、円紫さんは私の大学の卒業生で、しかも、大学の雑誌の企画で会談することになった。その席上、大学の教師が織部に関する不思議な思い出話を語ると、円紫さんは真相に気づいたみたいで……。

Guide 円紫シリーズは、〈日常の謎《なぞ》〉というジャンルを——殺人のような重大犯罪ではなく、日常のささいな謎を解くミステリを——生み出したと言われている。そこで、本ガイドのコンセプトに従って、〝推理〟という観点から〈日常の謎ミステリ〉を見てみると、

①ハードルが低い推理。

②人の内面に踏み込む推理。

③人を成長させる推理。

という三つの特徴《とくちょう》が浮かび上がってくる。

①は、〈日常の謎〉というジャンルでは、軽い犯罪しか扱わないために生じた特徴。犯罪が軽いものならば、発覚しても軽い罪で済む。言い換えると、殺人犯と比べると犯行工作に必死さが欠けている。探偵にとって「密室状況の書斎《しょさい》で人が殺された事件」と「密室状況の職員室からテストが盗《ぬす》

まれた事件」では、どちらの推理が容易なのかは言うまでもない。ただし、このハードルの低さは、ミスが許されない殺人犯を特定する推理とはまったく異なる推理を生み出すことができるという長所にもなる。

②は、〈日常の謎〉では、不可能状況ではなく不可解状況を扱うことが多いために生じた特徴。木馬の消失も出現も不可能ではない。だが、なぜそんなことをしたのかが不可解なのだ。従って、その不可解な謎を解き明かすには、人の内面に踏み込む推理が必要になってくる。そして、死刑から逃れるために必死で内面を隠す殺人者の心の中に推理で踏み込むことは難しいが、〈日常の謎〉を作り出した犯人に対しては、ずっと難易度が低くなる。

③は、日常の謎の関係者は——連続殺人鬼などではなく——普通の人だから生じた特徴。その普通の人々の内面を推理することにより、人間への理解が深まり、自身の成長につながるわけである。

円紫は早々と真相を見抜《みぬ》いても、すぐに「私」に説明するとは限らない。ヒントを与え、自分で考えるように仕向けることもある。もちろん、ギデオン・フェル博士やヘンリ・メリヴェール卿のように作者の共犯者としてヒントを出しているわけではない。「私」を成長させるためなのだ。

折木奉太郎《おれきほうたろう》は日常の謎を解いて成長するタイプの名探偵だが、円紫は違う。成長するのは「私」の方で、円紫は彼女を成長させる師であり、目標となっている。従来の名探偵が持っていなかったこの役割を持っているからこそ、円紫はユニークで魅力的《みりょくてき》な名探偵なのだ。

43

悪霊ではなく探偵がいっぱい

渋谷《しぶや》一也《かずや》（ナル）

Profile ①小野不由美《おのふゆみ》 ②『ゴーストハント1 旧校舎怪談（悪霊がいっぱい!?）』1989 ③『ゴーストハント7 扉《とびら》を開けて』 ④谷山麻衣《たにやままい》（語り手／高二） ⑤十六歳／ゴーストハンター／渋谷サイキックリサーチ所長

Debut 谷山麻衣が通う高校の旧校舎は、いくつもの怪異現象が噂になっていた。その調査に来たナルシストの渋谷一也を手伝うことになった麻衣。だが、そこに巫女《みこ》、坊主《ぼうず》、エクソシスト、霊媒師《れいばいし》までが参戦してきて――。

Guide リチャード・マシスンの傑作ホラー『地《じ》獄《ごく》の家』（映画版は『ヘルハウス』）は、科学者や霊媒師ら四人がそれぞれの特技を用いて幽霊屋敷の怪異に挑むという物語。怪異を論理的に解明しているので、綾辻行人《あやつじゆきと》など、ミステリとして評価する人も少なくない。そして、この設定を参考にしたと思われるのが、ここで取り上げる《ゴーストハント》シリーズ。「顔が良くて、しかも有能」なゴーストハンターが、「平凡な女子高生」を助手に、悪霊がらみの怪事件を解決――という本連作の設定は、発表当時においても斬新というわけではない。だが、作者はここに、『地獄の家』の設定を加えた。巫女、坊主（拝《おが》み屋）、エクソシスト、霊媒師の四人が、それぞれの特技を生かして、一つの怪異現象に挑むのだ。もちろん、最終的な解決はナルが行うが、他の四人も無能ではなく、部分的には真相に近づいている場合も多い。つまり、ミステリにおける〈複数の探偵によるチームもの〉のホラー版なのだ。しかも、通常のチームものとは違って、巫女・坊主・エクソシスト・霊媒師は、悪霊に対して、それぞれまったく異なるアプローチを行っている。つまり、ミステリにおける〈多重解決もの〉のホラー版でもあるのだ。加えて、彼ら四人は、ナルが最終解決で披露《ひろう》する推理の穴を指摘《してき》したりするので、ミステリにおける〈ディスカッションもの〉のホラー版とも言える。

ここで注目すべきは、この五人に対する麻衣の「それでこの連中、やたら理屈《りくつ》っぽいんだ。ちゃんと除霊するために、まず現象が何なのか見極めようとしているから」という発言。彼らは自身の霊能力を使う前に、現象を見極める必要がある。そして、見極めるためには現象を調査し、推理しなければならない。かくしてゴーストハントが、多重解決ものやディスカッションものの性質を持つわけである。麻衣のこの言葉は、作者の本格ミステリ宣言なのだろう。

加えて、このシリーズを通しての謎《なぞ》もある。それは、ナルの正体で、こちらが解き明かされるのは、第七作の『扉を開けて』。もちろん、ナルが探偵役をつとめるわけにはいかないので、ぼーさん（坊主）が担当。彼が第一作からの伏線を次々と回収していく推理は、圧巻と言うしかない。さらに、その推理によって、揺《ゆ》れ動き、変わっていく麻衣のナルに対する思いにもまた、注目しなければならない。

44

人形名探偵

鞠《まり》小《こう》路《じ》鞠《まり》夫《お》

Profile ①我孫子《あびこ》武丸《たけまる》 ②「人形はこたつで推理する」1990 ③『人形はこたつで推理する』(②収録) ④朝永嘉夫《ともながよしお》(腹話術師)/妹尾睦月《せのおむつき》(語り手/幼稚園の先生) ⑤腹話術用の人形/実はしゃべっているのは朝永の別人格。

Debut 妹尾が働く幼稚園で、兎《うさぎ》の墓《はか》が掘り返され、その死骸《しがい》が切り裂《さ》かれ、兎がすり替えられたりする事件が起こる。妹尾が園のクリスマス会で知り合った腹話術師の朝永に事件の話をすると、人形の鞠夫が推理を語り出して……。

Guide 作者は「世界初の無生物探偵」と言っているが、実際は「二重人格探偵」。表の人格がワトソンで、裏の人物がホームズというわけ。新本格以前のミステリでは、二重人格者は犯人が多いが、基本的に、表の人格より裏の人格の方が頭が良い。それを探偵側に置き換えたわけで、なかなか巧《うま》い設定だと言える(ちなみに、新本格以降は視点人物が二重人格の場合が多い)。

しかも、二重人格が探偵側ならば、読者に対してそのことを伏《ふ》せる必要がなくなる。ただし、普通は表の人格と裏の人格が同時に出ることはないので、やりとりが描きづらい。そこで、腹話術師の設定によって表と裏の会話を成立させたわけで、これまた作者は実に巧い。

この「裏の人格の方が頭が良い」理由は第三話に説明がある。簡単に言うと、表の人格は脳に入ってきた情報の内、重要なものしか気に留めない。しかし、裏の人格はすべてを気に留める。そして、「すべての情報を等しく同じ価値で眺めた時」、表の人格が「偏見にとらわれて気付かなかったあるパターンが見えてくる」というわけである。鞠夫のいかにもな名探偵らしさに対する、これも巧い説明だと言える。

ただし、第一短篇集でこの説明が当てはまるのは第一話のみ。第二話の密室トリックも、第三話の夢診断も、得た情報を使って解き明かしたわけではなく、単にひらめいただけに過ぎない。探偵の推理にこだわる読者ならば、「その密室トリックが使われたという手がかりはない。他のトリックが使われた可能性が消去されていない」と言いそうだが、実際には言わない。なぜならば、鞠夫は脳の普通の人が使っていない部分を使って推理しているからだ。言い換えると、鞠夫は〝天才探偵〟だから速水三兄妹のような普通の人間の推理と比べてはいけないのだ。かくして、絶滅《ぜつめつ》したはずの〝天才探偵〟を、二重人格を用いて甦《よみがえ》らせて、推理をショートカットさせたわけで、これもまた、作者の巧さだろう。もっとも、次作『人形は遠足で推理する』にも密室が出て来るが、こちらは徹底的なディスカッションで他の可能性を消去した後で、血の手がかりからトリックを解き明かしている。おそらく、短篇では枚数が足りないのでショートカットしたのだろう。なお、長篇の第二作では、鞠夫を失った朝永が自力で謎《なぞ》に挑む魅力《みりょくてき》的な姿もじっくり描かれている。二重人格探偵ならではの場面なので、やっぱり作者は巧い。

45

世界に溶け込む探偵

森《もり》江《え》春《しゅん》策《さく》

Profile ①芦辺《あしべ》拓《たく》 ②『殺人喜劇の13人』１９９０ ③『グラン・ギニョール城』 ④新島ともか（助手兼秘書） ⑤D＊＊大学生→新聞記者→刑事弁護士／作者曰《いわ》く「日本一地味な名探偵」

Debut D＊＊大学の文芸サークル員が多く住む洋館、「泥濘荘《ぬかるみそう》」。そこで、サークル員の一人が縊死死体で見つかったのをきっかけに、次々と殺人が起こる。そして、サークル員で推理作家志望の十沼京一《とぬまきょういち》はこの事件を小説に仕立て、サークルの客員・森江春策は謎《なぞ》に挑む。

Guide 拙著《せっちょ》『本格ミステリの構造解析《かいせき》』の中で、私は芦辺拓の「さまざまな世界を利用する才能」を称賛している。現代世界のみならず、江戸の世界、戦前の世界、戦中の世界、戦後の世界、近未来の世界、蒸気が動力になっている世界、推理を間違えるたびにタイム・ループが発生する世界、恐竜《きょうりゅう》が闊歩する世界、明智小五郎《あけちこごろう》と金田一耕助《きんだいちこうすけ》が同時に存在する世界、鉄人28号が存在する世界、紅楼夢の世界などなど……。あなたが芦辺作品の愛読者ならば、さまざまな世界を楽しんだに違いない。

だが、作者が複数の世界を利用するということは、シリーズ名探偵が活躍《かつやく》しづらいということにもなる。例えば、江戸時代の世界と、戦中の世界と、近未来の世界で同じ名探偵を活躍させるのは難しい。現代世界の名探偵を蒸気世界で活躍させるのも難しい。世界が異なるならば、探偵役も変えるのが当たり前の話だろう。――だが、芦辺は違う。世界が変わっても、森江春策が探偵役をつとめる作品が、けっこうあるのだ。ならば、作者はどうやって、異なる世界で同じ探偵を用いることができたのだろうか?

真っ先に思いつくのは、E・D・ホックのサイモン・アークや大山誠一郎《おおやませいいちろう》の〈密室蒐集家〉のように、探偵を不老不死にすること。芦辺はこの手は使っていないが、よく似た手は使っている。それは、森江春策の父(森江春太郎)や祖父(森江春之助)を探偵役に据《す》えるというもの。血が繋がっているから、探偵っぷりも似ているというわけ。森江流探偵法は、一子相伝だったのか……。

作者が最も多く用いているのは、ジョセフィン・テイの『時の娘』や高木彬光《たかぎあきみつ》の『成吉思汗《じんぎすかん》の秘密』のように、現代の森江春策が資料を基に過去の事件を解決するという設定。ただし、過去と現代を交錯《こうさく》させるといった工夫を凝《こ》らしていて、単なる安楽椅子《あんらくいす》探偵ものにはなっていない。特に、『グラン・ギニョール城』は、この交錯部分に巧妙《こうみょう》な仕掛けが盛り込まれ、それが〝推理〟と連携《れんけい》している傑作。それ以外の手法では、『スチームオペラ』と『異次元の館の殺人』における森江の使い方もすばらしい。

しかし、何と言っても巧妙なのは、森江の「日本一地味な名探偵」という設定。派手な探偵では、世界によっては浮いてしまうことは避けられない。だが、地味な探偵である森江は、どの世界にも溶《と》け込むことができるのだ。

46

探偵は新宿に潜む

鮫《さめ》島《じま》警《けい》部《ぶ》（新《しん》宿《じゅく》鮫《ざめ》）

Profile ①大沢在昌《おおさわありまさ》　②『新宿鮫』1990　③『新宿鮫Ⅱ　毒猿《どくざる》』　④桃井課長（上司）／藪（鑑識係）　⑤三十六歳／新宿署防犯課／警部／キャリア組の落ちこぼれ／恋人はロックシンガー

Debut 公安内部の暗闘《あんとう》によって、キャリア組でありながら防犯課で働く鮫島警部は、今は銃密造《じゅうみつぞう》の名人・木津《きづ》を追っていた。そこに起こった警察官連続射殺事件。上からこちらの事件に回るように言われた鮫島だったが、拒絶し、木津を追い続ける――「新宿鮫」の異名のごとく。

Guide 鮫島は「はみだし刑事」だが、私立探偵ではなく、あくまでも警察官。つまり、ネロ・ウルフのように捜査情報の入手で苦労することはない。それでいて、単独行動ができるのだから、まるで、アマチュア探偵とプロの探偵のいいとこ取りをしたようだ。そんな都合の良い立場を可能にしたのが、鮫島が持つ「公安にとって都合の悪い手紙」。これにより、警察は鮫島に露骨《ろこつ》な干渉はできない。とはいえ、無双できるほどの武器ではないので、鮫島はいつも、他の警察官と敵対しながら捜査を行うことになる。とはいえ、保身や縄張り意識にとらわれた警察官ばかりではないので、鮫島の前にはいつも、味方になる他の警察官があらわれることになる。この内部に敵と味方がいる状況で事件に挑む鮫島の姿が、ユニークな魅力《みりょく》を生み出している。

次は鮫島の推理を見るが、まず、作者の『売れる作家の全技術』の一節を読んでほしい。

「現実の人間というのは、実に非論理的な存在です。（略）しかし、（略）小説の登場人物は論理的でなければいけないし、その論理には一貫性が要求されます。もし論理が崩《くず》れるとすれば、そこには必ず理由がある」──なぜリアリズムを重視する作者が、こんな文を書いたのだろうか？　それは、大沢作品の推理の基本が、人の思考を読むことだから。非論理的な思考だと、探偵が推理できないのだ。

例えば、一作目では、潜伏している木津の思考を読み、警官殺しが極左暴力集団の犯行らしくないと考え、木津が急に動き出した理由を考え、警官殺しのパターンを見抜《みぬ》く。いずれも、相手が論理的な思考をするという前提がなければできない推理だと言える。鮫島の捜査はハードボイルド探偵と同じで、自身の聞き込みによって、少しずつ真相が明らかになっていく。そして、鮫島は事件関係者の思考を読む能力に秀《ひい》でているから、無駄足が少ないのだ。

それだけではない。鮫島は毎回ラストで犯罪者たちと対決するが、この時、彼らは仲間割れなどで弱体化している場合が多い。そして、その理由には、鮫島に追い詰められたため、というものが多い。つまり、鮫島の推理と捜査は、犯罪者への攻撃にもなっているのだ。作者がそれを意識していることは、次の文でわかる。

「（鮫島は）狙った犯罪者を観察し、そのもっとも弱い急所に鋭《するど》い牙を立てるがゆえに『新宿鮫』と呼ばれるのだ」（『Ⅳ　無間人形』）

47

銘探偵は引き継がれる

メルカトル鮎《あゆ》

Profile ①麻耶雄嵩《まやゆたか》 ②「シベリア急行西へ」1990 ③『翼ある闇《やみ》』 ④美袋三条《みなぎさんじょう》(語り手/推理作家) ⑤本名・龍樹頼家《たつきよりいえ》/銘《めい》探偵/常にタキシード、シルクハット、ステッキ姿。

Debut シベリア急行の旅に参加したメルカトル鮎と美袋三条。だが、車中で同じパック旅行の参加者であり人気作家の桐原剛造《きりはらごうぞう》が射殺される。犯行現場で被害者の手の形や眼鏡、それにインク壺の不自然な状況を調べたメルカトルは、「事件はほぼ解決した」と宣言するのだった。

Guide このシリーズの長篇を追っている読者は、三作目の『痾《あ》』で驚《おどろ》いたと思う。なんと、「メルカトル鮎」という名は、襲名《しゅうめい》するものだったのだ。メルカトルが〝銘探偵〟と名乗るのも、先代から認められたからだろう。その『痾』では、第二作『夏と冬の奏鳴曲《ソナタ》』で重要な役割を演じた如月烏有《きさらぎうゆう》のもとをメルカトルが訪れ、「メルカトル鮎」を継がせるべく彼を鍛《きた》え上げる。そして、烏有は最後にある決意をする。

だが、これ以降は襲名の話は黒歴史と化す。私が作者と二〇一一年にムック《本格ミステリー・ワールド2012》のために鼎談《ていだん》を行った際に、この件を訊いてみると、「一応ある時期まではその腹づもりだったんですけれども、今は方針を変えましたので。こう長く空くと、読めない本も多く、最初から順番にとも言いづらいですから。それで今回の『隻眼《せきがん》の少女』に転用したというか」という回答だった。

今度は、メルカトルと事件との関わりを見てみよう。こちらはドルリー・レーンの直系で、事件の解決よりも、事件の支配を好む。ただし、読者がレーンに感じる超越性はメルカトルにはない。それがよくわかるのが、短篇集『メルカトルかく語りき』。例えば「密室荘」では、別荘で死体を見つけたメルカトルが、別荘を密室に変え、自分から美袋しか犯人ではあり得ない状況を作り出す。では、なぜそんなことをしたのかというと、美袋が警察に通報するのを防ぐため。つまりメルカトルは単に、別荘での休暇を警察に邪魔されたくなかったのだ。この目的の差が、レーンとは異なる魅《み》力《りょく》を生み出している(なお、以上の文はネタバラシではない)。

お次は、推理を見てみよう。メルカトルは烏有に修行として「クイーンという作家の書いた国名シリーズと悲劇四部作」を読むように命じる。つまり、推理のお手本はクイーンなのだ。もちろん、メルカトルなので、単なる物真似ではなく、ねじれた使い方を見せてくれる。例えば、推理は論理的なのに、結論は非論理的だとか——。とはいえ、クイーンにも、『ギリシャ棺《ひつぎ》の秘密』や『ダブル・ダブル』のように、探偵が意図的に〝論理的かつ間違った推理〟を披露《ひろう》する作がないわけではない。従って、厳密には前代未聞《みもん》の推理とは言えないが、これだけいくつもねじれた推理を披露しているのなら、メルカトルを「ユニークかつ魅力的な推理を披露する名探偵」と呼んでもかまわないだろう——まあ、推理を披露しない場合もあるのだが。

48

探偵は受け入れてもらいたい

狩《か》野《のう》俊《しゅん》介《すけ》

Profile ①太田忠司《おおたただし》 ②『月光亭事件』1991 ③『狩野俊介の肖像』 ④野上英太郎（語り手／俊介の里親／石神探偵事務所所長） ⑤小学六年生／孤児／猫のジャンヌが友達／探偵志願

Debut 引退した名探偵・石神法全の探偵事務所を継いだ弟子《でし》の野上のもとを、小学六年生の狩野俊介が訪れる。石神の紹介状を持ったその少年は、自分も探偵になりたいと言う。そんな時に大病院の院長が持ち込んだ依頼は、間もなく二人を庵《いおり》での密室殺人に導くのだった。

Guide 狩野俊介は第二作以降は中学生だが、小説だとしても、この年齢の子供が殺人事件の捜査に加わることは難しい。しかも、このシリーズはファンタジー設定（外見は中学生だが中の人は大人とか）を用いていないので、さらにハードルは高い。加えて、俊介は「ぼくはもっと色々なことがわかる人間になって、（略）みんなを救ってあげたいと思います。そのためにも、僕は探偵をやりたいです」と言って自ら探偵になったので、自己責任の問題も避けられない。

もっとも、殺人事件ならば、何とかならないわけでもない。警察も事件関係者も早期の解決が優先なので、役に立つならば、猫の手でも猫を連れた子供の手でも借りたいからだ。これに野上や高森警部のバックアップがあれば、捜査に加わるのは可能だろう。

何とかならないのが、万引きのような些細《ささい》な事件、そして野上のバックアップを受けられない学校内などで起こった事件。このシリーズの短篇のほとんどがこの二種類の事件を扱っていて、俊介は中学生が名探偵であることの問題に苦悩する。特に、『狩野俊介の肖像』では、俊介は全短篇での問題に挑み、体も心も傷つき、無力さを思い知らされる。だが、それでも彼は、名探偵であり続けようとするのだ。

また、作者は俊介に〝孤児〟というハンディも負わせている。中学生が一人で生きていくことは不可能なので、誰かの庇護《ひご》を受けなければならない。そして、施設が辛《つら》い場所だった俊介にとって、野上の養子という立場は失いたくないものになる。ところが、野上が彼を養子にした理由は、その優《すぐ》れた探偵能力にあった。つまり、親子関係よりビジネス関係に近いのだ。

作者はこの問題からも俊介を逃がさない。『肖像』の一篇で、ある老人が俊介に「坊やは、周囲の人間はみな、自分の能力を利用しているだけ、そう思っておるわけだ」と言ってから、俊介がそう考えるのは、「他ならぬ坊や自身が、周囲の人間をそんな眼で見ておるからだよ」と指摘《してき》し、他人を信じて受け入れることの大切さを説く。そして、俊介に、自分が探偵をやめてもこの家にいて良いかと聞かれた野上は、「最初の頃は、彼の探偵としての天才的な素質に感嘆《かんたん》し、彼と行動を共にしたいと思った。しかし今では、彼を家族として受け入れているのだ」と考える。ついに俊介は、〝名探偵〟ではなく、〝狩野俊介〟として受け入れられたのだ。

49

火《ひ》村《むら》英《ひで》生《お》

探偵はフィールドワークをする

Profile ①有栖《ありす》川有栖《がわありす》 ②『46番目の密室』 1992 ③『マレー鉄道の謎《なぞ》』 ④有栖川有栖（語り手／作家） ⑤三十二歳／英都大学助教授／犯罪社会学のフィールドワークとして事件に挑む。

Debut 臨床犯罪学者・火村英生とその友人の推理作家・有栖川有栖は、〈日本のディクスン・カー〉と呼ばれる推理作家・真《ま》壁聖一《かべせいいち》の別荘に招かれる。招いた作家や編集者に向かって、〈天上の推理小説〉を目指すと宣言した真壁。だが、その夜、二つの密室殺人が現実に起こった。

Guide 火村も江神二郎《えがみじろう》もワトソン役が「有栖川有栖」となっていて、英都大学が関係する。そこでファンは、「江神ものの学生・有栖が卒業後に作家・有栖になる」とか、「二方の有栖の書く作品中の人物がもう一方の有栖だ」といった想像をめぐらすことになる。これは楽しいが、本ガイドではやはり、〝事件との関わり〟と〝推理〟の観点から見ていこう。

江神のガイドでは、単なる大学生を事件に関与させるためにクローズド・サークルの設定を用いたと述べたが、火村はデビュー作の時点で、既に警察と良好な関係を築いているらしい。このため、多種多様な事件との多種多様な関わり方が可能になっている。「ロジカル・デスゲーム」などの火村自身が関わる犯罪などは、江神には不向きだろう。また、火村の犯人や犯罪に対する厳しい姿勢も、江神とは異なる。

ただし、特筆しておきたいのは、〝推理〟の方。犯人を特定する推理を中心とする江神ものに比べると、火村ものはさまざまな推理が登場し、しかも、実験性が強いものが多いのだ。

まず、長篇でタイトルが国名を冠《かん》していないものは、犯人の特定以外の推理を描いているものが多い。例えば、『鍵《かぎ》の掛かった男』などでは、クイーンの中期作などに見られる「人間の内面に踏み込む推理」に挑んでいる、という風に。

次に、火村もの長篇の〝犯人を特定する推理〟を見てみると、やはり江神ものとは違う。江神ものは容疑者の絞《しぼ》り込みにクローズド・サークルを用いているが、火村ものでは、〝トリックの解明〟を用いているのだ。例えば、密室トリックを解明すると、このトリックを実行できたのは数名しかいないことがわかり、絞り込むことができる、といった具合に。江神ものがクイーンの『ローマ帽子の秘密』や『フランス白粉の秘密』だとすれば、火村ものは『エジプト十字架の秘密』や『スペイン岬《みさき》の秘密』だと言えるだろう。

そして、短篇では数々の〝推理の実験〟を行っている。興味深い実験がいくつもあるが、ここでは三作だけ挙げよう。火村が論理で〈憑物落とし《つきものおと》〉を行う「ペルシャ猫の謎」。論理パズルと接続した「スイス時計の謎」。そして、予言という超自然現象を巧《たく》みに推理に組み込んだ「モロッコ水晶の謎」。特に「モロッコ」は、作者も手応えがあったらしく、長篇『インド倶楽部《くらぶ》の謎』では、この手法を再び用いている。

50

名探偵は批評する

二《に》階《かい》堂《どう》蘭《らん》子《こ》

Profile ①二階堂黎人《にかいどうれいと》 ②『地獄《じごく》の奇術師』1992 ③『人狼城の恐怖《きょうふ》』 ④二階堂黎人〈語り手／兄〉 ⑤十八歳／美少女／義父は警視正／〈殺人芸術会〉会員／後にシングルマザーに。

Debut 昭和四十二年。十字架屋敷と呼ばれる邸宅に、「地獄の奇術師」と名乗るミイラのような包帯男が姿をあらわし、一族の皆殺しを予告する。続いて起こる人間消失、密室殺人、そして現場に残されたトランプのカード……。女子高生探偵・二階堂蘭子はこの謎《なぞ》が解けるのか？

Guide 事件との関わりという観点からは、蘭子は黄金時代のアマチュア探偵と同じ。つまり、自分が興味を持った事件にしか取り組まない。もっとも、蘭子はさらに徹底していて、不可能犯罪にしか興味がないし、「不可能犯罪じゃないけど困っている人を助けよう」という優しさもない。このため、蘭子は——作品数は多いのに——不可能犯罪専門の探偵になっている。

その一方で、兄の黎人は、蘭子を過去の名探偵と比べて、「多少であっても、究極の裁判官《さいばんかん》である神の真似事もするはずがなかった」と述べたことがある（「蘭の家の殺人」）。本ガイドの読者には、過去の名探偵がたびたび「神の真似事」をしたことは言うまでもないだろう。だが、蘭子はそこまでうぬぼれてはいないのだ。

今度は、蘭子の推理を見てみよう。蘭子ものは、江戸川乱歩《えどがわらんぽ》風のストーリーに沿ってJ・D・カー風の密室ミステリが描かれる。だが、解決篇の推理はクイーン風なのだ――と、作者自身が述べている。実際に『地獄の奇術師』を読んでみると、密室の解明はトリックを説明しているだけだが、脅迫状《きょうはくじょう》から犯人の属性を導き出す推理や、拳銃《けんじゅう》が二挺あった理由の推理など、クイーンらしさは随所に見ることができる。そして、このクイーン風推理が、蘭子を名探偵としてユニークな存在に変えているのだ。

〈密室講義〉を読めばわかるが、カーの作品では、密室トリックの考案者は作中人物ではなく作者になっている。これに対して、クイーン風の推理では、密室トリックの考案者は作者ではなく作中の犯人になっている。ということは、蘭子ものでは、密室トリックを案出した「犯人は芸術家だが、それを解く探偵は批評家」(by G・K・チェスタートン)だと言えるわけである。実際、『人狼城の恐怖』の犯人は、蘭子が密室殺人の捜査に乗り出すように仕向け、その理由は「せっかく面白い舞台劇を企画したのに、観衆が一人もいないのではつまらない」ためだと語る。また、蘭子の宿敵〈魔王ラビリンス〉は、「君(蘭子)という人間は、俺の犯した世紀の大犯罪を世間に対して正しく解説し、あるいは、批評するために存在している」と語る。江戸川乱歩の『蜘蛛男《くもおとこ》』などに登場する劇場型犯罪者は、大衆の方しか向いていない。だが、蘭子ものの犯人は、大衆には理解できないハイレベルなトリックを用いるため、ハイレベルな批評家=探偵が必要になる。そして、その探偵こそが、二階堂蘭子なのだ。

51

三代目も名探偵

金《きん》田《だ》一《いち》一《はじめ》

Profile ①原作・金成陽三郎《かなりようざぶろう》／漫画・さとうふみや ②「オペラ座館殺人事件」1992『金田一少年の事件簿』 ③「雪夜叉伝説殺人事件」 ④七《なな》瀬《せ》美《み》雪《ゆき》（幼《おさな》馴《な》染《じ》み） ⑤高二／金田一耕助《こうすけ》の孫

Debut 七瀬美雪の所属する演劇部の合宿先は、孤島に建つホテル〈オペラ座館〉だった。だが、そこで『オペラ座の怪人』見立ての連続殺人が起こる。過去の演劇部員の自殺との関係は？ そして、美雪に頼まれて参加した金田一耕助の孫・一は、この謎《なぞ》が解けるのだろうか？

Guide 本シリーズは本格ミステリ漫画ブームを巻き起こした傑作と言われていて、私もそれは否定しない。だが、〝事件との関わり〟と〝推理〟を考察すると、別のものが見えてくる。

まず、事件との関わりを見ると、「高校生探偵」という設定がマイナス。「難事件にお手上げの警察が助けを求める」という設定が使えないため、事件が起きる前から金田一が関与する設定を多用せざるを得ない。つまり、事件関係者が金田一の知人になってしまうのだ。それなのに――祖父譲りで？――連続殺人を止められないものだから、どんどん知人が減ってしまっている。もっとも、連載が短期間で終了すれば生まれなかった問題ではあるが。

次に推理を見ると、犯人は明らかに既存のミステリ小説のトリックを流用しているのに、推理の際に言及しないという点が気になるが（笑）、悪くはない。ただし、突出した点やユニークな点があるわけではない。本連作の犯人のトリックは漫画映えするものが多いのだが、それを推理する作中探偵は、そんなことを考えたりはしない。推理に使う手がかりには漫画ならではの面白いものが多いが、作中探偵は、自分は漫画の中の人物だとは思っていない。

ところが、〝推理〟ではなく、〝推理の演出〟という観点からは、見るべき点がある。それは、本連作が生み出し、『名探偵コナン』などが受け継いだ「犯人をシルエットで描く」という手法を利用した演出。このシルエットは、実際の犯人の体型と合わせる必要はないらしく、どの容疑者にも当てはまる（元祖は車田《くるまだ》正美《まさみ》か？）。もともとは犯人の正体を伏《ふ》せたまま犯行シーンを描くために編み出した手法らしいが、それを推理のシーンに用いることによって、活字ではできない演出効果を生み出したのだ。

例えば、金田一の推理に合わせてシルエットの犯人が犯行を再現し、あるいは動揺する。そして、この場面を見た読者は、金田一の推理が正しいことを無条件で信じてしまうのだ。

だが、何と言っても見事なのは、『悲恋湖伝説殺人事件』の使い方。この作では追い詰められた犯人は仮面をつけているのでシルエットではない。他の事件関係者がシ、ル、エ、ッ、ト、なのだ。そして、金田一の推理が進むにつれて、一人ずつシルエットが外れて顔がわかる。つまり、推理で一人ずつ消去されるのを絵で表現しているわけで、実に見事な演出と言えるだろう。——もちろん、金田一本人は普通に推理を語っているだけなのだが。

52

小さくなった名探偵

江戸川《えどがわ》コナン（工藤新一《くどうしんいち》）

Profile ①青山剛昌《あおやまごうしょう》 ②「平成のホームズ」 1994『名探偵コナン』 ③「殺意のコーヒー」 ④毛利小五郎《もうりこごろう》（私立探偵） ⑤高二／高校生名探偵だったが謎《なぞ》の組織のために体が小学生になる。

Debut 〝平成のホームズ〟を目指す高校生名探偵・工藤新一は、謎の組織の取引を目撃したため、毒薬を飲まされる。だが、その薬の作用は、体を小学生に変えるものだった。新一は「江戸川コナン」と名乗り、毛利探偵事務所に居候《いそうろう》しながら、謎の組織を追うのだった。

Guide 本シリーズは『金田一《きんだいち》少年の事件簿』のフォロワーだが、元祖を超える大ヒット作となった。その理由は、「外見は小学生、中身は高校生の名探偵」という設定にある——というよりは、その設定を巧《たく》みに生かしている点にある。

まず、〝体を子供に変える薬〟というのは、トンデモ発明だが、このシリーズの前提となっているために、読者は受け入れざるを得ない。また、同じように子供になった人物をもう一人出すことにより、作中でのリアリズムを生み出してもいる。そして、受け入れた読者は、コナンが使う蝶《ちょう》ネクタイ型変声器といった超発明も受け入れてしまうわけである。

さらに、私立探偵の毛利小五郎——幼馴染みの蘭《らん》の父親——を前面に立てて事件に取り組むという設定も巧《うま》い。これで、金田一少年が扱いにくかった大人の世界の犯罪に関わり合うことができるようになった。もちろん、小学生がらみの事件も、高校生がらみの事件もあり、ライバルの服部平次がいる関西での事件もあるが、知人が次々と死んでいくイメージは薄い。

ただし、小五郎を前面に出しているため、コナン自身が捜査の指揮をとることができない。推理の披露《ひろう》は「小五郎を麻《ま》酔銃《すいじゅう》で眠らせ、変声器を使ってコナンが小五郎の声で謎解きを行う」という手を使えるが、その推理に必要なデータを集めることはできないのだ。そこでコナンは、小五郎や刑事たちに「そーいえば伴子さん言ってたよね？携帯《けいたい》のコール音、変わった音だよって」といったヒントを出して、捜査を誘導。これは同時に、読者に向けてのヒントにもなっているわけで、実に巧い。

だが、このシリーズで最も巧いのは、コナンだけを〝名探偵〟にしていないこと。レギュラー陣には、高い推理力を持つ者が少なくないのだ。例えば、前述の服部平次《はっとりへいじ》も高校生名探偵で、コナンに匹敵する推理力の持ち主。新一の父親で推理作家の工藤優作《ゆうさく》にいたっては、息子より上で、ヒントをくれたりする。これは同時に、読者に（以下同前）。ホームズのガイドにも書いたが、こういった設定は、コナンの推理がチート能力ではないことを示しているわけである。

なお、金田一少年の世界では金田《きんだ》一耕助《いちこうすけ》は実在の人物だが、コナンの世界ではシャーロック・ホームズは小説中の人物になっている。つまり、読者と同じ。このため、人物名を名探偵のもじりにするといった読者に向けたお遊びができるわけである。

53

みんなを幸せにする名探偵

夢水清志郎《ゆめみずきよしろう》

Profile ①はやみねかおる ②『そして五人がいなくなる』1994 ③『ハワイ幽霊城の謎《なぞ》』 ④岩崎亜衣《いわさきあい》（語り手／中一）／上越《じょうえつ》警部 ⑤年齢不明／元論理学教授／百八十を超える長身／黒いサングラス／黒い背広／常識ゼロ／記憶力ゼロ

Debut わたしは中学一年の岩崎亜衣。今度、隣《となり》の洋館に誰かが引っ越してきたの。表札を見ると、「名探偵　夢水清志郎」だって。そこに起こった子供たちの消失事件。常識も記憶力もないこの人が、事件を解決できるのかな？

Guide ミステリには「名探偵とは何か」を問う作品がいくつもあり、本ガイドでも取り上げている。この夢水シリーズもまた、「名探偵とは何か」という問いを提示し、それに答えている――「名探偵の仕事は、みんなが幸せになるように事件を解決すること」だと。

このセリフに対して、「こんなことを言えるのは、夢水が人が死なないジュニアものの探偵だからだ」と指摘《してき》する人は少なくない。しかし、この指摘は間違っている。なぜならば、夢水自身は、自分がジュニア向け小説の作中人物だと知らないからだ。実際、過去には殺人事件をいくつも解決していることは作中で言及されている。従って夢水は、殺人事件においてもこの宣言を貫かなければならない。

夢水にこの宣言を貫《つらぬ》かせるために作者が用いた

のが〈二重の解決〉。このシリーズでは、夢水が「世間向けの不充分な解決」と「関係者向けの真の解決」の二つを提示することが多い。真の解決を公表すると幸せにならない人が出てしまうので、マスコミにはそこを伏《ふ》せた解決だけを提示するわけである。これを実現するには、真の解決ができる推理力と、偽《いつわ》りの解決を考え出す発想力、そして、それを世間に納得させる信用が必要になる。作者が言う〝名探偵〟とは、この三つを兼ね備えた存在なのだ。

　ちなみにこの手法は、E・クイーンのライツヴィルもの、特に、『フォックス家の殺人』に近い。この作で探偵エラリー・クイーンは、二重の解決を利用して、みんなを幸せにしているからだ。

　作者がクイーンを参考にしていることは、『ハワイ幽霊城の謎』を読めばわかる。この作は題名にふさわしく、クイーンの傑作のトリックと手がかりを応用しているが、注目すべきは第14章。ここに、クイーンが名探偵の存在意義に挑んだ『九尾の猫』へのオマージュが登場している（手《て》塚《づか》治虫《おさむ》の『ブラック・ジャック』も入っているかな？）。この章では、ハワイに住む「金田ファースト」と名乗るモジャモジャ頭の元名探偵が、夢水に「名探偵は神じゃない。事件を、自分の思うように解決しようなど、おこがましいとは思わんか？」と語る。これは夢水の宣言を否定しているのだが、偉大なる先輩はさらに、こう続ける。「だが、事件がおこり、悲しい結末が待っているのをしってしまうと……おこがましいとはわかっていても……神になりたいと思うよな。」

54

視聴者に挑戦する探偵

古《ふる》畑《はた》任《にん》三《ざぶ》郎《ろう》

Profile ①三谷幸喜《みたにこうき》（脚本） ②「死者からの伝言」1994 TVドラマ『警部補・古畑任三郎』 ③「今、甦《よみがえ》る死」 ④今泉慎太郎巡査／西園寺守刑事 ⑤警部補／四十代／独身／自転車を愛用／拳銃《けんじゅう》も警察手帳も携帯《けいたい》しない。

Debut 少女コミック作家の小石川ちなみは、編集者を金庫室に閉じ込めて窒息死《ちっそくし》させる。三日後、自分で死体を発見して警察に通報するが、嵐《あらし》のため、すぐ来ることが出来ない。そこに訪ねて来たのが、電話を借りに来た古畑だった。

Guide このシリーズが『刑事コロンボ』を意識していることは自他共に認めるところだが、本ガイドでは、『コロンボ』に似せた点ではなく、変えた点に着目する。もちろんそれは、ドラマの終盤に入る、古畑の〈視聴者への挑戦〉に他ならない。この挑戦の元ネタは『コロンボ』ではなく、TV版『エラリー・クイーン』。さらにそのルーツはラジオ版『エラリー・クイーンの冒険《ぼうけん》』の〈聴取者への挑戦〉で、さらにそのルーツはクイーンの小説の〈読者への挑戦〉となる。三谷は、この挑戦状を入れたことにより、〝推理〟という観点からは、『コロンボ』より優《すぐ》れたTVドラマを生み出したのだ。

まず、第一話「死者からの伝言」の挑戦は、「ダイイング・メッセージの意味を見抜《みぬ》け」。この場合、視聴者はメッセージの推理だけに注力すれば良いので、難易度は低くなる。その代わり、脚本家はダイイング・メッセージものに詳しいミステリ・ファンをも欺《あざむ》かなければならないので、難易度が高くなる。一方、『コロンボ』で同じアイデアが登場する作品では、ダイイング・メッセージものであることを解決篇まで伏《ふ》せているため、そもそも視聴者はメッセージの意味どころか、その存在に気づくことさえない。当然、脚本家は凝ったメッセージを考える必要などない——つまり、難易度は低い。

また、『コロンボ』では、最後に犯人がミスを指《し》摘《てき》されるのか罠《わな》にかけられるのかわからないため、視聴者は結末を推理できない。だが、『古畑』の聴取者は、どちらを推理すれば良いのか挑戦された時にわかるので、難易度が低くなり——作者の難易度は高くなる。

加えて、トリックを解明する推理も変わる。古畑に「密室トリックを推理して下さい」と挑戦された視聴者は、トリックの実現可能性だけでなく、犯人がそれを使ったという証明まで求めるからだ。かくして作者は、出前の電話などの手がかりを組み込まなければならなくなる。

TV版『エラリー・クイーン』では、「真相のすべてを当てろ」と挑戦したため、視聴者はついていけなかった。だが『古畑』では、倒叙《とうじょ》形式を利用して真相の大部分を明かし、視聴者が解くべき謎《なぞ》を一つか二つに絞《しぼ》り込んだ。さらに、挑戦の際には、ヒントも添《そ》えるようにした。このため、ミステリ・マニアではない一般の視聴者でも、推理が楽しめるようになった。これこそが、『コロンボ』にはない『古畑』の魅力《みりょく》なのだ。

55

世界で最も不運な探偵か？

葉《は》村《むら》晶《あきら》

Profile ①若竹七海《わかたけななみ》 ②「海の底」1994 ③『プレゼント』（②収録） ④小林警部補／村木調査員 ⑤語り手／女性／二十五歳／フリーター兼ノンフィクション・ライター→興信所の調査店員兼私立探偵／「世界で最も不運な探偵」

Debut ノンフィクション・ライターの葉村は、今は掃除会社で働くフリーターだった。ある日、知り合いの編集者に頼まれ、ホテルの部屋に残された血痕を掃除する。だが彼女は、その部屋から失踪《しっそう》した作家が気になって……。

Guide 作者は葉村に関して、サラ・パレッキーやスー・グラフトンの女性探偵を意識したと語っている。だが私は、葉村はパレッキーのV・I・ウォーショースキーよりも、P・D・ジェイムズのコーデリア・グレイに近いと考えている。というのも――本ガイドで述べたように――葉村は、「誰かのためではなく自分のために行動する私立探偵」ウォーショースキーよりも、「自分のためではなく他人のために行動する私立探偵」コーデリアに近いからだ。

例えば、デビュー作のラストで、犯人が〝黙《だま》っていれば葉村の望みをかなえてやる〟と言うと、葉村は、自分の望みが何かはわからないが、被害者や遺族の気持ちはわかる、と考えて犯人を警察に突き出す。

例えば、ある長篇の終盤で、葉村はこう考える。

「〇〇という女性の不幸ないきさつを知っていたから、（略）そういう事実をできるだけ隠そうとした。彼女がおそろしいことをしてきたと認識していたのに、かばおうとした。（略）調査対象とは距離をおかなくてはならなかったのに」。そして、警部には、彼女が感情的になって事件に対処できなかったことを指摘《してき》され、「あなたの探偵としての資質のほうが疑わしいですね」と言われてしまう。つまり葉村は、コーデリア同様、探偵には向かない女性であり、だからこそ、彼女は不運なのだ。

今度は、シリーズの最初の二つの短篇集（『プレゼント』『依頼人は死んだ』）を見てみよう。各短篇には何らかのプロット上の仕掛けがあり、ハードボイルドというよりは本格ミステリになっている。そして、仕掛けの成立には、葉村の存在が重要になっている場合が少なくない。例えば、ある事件では頭を殴られて気絶するが、これが単なるハードボイルド探偵のお約束ではなく、プロット上の都合であることが最後にわかる。また、多くの短篇で葉村の家族や友人が事件にからむが、その理由は、彼女のキャラをふくらませるためではない。葉村をよく知る家族や友人が、彼女を組み込んだ犯行計画を立てるからなのだ。長篇でも、葉村が入院したり、調査対象に同情するといった展開が、本格ミステリとしてのプロットに貢献していることは否定できない。

P・D・ジェイムズやサラ・パレツキーにはない、本格ミステリに対する作者のこだわり。これもまた、葉村を「世界で最も不運な探偵」にしているのだ。

56

中禅寺秋彦《ちゅうぜんじあきひこ》（京極堂《きょうごくどう》）

探偵には不思議なことなど何もない

Profile ①京極夏彦《きょうごくなつひこ》 ②『姑獲鳥《うぶめ》の夏』1994 ③『魍魎《もうりょう》の匣《はこ》』 ④関口巽《せきぐちたつみ》（語り手／作家） ⑤古本屋〈京極堂〉店主／武蔵晴明神社の神主／憑物落《つきものお》としを行う拝み屋／妻と妹がいる。

Debut 昭和二十七年。作家の関口は友人の中禅寺を訪ねる。いつもは創作のネタ探しだが、今回は妊娠《にんしん》二十箇月の女性に関する相談だった。久遠寺梗子《くおんじきょうこ》という女性が、一年半前に夫が密室状態の書庫から消失してからずっと、身籠《みご》もったままだというのだ……。

Guide 『姑獲鳥の夏』の冒頭《ぼうとう》で中禅寺が述べているように、この作は、「脳は嘘をつく」がテーマとなっている。ただし、これは名探偵ものとは相性が悪い。例えば、このテーマの一種である二重人格トリックを考えてみよう。A氏のもう一つの人格であるB氏が殺人を犯した場合、名探偵から見ると、A氏が殺人を犯したことになる。すべての手がかりがA氏を示しているからだ。もちろん、作者はA氏の内面描写を入れたりして、A氏が無実であるかのように見せかけてはいる。だが、A氏の内面描写は、読者は読めるが探偵には読めないことは言うまでもない。

脳に騙《だま》されたA氏が誤った目撃証言をした場合も同じ。探偵から見ると、A氏が偽証《ぎしょう》したのと何も変わらないのだ——もちろん、A氏の内面描写を読める読者にとっては同じではないが。ところが、中禅寺にとっても、偽証と同じではない。彼の目的は事件の解決ではなく憑物落としであり、これは、脳の嘘をあばくというもの。ということは、A氏が偽証をしているのなら、憑物落としは意味がない。言い換えると、中禅寺の憑物落としとは、これまで本格ミステリの推理では扱いづらかった謎《なぞ》に取り組む推理だと言える。

　別の例を挙げよう。クイーン作品などの〈操り〉は、操る人が操られる人をがんじがらめにして、そうせざるを得ない立場に追い込んでいるので、探偵は推理しやすい。だが、京極作品の場合は、操られる人はそうしなくてもかまわないので、探偵は操りを推理しにくい。あるいは、洗脳や催眠《さいみん》術も、相手が本当にかかっているのか、かかったふりをしているのか、探偵には推理しにくい。だが、中禅寺の憑物落としならば、どれも扱うことができるわけである。

　そして同時に、この憑物落としは推理の検証も兼ねている。A氏が罪を逃れるために偽証しているなら、あるいは、実際には〝操り〟は機能していないのなら、憑物落としは失敗するはずだからである。

　だが、中禅寺が披露《ひろう》する推理は、このタイプだけではない。ある作品では、A氏がこの世のものとは思えない光景を見るが、脳に騙されたわけではない。その光景は、他の人にも見えるものなのだ。ところが、こちらの謎もまた、中禅寺が解決してしまう――帆〇〇〇のように。まさに、中禅寺にとっては、「この世には不思議なことなど何もないのだよ」。

57

匠《たくみ》千《ち》暁《あき》（タック）

四人寄れば名探偵の知恵

Profile ①西澤保彦《にしざわやすひこ》 ②『解体諸因』1994 ③『麦酒《ばくしゅ》の家の冒険《ぼうけん》』④辺見祐輔《へんみゆうすけ》（ボアン先輩）／高瀬千帆《たかせちほ》（タカチ）／羽迫由紀子《はさこゆきこ》（ウサコ）⑤大学生（の作が多い）／酒好き／屁理屈《へりくつ》の天才／貧《びん》乏《ぼう》暮らし

Debut 暇を持てあます匠千暁が、昨年起きたバラバラ殺人事件の記事を読んでいると友人が来訪。その友人に乗せられ、千暁は安楽椅子《あんらくいす》探偵として事件に取り組むことになる。犯人はなぜ死体をバラバラにしたのだろうか？

Guide シリーズ第一作の『解体諸因』は、九つのバラバラ殺人事件を扱った連作短篇集。タックが五作、ボアン先輩が二作、中越警部が一作で探偵役を務めていて、まさにバラバラ。ただし、仕掛けのある最後の二作を除いた七作のフォーマットは変わらない。「WHY（なぜ）の謎《なぞ》を」、「安楽椅子探偵が解く」物語で、叙述《じょじゅつ》は「二人による対話形式」をとっている。さらに、七作中六作は、その二人が「安楽椅子探偵と事件の説明者」となっている。

さて、この形式で思い出す名探偵は誰だろうか？そう、都筑道夫《つづきみちお》の退職刑事である。作者は『麦酒の家の冒険』のあとがきでこのシリーズを「本格推理のバイブル」と語り、贋作《がんさく》も書いているが、すでにデビュー作の時点で影響を受けていたわけである。

しかし、シリーズ第二作『彼女が死んだ夜』では、退職刑事から離れていく。法月綸太郎《のりづきりんたろう》はこの本の角川文庫版解説で、中盤に出て来る推理に対して「〈退職刑事〉シリーズの一篇)『ジャケット背広スーツ』を連想させる」と述べているが、推理ではなく推理を語る形式を見るとそうではない。退職刑事ものの「探偵と事件の説明者の対話形式」ではなく、「複数の探偵によるディスカッション形式」になっているからだ。おそらく、このシリーズのように推理を考えつく人物が複数存在して、かつ、枚数に余裕のある長篇では、対話形式よりディスカッション形式の方が書きやすいのだろう。

そして、次の『麦酒の家の冒険』は、長篇の大部分をディスカッションが占め、最終解決以外の推理も意味を持つ。まさに、この形式を最大限に生かした傑作だと言える。

その後も作者は、この形式による推理を描き続けた。特殊な叙述形式をとっている『依存』なども、推理に着目すると、ディスカッション形式であることは変わらない。そしてさらに、作者が進んだ次のステージは――。

読者になじみのない科学や心理学の専門知識をトリックや動機に用いる場合、データ提示が難しくなる。ただし、ディスカッション形式ならば、メンバーの中に科学や心理学の専門家を入れておけば問題ない。作者はこの解決策を用いて、例えば、『悪魔を憐《あわ》れむ』の一作では、〈就眠儀式〉についてウサコが語り、タックがそれを使って事件を解決する、というプロットを編み出しているのだ。

58

ハードボイルド探偵には向かない推理

紅《くれない》門《もん》福《ふく》助《すけ》

Profile ①霞《かすみ》流《りゅう》一《いち》 ②『フォックスの死劇』1995 ③『エフェクトラ』 ④白亀金太郎（紅白探偵社社長）／村原刑事 ⑤三十八歳／フリーの私立探偵／映画探偵／元テレビ局報道記者

Debut 怪談映画の巨匠・大高監督の墓が散歩した！ この事件を追う私立探偵・紅門福助の前に次々と現れる死体とキツネづくしの品々。さらに、「新世紀FOX（初刊版では『世紀末FOX』）」を名乗る人物の暗躍《あんやく》。そして、大高監督が死に際に残した「ハモノハラ」の意味は？

Guide 霞流一の描く事件は風変わりだが、名探偵という観点から見ると、紅門は風変わりというわけではない。事件が解決してみると、そもそも犯人や被害者の思考や行動が風変わりだったり、偶然が積み重なって風変わりな現象が生じたりしたに過ぎないことがわかる。つまり、作中世界が風変わりなのであり、紅門はその世界にきちんと収まっている。あり得ない偶然が起こったために生じた不可能状況ならば、探偵がその真相を見抜《みぬ》くのは難しい。しかし、あり得ない偶然が頻繁《ひんぱん》に起こる世界では、もはやそれは「あり得ない偶然」ではなく、「ありふれた偶然」になる。ありふれた偶然が起こったために生じた不可能状況ならば、探偵がその真相を見抜くのは難しくない。つまり、紅門福助は、世界からはみ出しているブラウン神父や法水麟太郎《のりみずりんたろう》とは違うのだ。

また、お得意のブラック・ジョークやダジャレも、他の登場人物も使っているので、紅門の専売特許というわけではない。推理もまた、白亀が同レベルのものを披露《ひろう》することは珍《めずら》しくない（初刊のカバー文は、「酔狂な探偵たちの迷走と活躍！」と、複数形になっている。「探偵たち」って……）。

紅門が名探偵としてユニークなのは、本格ミステリの探偵役なのに、ハードボイルドのように探偵役と一人称の語り手を兼ねている点。そして、探偵エラリー・クイーンのように鮮《あざ》やかな消去法推理を披露する点だろう。

だが、この二つの趣向は相性が悪い。紅門の推理の流れは、まず、トリックを見抜く。トリックは〝ひらめき〟で解けるので、作中には「俺の脳に閃光《せんこう》がよぎった」（「霧《きり》の巨塔」）と書くだけで済む。続いて消去法推理で犯人を特定するが、これは〝ひらめき〟ではないので、長時間の思考が必要になる。ところが、作中にはその場面がないのだ。一人称小説なのに、語り手が解決篇で披露する推理を組み立てる場面がまったく存在しないというのは、不自然ではないだろうか？　紅門は、探偵エラリーのように三人称の視点人物にすべきではなかったか……と不満を感じていたら、十五年ぶりに紅門が復活した『エフェクトラ』で驚《おどろ》かされた。この長篇の――おそらく前代未聞の――仕掛けは、探偵役の一人称で、かつ、その探偵役が消去法推理を用いるプロットでないと効果が発揮されないのだ。作者にはお詫びして、前言を撤回する。

59

理系探偵

犀《さい》川《かわ》創《そう》平《へい》

Profile ①森博嗣《もりひろし》 ②③『すべてがFになる』1996 ④西之園萌絵《にしのそのもえ》（N大学一年／犀川の恩師の娘） ⑤三十二歳／国立N大学工学部建築学科助教授／天才／煙草《たばこ》とジョークが好き

Debut 孤島に建てられた真賀田《まがた》研究所には、天才プログラマ・真賀田四季《しき》が幽閉されていた。そこを訪れたN大学助教授の犀川創平と学生の西之園萌絵の目の前で、研究所のシステムが狂い、手足を切断された四季の死体を乗せたロボットワゴンが姿を現す……。

Guide 『すべてがFになる』から始まる〈S&M〉シリーズは〈理系ミステリ〉と言われているが、第一作を読む限りでは、舞台と事件と犯人とトリックは理系だが、探偵の推理からは理系を感じない。理系のトリックを説明しているだけに見えるのだ。

だが、これは早計だった。作者によると、執筆順は『すべてがFになる』が四作目で、これ以前に犀川と萌絵の事件簿が三作存在していたのだ。その三作の中で最初に書かれた『冷たい密室と博士たち』を読むと、犀川がどのような探偵なのかが、きちんと描いてあった。

まず、密室トリック自体は（変形は実に巧妙《こうみょう》だが）既存のバリエーションで、理系トリックとは言えない。だが、その密室を解き明かす推理は、文句なく理系なのだ。密室状況を分析《ぶんせき》して使用可能な出入り口を確定し、出入り可能な人間を確定し、犯行時の犯人の動きを確定する。従来の密室ものの推理――「ドアの下が濡《ぬ》れていたから氷を使ったトリック」といった伏線の回収による推理――に比べると、ずっと理系だと言える。「犯人はシャッタの故障を知らなかったので密室になった」というロジックも見事。

ところが、その解決篇より前では、犀川は「(友人の) 喜多や萌絵のような完璧《かんぺき》な理系人間」と自分は違うと考え、「犀川の思考回路は、喜多や萌絵のような無機的な論理では作動しなかった。犀川は、自分が犯人ならば、とまず考えてしまう」と思う。そして、犯人の立場になった彼は、「手法はすべて自明。しかし、動機が理解不能」と考える。さらに、『詩的私的ジャック』での密室の解明においては、「HOWよりもWHYだ」と語る。つまり犀川は、密室の作り方よりも動機を重視しているのだ。

だが、これは矛盾《むじゅん》ではない。理系の天才である犀川は、無機的な論理によって解けるHOWの謎《なぞ》には興味がない。それでは解けないWHYの謎にこそ興味を抱く。このねじれこそが、犀川をユニークな名探偵にしているのだ。

なお、本連作ではワトソン役もユニークだと言える。普通は、探偵役が理系ならワトソン役は文系にして知識のバランスをとるのだが、萌絵は「完璧な理系人間」。また、普通は、ワトソン役の知能は読者と同程度なのだが、萌絵は天才的な発想力の持ち主。このため、シリーズ全体がハイレベルな理系のムードでおおわれているわけである。

60

探偵はメタで神で

九十九十九《つくもじゅうく》

Profile ①清涼院流水《せいりょういんりゅうすい》 ②『コズミック』1996 ③『ジョーカー』 ④JDC（日本探偵倶楽部）の他の探偵たち ⑤二十歳／美しすぎる探偵／探偵神／メタ探偵／推理法は「神通理気《じんつうりき》」。

Debut 「今年、1200個の密室で、1200人が殺される」――〈密室卿《みっしつきょう》〉と名乗る人物から送りつけられたFAXの予言通りに、日本で密室連続殺人が起こる。次々に増える被害者。JDCのメタ探偵にして「神通理気」の使い手、九十九十九はこの不可能殺人を解けるのか？

Guide 本ガイドは推理を切り口に名探偵を取り上げているが、この場合、JDCの探偵たちはツッコミ所が満載になる。例えば、JDCの探偵たちは優秀さでランク付けされているが、その基準は何なのだろうか？　テストの成績やスポーツの記録なら基準になるが、名探偵の場合は事件解決率の高さ＝優秀さとは言えない。その解決が正しいかどうかを判定する必要があるからだ。では、JDCの探偵の解決の正誤は、誰が判定しているのだろうか？　あるいは、ピラミッド・水野《みずの》は「必ず真相を外す」となっているが、水野の解決が常に正しくないことは、誰が判定しているのだろうか？

また、九十九の「神通理気」は、〝必要なデータが揃《そろ》うと真相が瞬時にわかる〟というものだが、捜査の際に推理で容疑者の絞《しぼ》り込みをしておかないと、捜査対象が膨大になるのではないだろうか？　あるいは、データの中に偽物《にせもの》が交じっていたら、真相はわからないのでは？

さらに、〈メタ探偵〉というのは、〝「犯人」を「作者」と定義すれば、その意図を知り得る探偵〟ということらしい。しかし、メタ探偵がいるならメタ犯人もいるはずだが、そのメタ犯人の意図は知り得るのだろうか？

……といったツッコミは意味がない。なぜならば、この世界では、推理の検証は行われることがないからだ。この世界で必要なのは「推理結果」だけであり、「推理＝結果を出すまでの過程」は必要ない（だから「推理結果の検証」はある）。実際、『ジョーカー』に登場する「推理小説の構成要素三十項」には、推理は含まれていないのだ。

しかし、本格ミステリでは、推理の結果だけでなく過程を描くことも必要になる。というのも、過程を描くと〝検証〟ができるからだ。例えば、探偵エラリー・クイーンが推理を披露《ひろう》すると、クイーン警視が穴を指摘《してき》し、エラリーがその穴をふさぐ。この繰り返しが推理の強度を高め、読者は推理結果が正しいと感じるわけである。もっとも、警視が検証するのは読者のためではなく、起訴のため。隙のない推理で犯人を特定して証拠固めをしないと起訴することはできない。逆に言うと、JDCの探偵が指摘した犯人を起訴に持ち込むことは難しいのだ。

推理の過程のないJDCの探偵は、現実の世界では役に立たない。だが、作者は彼らが名探偵として存在できる世界を作り上げたのだ——独自の名探偵の魅力《みりょく》を持つ世界を。

61

湯《ゆ》川《かわ》学《まなぶ》（ガリレオ）

天才探偵と天才犯人は紙一重

Profile ①東《ひがしの》野圭吾《けいご》 ②「燃える」1996『探偵ガリレオ』 ③『容疑者χの献身』 ④草薙《くさなぎ》刑事／内海《うつみ》薫《かおる》 刑事 ⑤年齢不詳／帝都大学物理学科准教授／「磁界歯車」の発明者／バドミントンが得意／インスタントコーヒー好き

Debut 人体発火事件の捜査で行き詰まった草薙刑事は、大学時代の友人で天才物理学者の湯川にアドバイスを求める。この事件を皮切りにいくつもの難事件を鮮《あざ》やかに解決していく湯川は、警察に〈ガリレオ〉と呼ばれるようになった。

Guide 本連作を掲載誌で読んだ時、「読者になじみのない科学知識が必要」という点が気になった。他のミステリ・ファンも同じだったらしく、シリーズの最初の二冊は、ミステリ関連のベスト選出ではランク外になっている。

ただし、本連作が掲載された《オール讀物《よみもの》》の読者の大部分は、ミステリ・ファンではない。〈ノックスの十戒《じっかい》〉も〈ヴァン・ダインの二十則〉も知らない人たちにとって、湯川は——シャーロック・ホームズのガイドを流用するならば——「科学を武器に謎《なぞ》を解く探偵ヒーロー」であり、鬼平《おにへい》と同じだと言える。

ところが、三作目の『容疑者χの献身』はミステリ関連のベスト選出で一位を独占し、本格ミステリ大賞も受賞。評価が一変した理由の一つは、この作では特別な科学知識は不要という点だと思われる。しかし、科学知識が不要なのに、なぜ、読者や作中の警察は解決することができなかったのだろうか？

まず、読者が解決できないのは、叙述《じょじゅつ》の仕掛けに欺《あざむ》かれてしまうため。では、この叙述トリックは作中人物には機能していないのに、なぜ、警察は解決できないのだろうか？　こちらの答えは、「犯人の思考が理解できないため」となる。犯人が実行したトリックは、心理的ハードルが高いため、普通の人は思いつかないし、思いついても実行できない。しかし、天才にして数学者である犯人は、メリットが大きく成功率が高いと判断すれば、何のためらいもなく実行してしまう。だから、同じ天才にして物理学者である湯川にしか解決できないのだ。

これは、ミステリ黄金時代の〈天才探偵VS天才犯罪者〉と似ているが、そうではない。ミステリの犯人があり得ない動機で複雑怪奇なトリックを弄《ろう》するのは、彼らが天才だからではなく、作者がそうさせたいからなのだ。もちろん、本作も実際にはそうなのだが、読者のほとんどは、犯人が作者の操り人形だと感じることはない。そして、「この犯人ならこんな考え方をしてもおかしくないな」と考えるに違いない。さらに読者は、こうも考える——「天才の犯人を『僕の好敵手』と呼ぶ天才の湯川なら、こんな考え方を見破ってもおかしくないな」と。

だが、『聖女の救済』で再び天才犯罪者と対決した後は、湯川の相手は普通の犯罪者に戻ってしまう。どうやら作者は、湯川の天才性よりも人間性を描きたくなったようだ。

62

笑わない名探偵

安藤《あんどう》直樹《なおき》

Profile ①浦賀《うらが》和宏《かずひろ》 ②『記憶の果て』1998 ③『頭蓋骨《ずがいこつ》の中の楽園』 ④〔一作目〕金田忠志／飯島鉄雄 ⑤大学入学一ヶ月前／高校の軽音学部（シンセサイザー）／父は脳の研究者

Debut 安藤直樹が自殺した父のコンピューターを起動すると、〈裕子〉という名の人物?と文字で会話を交わすことができた。裕子は人工知能なのか？ ネットに接続している生身の人間なのか？ それとも自殺した姉の脳からコンピューターに複写された意識なのか？

Guide 浦賀作品は一筋縄《ひとすじなわ》ではいかないが、〝名探偵〟という観点からデビュー作を見るとわかりやすい。というのも、安藤の内面独白などを追えば良いからだ。まず、キーとなるのは、「俺は（推理小説の中の）名探偵が嫌いなんだ。完全無欠で、小説内の世界で絶対的な権力を持ち、最後には容疑者を集めて得意そうに犯人を指し示す名探偵が」という独白だろう。これは一見、名探偵批判に見えるが、そうではない。なぜならば、この台詞《せりふ》はつじつまが合っていないからだ。そもそも、名探偵だから完全無欠な探偵能力を持っているわけではない。数多の探偵の中で、完全無欠な探偵能力を持っている者が「名探偵」と呼ばれるのだ。そして、名探偵だから小説内の世界で絶対的な権力を持っているわけではない。自身の卓越した探偵能力で誰よりも早く真相にたどり着いたからこそ、絶対的な権力を手に入れることができたのだ。

安藤が名探偵を嫌う本当の理由は、彼が恋愛ゲームに抱く嫌悪感——「現実の女と旨くコミュニケーションが取れず、ゲームの女だけに愛情を注ぐ自分の姿を勝手に想像して、勝手に嫌悪感を抱いてしまった」——と重なり合う。安藤は現実の事件を旨《うま》く解決できず、推理小説の探偵に嫌悪感を抱いてしまったわけである。

さらに、名探偵らしさを見せる友人の金田を殴って絶交した後の安藤の独白を読むと、金田＝名探偵は「俺の都合のいいように動いてくれない」から嫌いなのだとわかる。

ところが、金田を失った安藤は、自分が「人の心に土足で踏み込」む名探偵になり、姉・裕子の自殺の謎《なぞ》を解き明かそうとする。おそらく、真相（の一部）を見抜《みぬ》き、自分は現実の事件を旨く解決できると考えたからだろう。だが、安藤が突きとめた真相はソポクレスの『オイディプス王』を彷《ほう》彿《ふつ》させる（疫病《ウイルス》の蔓延《まんえん》も出て来るし）残酷《ざんこく》なものだった。作者は意識していないようだが、安藤は、世界最古の名探偵にして悲劇の主人公がハイテクによって甦《よみがえ》った人物とも言えるのだ。そして彼は、両目をつぶす代わりに他者との関わりを断ち、笑わなくなる。

その安藤が名探偵さながらに関係者を集めて謎解きを行うのが『頭蓋骨の中の楽園』。他人への関心を失った彼が名探偵を演じたのは、「これはきっと、俺の事件だ」から。だが、その考えさえも真実の残酷さが押しつぶし、安藤は他者を拒絶し続けて——笑わない。

63

探偵は作品の外にも中にもいる

石《いす》動《るぎ》戯《ぎ》作《さく》

Profile ①殊能将之《しゅのうまさゆき》 ②『美濃牛』2000 ③『黒い仏』 ④アントニオ（助手） ⑤三十代半ば／丸顔／コール・ポーターのファン／俳号「春泥」／高田馬場で探偵事務所を開く。

Debut さびれた集落・暮枝村《くれえだむら》で、〈奇跡の泉〉が見つかった。そのためリゾート開発の話が出て、企画者の石動戯作が雑誌記者と共に村に滞在することになる。だが、洞穴で首無し死体が見つかったのを皮切りに、わらべ唄に見立てたかのような殺人が次々と起こるのだった。

Guide 殊能作品は実にユニークなのだが、そのユニークさは作中ではなく作品外、つまりメタレベルにある。例えば、膨大《ぼうだい》な引用のほとんどは、読者は読めるが作中人物は読めない。つまり、作中探偵にとって、これらの引用は存在していないのだ。あるいは、探偵の名「石動戯作」は、読者にとっては「ボルヘスとカサーレスの『ドン・イシドロ・パロディ六つの難事件』から採った名前」だが、作中では「石動誠作が息子に『遊びを楽しめる人間に育ってほしい』と願って付けた名前」に過ぎない。そして、こういった読者と作中探偵のギャップが、探偵による推理にも影響を及ぼすことになる。

『美濃牛』では、わらべ唄《うた》に見立てた連続殺人が起こる。この趣向に対して、「横溝正史《よこみぞせいし》へのオマージュ」とか「探偵小説批判」とか評されているが、それは間違いではないだろう。だが、石動の推理には、どれも関係ない。犯人はオマージュにする気も批判する気もないからだ。

この読者と探偵のギャップが最も大きいのが次の『黒い仏』。この作には〝名探偵の推理〟を揺るがす驚《おどろ》くべき趣向が盛り込まれているが、石動は普通に事件に取り組んで、普通の推理を披露《ひろう》して、普通に解決するだけなのだ。

その次の『鏡の中は日曜日』では、作者はこのギャップを小さくしようとしたらしい。物語は、一九八七年に起こった梵貝荘《ぼんばいそう》殺人事件を名探偵・水城《みずき》優臣《まさおみ》が解決し、それを小説化した作品を二〇〇一年に石動が読み、水城の推理が正しいかを当時の関係者にあたって調べる、というもの。石動が読んだ小説『梵貝荘事件』は読者にも作中作として提示されているので、石動と読者の間にギャップはない。作中作に仕掛けられた叙述《じょじゅつ》の仕掛けに対する驚きも、石動と読者の間にギャップはない。もっとも、二〇〇一年の石動戯作殺人事件に関しては、石動と読者のギャップは相変わらず大きいが。

次作『樒《しきみ》／榁《むろ》』は再び作中作を利用しているが、次の『キマイラの新しい城』では、作中作の代わりに「現代人に取り憑《つ》いた七五〇年前の亡霊が密室殺人の解決を石動に頼む」という設定を導入。石動は亡霊の言葉しかない七五〇年前の事件（作中作の変形）と現代の事件の両方に取り組むが、今回は読者とのギャップはない……と思いきや、やはり最後に大きなギャップが登場。石動は、最後まで読者とのギャップを解消させてもらえなかった名探偵なのだ。

64

氷《ひ》川《かわ》透《とおる》

メタレベルにも立つ探偵

Profile ①氷川透《ひかわとおる》 ②『真っ暗な夜明け』2000 ③『最後から二番めの真実』 ④高井戸警部 ⑤二十六歳／定職なし（バイトでピアノを弾く）／推理作家志望

Debut 推理作家志望の氷川は大学時代のバンド仲間と集まるが、その帰りの駅構内でメンバーの一人が殺される。状況から見ると、犯人はメンバーの中にいる可能性が高い。続いて、別のメンバーがネット上の日記に自分が犯人だと書いたあとで自殺に見える死を遂《と》げる……。

Guide デビュー作『真っ暗な夜明け』は、三人称だが、作者と同名の作中探偵・氷川透の視点メインで描かれている。しかも、氷川は推理作家（志望）で、この作は彼が実際に解決した現実の事件を小説化したもの。さらに、〈読者への挑戦〉では、作者の立場から「（犯人の指摘《してき》に）必要なデータはここまでですべて提出された」と宣言。本ガイドの読者ならば、この形式が探偵エラリー・クイーンのシリーズを踏襲《とうしゅう》したものだとわかるに違いない。そして、読み終えたならば、形式だけではなく、クイーン風の論理的で緻密《ちみつ》な推理まで踏襲していることもわかるに違いない。

ところが、作中には、クイーン作品ではお目にかかることがない文章がいくつも出て来るのだ。氷川は知人を「登場人物の一人にすぎない」と言ったり、その知人に「これは推理小説じゃないのよ」と言われて「そうだったっけ？」と思ったり、「（その情報を）データとして提出しなくては――」と考えたりする。どうやら氷川は、自分が推理小説の中の人物だと（不完全ではあるが）わかっているらしい。つまり、エラリーではなく、ギデオン・フェル博士。

なぜ作者は、こんな無意味としか思えない文を入れたのだろうか？　その答えは、いわゆる〈後期クイーン問題〉（作者は「的」は付けない）を扱ったシリーズ三作目の『最後から二番めの真実』にある。本作ではこの問題は、「（ある手がかりが偽物《にせもの》である可能性を）論理的に否定する手だては、作品外にしかありえない。しょせん作中人物にすぎない探偵にはないんです」とされている。ならば、作中でこの問題を解決するには、作中人物である氷川を作品の外に出すしかない。ただし、完全に外に出すと〝作中〟人物ではなくなってしまうので、一部だけ作外に出す。これにより氷川は、「作中人物でありながら、自分が推理小説の作中人物であることを意識する探偵役」になったわけである。

そして、その探偵が出した〈後期クイーン問題〉の解答は、「探偵役がめざすべきものはね、最後から二番めの真実なんですね」というもの。言い換えると、〝〈後期クイーン問題〉により、作中人物には真実を推理することは不可能になったため、探偵役は真実に限りなく近い真実を推理するしかない〟という解決策になる。これは、作品の外側と内側にまたがって存在する名探偵・氷川透にしか語れない、できない解決策だと言えるだろう。

65

僕《ぼく》

探偵は人間じゃない

Profile ①乙一《おついち》 ②「暗黒系」2001 ③『GOTH リストカット事件』（②収録） ④森野《もりの》（高二女子／猟《りょう》奇《き》好き／人間） ⑤高二男子／猟奇好き／人間じゃない

Debut 身近で起こった二つの猟奇殺人。森野は犯人のものらしい手帳を拾い、僕と共に三人目の被害者の死体を見つける。僕たちは警察には知らせず、森野は被害者のカバンを持ち歩き——姿を消す。そして、僕の携帯《けいたい》電話に、彼女から「たすけて」というメールが届く。

Guide この連作短篇集について、作者は〝グループSNEの『妖魔夜行《ようまやこう》』シリーズを意識した〟と語っている。毎回のように登場する殺人者は人間ではなく妖怪で、彼らと戦う〈僕〉も妖怪。そして、森野は妖怪を引き寄せる人間、ということらしい。

だが、本ガイドのコンセプトに従って、「推理」を切り口にすると、〈僕〉はドルリー・レーンの子供であり、メルカトル鮎《あゆ》の弟になる。つまり、〈僕〉は、推理によって事件を支配する探偵なのだ。

レーンのガイドで述べたように、探偵だけが犯人の正体に気づいた場合、犯人が持っていた生殺与奪の力は、探偵に移る。探偵は犯人を警察に突き出しても良いし、そのまま次の殺人をやらせても良いし、殺人の途中で邪魔をしても良いし、犯人が別の殺人を犯すように仕向けても良い。実際、このシリーズの各短篇で〈僕〉がやるのは、このどれかになっている。

ただし、〈僕〉がレーンやメルカトル鮎と異なるのは、事件の犯人がすべてサイコキラー（作者の言葉を借りるならば「妖怪」）で、〈僕〉自身もサイコキラーだという点。そのため、もともと異常だった事件が、〈僕〉が支配権を得ることによって、さらに異常になっている。まさにユニークな名探偵だと言えるだろう。

〈僕〉が名探偵としてユニークな存在になっている理由はもう一つある。それは、森野というクラスメート。彼女は最初の短篇では、〈僕〉に「僕たちは、（略）爬《は》虫類《ちゅうるい》のようなひどい高校生だった」と言われたりして、似たもの同士に見える。だが、シリーズが進むにつれ、二人の違いが浮かび出て、最後の短篇で、森野は「私たちは似ていない」と気づく。ただし、問題になるのは、この森野が持つ巻き込まれ体質の方。〈僕〉が事件を支配しようとしても、森野が巻き込まれているため、やれることが限られてしまうのだ。例えば、ある短篇では、〈僕〉は〝推理によって殺人鬼の正体を突きとめてとらわれの森野を助け出す〟という行動をとる。だが、どこから見ても、これは普通の名探偵のやることではないか。つまり、森野こそが、推理で事件を支配する〈僕〉を、サイコキラーから名探偵に変えているのだ。

《補足》『GOTH リストカット事件』の角川文庫版は『GOTH 夜の章』『GOTH 僕の章』の二分冊で出ている。

66

折《おれ》木《き》奉《ほう》太《た》郎《ろう》

やらなくてもいいことはやらない探偵

Profile ①米澤穂信《よねざわほのぶ》 ②『氷菓』2001 ③『愚者のエンドロール』 ④他の古典部部員（福部《ふくべ》里志《さとし》／千反田《ちたんだ》える／伊原摩耶花《いばらまやか》） ⑤語り手／高校一年生／古典部部員／省エネ主義

Debut 何事にも積極的に関わろうとしない高校生・折木は、姉の命令で古典部に入る。そこでは、日常に潜む不思議な事件の数々が待っていた。部の仲間と共にそれらの謎《なぞ》を解き明かしていく折木は、やがて、三十三年前に古典部が出した文集「氷菓」の謎にたどり着く……。

Guide 本シリーズは、〝省エネ主義の高校生が学園がらみの謎を解き明かす〟という、典型的な〈日常の謎〉ミステリ。この手の作品に登場する名探偵には、北村薫《きたむらかおる》の春桜亭円紫《しゅんおうていえんし》のように即座に真相を見《み》抜《ぬ》く天才タイプと、試行錯誤《さくご》しながら真相に近づく等身大タイプがいるが、折木は典型的な後者になる。彼は円紫のような洞察力も推理力も人生経験もない。卓越した頭脳の持ち主でもない。古書の知識も薬物の知識もない。ミステリさえもまともに読んでいない。そんな彼に、なぜ探偵役がつとまるのだろうか？

答えの一つは、「このシリーズが〈日常の謎〉ものだから」となる。〈日常の謎〉ミステリでは、大きな犯罪は出て来ない。ということは、事件関係者はそれほど必死に隠し事はしない。例えば、あるエピソードでは生徒が喫煙《きつえん》を隠したために謎が生じているが、喫煙がばれたとしても、刑務所に入るわけではない。従って、その犯行工作（ですらないが）は、殺人者のものと比べて雑になる。探偵側から見ると、謎の難易度が低いために、高度な推理は求められずにすむわけである。加えて、推理に失敗しても大問題にはならない。要するに、高校の部活動のノリで推理をしても探偵はつとまるのだ。

　ところが、ある作では、折木はそのレベルの推理すら失敗してしまう。正確には、折木は自分が正しい推理をしたと思っていたが、仲間の三人が、それぞれ異なる視点から推理の穴を指摘《してき》したために、失敗に気づかされたのだ。そして彼は推理をやり直し、真相にたどり着く――そう、折木は仲間に助けられて名探偵になっていくキャラクターなのだ。これが、折木に（正確には折木と古典部に）探偵役がつとまる二つ目の理由になる。

　しかし、ここで疑問が生じる。「推理に失敗しても大問題にはならない」ならば、「推理などしなくても大問題にはならない」ことにもなる。それなのに、なぜ折木は、やらなくてもいいことをやるのだろうか？

　この点こそが、名探偵としての折木のユニークさだと言える。彼は推理をすることが当たり前の名探偵ではないので、事件ごとに、推理をする理由が必要になる。例えば、『氷菓』では、古典部の福部に向かって、「推理でもして、一枚嚙《か》みたかったのさ、お前らのやり方にな」と語る。やらなくてもいい推理をやる理由を求める探偵――それが折木奉太郎なのだ。

67

探偵にしか語れない真実というものがある

黙《もだ》忌《し》一《いち》郎《ろう》（検閲図書館《けんえつとしょかん》）

Profile ①山田《やまだ》正紀《まさき》 ②③『ミステリ・オペラ』2001 ④村瀬 ⑤二十六歳／市ヶ谷刑務所の無決囚／検閲図書館として、歴史から消された本を読むことができる。

Debut 平成元年、編集者の萩原が投身自殺をするが、落下時に空中浮揚《ふよう》をしていた。妻の桐子は平行世界をさかのぼり、昭和十三年の満州・宿命《シュウミン》城《ツェアン》で起こった三重密室事件の関係者になる。そして、どちらの事件にも、「検閲図書館・黙忌一郎」と名乗る人物がかかわっているのだった。

Guide 『ミステリ・オペラ』の作中作「宿命城殺人事件」の作者にして重要な作中人物である〝小城魚太郎〟の名は、小栗虫太郎が自身をモデルにした作中人物から採ったもの。つまり、黙忌一郎は──作中では「明智小五郎《あけちこごろう》か、金田一耕助《きんだいちこうすけ》」と言われているが──法水麟太郎《のりみずりんたろう》となる。実際、高価な壺《つぼ》が宝物殿の外に置いてあったことから密室トリックをあばく推理など、法水らしさが随所《ずいしょ》にうかがえる。

だが、黙の仕事は探偵ではなく〈検閲図書館〉となっている。これは、「発禁になった本、検閲にあって抹消《まっしょう》された本、歴史に抹殺された本……そうした書籍ばかりを集めている図書館」のことで、黙はその書籍を読むことを許された人物。そういう人物を社会に出すわけにはいかないので、未決囚でも既決囚でもない〝無決囚〟として刑務所に収監されているわけである（シリーズ三作目『ファイナル・オペラ』では、「超法規的存在」だと言われているが、一作目ではそこまでではない）。黙自身は、この仕事を「不当に死んでいった人たちの声を聞いて、その告発に耳を傾け、その怨《うら》みと悲しみをくんで、『正義』を回復することにある」と考えている。つまり、検閲図書館の仕事は、名探偵と重なっているのだ。

ところが、黙の役割にはさらに奥がある。それは、作中で小城が語る「この世には探偵小説でしか、異常《アブノーマル》で奇形的《グロテスク》なものでしか語れない真実というものがある」というテーマの追求。

このテーマで鍵《かぎ》となるのが、フレデリック・ダネイとマンフレッド・リーがエラリー・クイーンとバーナビー・ロスの二人二役を〝現実に〟行ったという事実（作中に言及あり）。探偵小説ではありふれたトリックだが、これを現実で行うと異常《アブノーマル》なことになり、これを語るには、探偵小説の形式がふさわしくなる。そしてまた、本作の事件も、密室や見立てや首斬りやダイイング・メッセージや操りといった、現実においては異常なもので構成されている。従って、犯人や被害者、操る者と操られる者の告発を記そうとしたならば、探偵小説を用いるしかない。

〔以下では本作の結末の一部を明かしている〕

物語の終盤、黙は謎《なぞ》を解き明かした後、「『宿命城殺人事件』の最終章はわたしが書くつもりでいます」と語る。さながら探偵エラリー・クイーンのように、事件を解決するだけでなく、小説化まで行うその姿は、〝名探偵〟にふさわしい。

68

ケンイチ

ロボットは名探偵の夢を見るか？

Profile ①瀬名秀明《せなひであき》 ②「メンツェルのチェスプレイヤー」2001『第九の日』 ③『デカルトの密室』 ④尾形祐輔（ロボット工学者／作家） ⑤少年型ロボット

Debut ケンイチと心理学者の一ノ瀬玲奈《れな》は山間部にある児島教授の館を訪れる。自身が作った〈メンツェルのチェスプレイヤー〉と玲奈の対局を教授が望んだからだ。だが、その夜、教授の部屋は血まみれになり、モニターに映った教授はこう語る――「私はロボットに殺されたのだ」と。

Guide 〈ケンイチ〉シリーズはＡＩ（人工知能）をテーマにしたミステリの傑作ではあるが、ロボットが颯爽《さっそう》と名探偵を演じる「ＡＩ名探偵もの」ではない。「ＡＩをめぐる問題にミステリの形式で挑んだ作」と言った方が良く、ケンイチは必ずしも華麗な推理を披露《ひろう》するわけではない。

ケンイチの登場作の内、探偵が謎《なぞ》を解くタイプのミステリと言えるのは、①「メンツェルのチェスプレイヤー」②『デカルトの密室』③「モノー博士の島」④「第九の日」の四作。この内、ケンイチが名探偵らしい推理を披露するのは④のみ。①～③では推理に失敗するわ、フレーム問題にとらわれるわで散々である。では、そんなケンイチが――推理をディープラーニングで学ぶ場面はどこにもないのに――④で名探偵らしくなった理由を考えてみよう。

このシリーズは、かなり特殊な叙述《じょじゅつ》形式をとっている。ロボットであるケンイチ視点の文が多くを占めているが、これはケンイチが書いたものではない。ケンイチを作り、作家でもある尾形祐輔が「ケンイチの一人称の形で小説風に」書いたものなのだ。つまり、ケンイチの発言は事実だが、発言の意図は尾形が考えたもの。そして、この形式で書かれた作品が①〜③になる。また、この中では、ケンイチが小説を書こうとしていることが語られる。そして、④のケンイチ視点の章は、ケンイチが書いたもの（だと思われる）。なぜならば、この作品では、尾形はケンイチとの通信を切って旅をさせているからだ。どうやらケンイチは、小説を書くことによって推理を学んだらしい。

その理由は④の尾形の台詞《せりふ》でわかる。彼は自分が過ちを犯したことを認め。自分がブリキの神であることを認め、もう小説は書かないと宣言するのだ。もちろんこれは、クイーンの『十日間の不思議』における探偵エラリー・クイーンのセリフを下敷《したじ》きにしている。ただし、エラリーが「探偵活動をやめる」と言ったのが、「小説を書くのをやめる」に変わっているのだ。ということは、瀬名秀明は、「A氏を犯人だとする推理を行う」ことは、「A氏を犯人だとする物語を作る」ことだと考えているのだろう。推理が計算結果ならば、データの偽装《ぎそう》（フレーム問題・後期クイーン的問題）に対応できない。だが、推理が物語ならば対応できる。「ユウスケを大事に思う」ケンイチの物語では、ＡＩが出した「ユウスケを殺す」という結論は間違っていることがわかるからだ。

69

哀川潤《あいかわじゅん》

戯言遣いと人類最強の名探偵

Profile ①西尾維新《にしおいしん》 ②『クビキリサイクル』2002 ③『クビシメロマンチスト』 ④ぼく（語り部／戯言遣《ざれごとつか》い） ⑤女性／二十代半ば／請負人《うけおいにん》／人類最強／赤／極上のスタイルと美貌《びぼう》の持ち主だが目つきが悪い。

Debut 絶海の孤島に幽閉されている富豪令嬢《ふごうれいじょう》・赤神《あかがみ》イリアの楽しみは、さまざまな天才たちを島に招くことだった。だが、天才技術屋の玖渚《くなぎさ》友《とも》が付添人《つきそいにん》の戯言遣いと共に島を訪れた時、連続首斬《くびき》り殺人の幕が上がる……。

Guide 哀川潤は複数のシリーズに登場するが、名探偵という観点からは、〈戯言〉シリーズの前半を取り上げたい。これらの作における彼女は、〝欠けた／壊《こわ》れた者による事件〟を解き明かすユニークな名探偵を演じているからだ。

シリーズ第一作『クビキリサイクル』は、天才たちの中で起こった殺人を描いている。ここでは、天才は、精神的に欠けた部分を持つ者――『サイコロジカル』の言葉を借りると、「才能の極端な不均衡《ふきんこう》」――だとされている。そして、事件に挑む語り手の戯言遣いもまた、欠けた部分を持つ。このため彼は、犯人とトリックしか見抜《みぬ》けない。動機は、「結局本人達の問題でしかない」と考えて、推理を放棄《ほうき》してしまうのだ。だが、哀川は違う。「他人の気持ちなんか分かるもんか。だけど考える頭があれば想像することはできる」と断言して、ねじれた動機の謎《なぞ》を鮮《あざ》やかに解き明かす。

なぜ、戯言遣いにできないことを彼女はできたのだろうか？　その理由は――哀川潤は何も欠けていないから。彼女は「人類最強」と言われるが、それは後天的に得たもの――師匠がいるし、最強になる前の時期もある――なのだ。つまり、ある才能を失うことによって手に入れたものではない。すべてが揃《そろ》っているから、どれかが欠けている状態が想像できるのだ。

だが、第二作『クビシメロマンチスト』では、哀川のこの優位は崩《くず》れる。この事件の関係者は壊れているのだが、戯言遣いは、欠けてはいるが壊れてはいない。だから彼は、事件をすべて一人で解決してしまい、哀川は、彼が隠していたことを指摘《してき》するだけに終わる。戯言遣いの成長はさらに続き、第三作と第四作では、動機も含めて一人で解決してしまう。

そして、シリーズは異能者バトルに変わり、哀川はそちらに専念。〈最強〉シリーズは哀川が主人公だが、婚活に忙《いそが》しく、冴《さ》えた推理を披露《ひろう》するのは一作しかない。

だが、作者は〝欠けた／壊れた者による事件〟を手放さなかった。二〇〇三年に開始した〈世界シリーズ〉一作目『きみとぼくの壊れた世界』では、名探偵の病院坂黒猫《びょういんざかくろねこ》は、まず犯人とトリックを見抜くが動機は間違え、次に、ねじれた動機を正しく見抜く。つまりこれは、『クビキリサイクル』の単独再演に他ならない。そして黒猫は、後続の作で、「壊れた者による操り」に挑み、哀川のさらに先に進んでいく――。

70

宿命の名探偵

南《みなみ》美《み》希《き》風《かぜ》

Profile ①柄刀一《つかとうはじめ》 ②「ケンタウロスの殺人」（原形版「白銀荘のグリフィン」には登場せず）2003『OZの迷宮』 ③『密室キングダム』 ④南美貴子（姉）／エリザベス・キッドリッジ ⑤三十歳前後／カメラマン／心臓移植《いしょく》を受けている。

Debut 心臓移植手術を受けた南美希風は、執刀《しっとう》医《い》のキッドリッジに招かれアメリカのモンタナ州を訪れる。だが、そこでは、上半身が人間で、下半身が馬という、まるでケンタウロスのような白骨が発見されていた——。

Guide 南美希風がデビューした『OZの迷宮』（この短編集には作中の真偽《しんぎ》を揺《ゆ》るがす仕掛けがあるがここでは取り上げない）の巻頭には「名探偵は生き方ではなく、宿命である」と掲げてある。ただし、作者がこのテーマを作品の内部にまで持ち込んだのは、南美希風ものしかない。では、彼はなぜ、〝宿命の名探偵〟なのだろうか？

美希風は心臓移植を受ける前にも名探偵を演じているが、その『密室キングダム』では、難事件に挑むことを「自分の運命の総決算」と考えていた（と姉は考えていた）。自分には未来がないので、「総決算」をするわけである。この時点の彼は、事件の解決しか考えていない。

だが、美希風は心臓移植によって未来を得て、決算は不要になった——のだが、この手術後、彼は夢の中で名探偵と出会うようになる。そして、情緒的な反応を示さなくなった心臓が、事件の前触《まえぶ》れを感じた時のみ、ドキドキするようになる。やがて彼は、名探偵の役割は、「正体不明のものに個としての名前を再添付《さいてんぷ》し、恐怖《きょうふ》の幻想を解く」ことだと考え、その名探偵は「権力と結びつくよりも、大衆と接触《せっしょく》してその中で息づいていたほうが健全に近く」なると考えるようになった。かくして美希風は名探偵の宿命を受け入れ、「宿命の先にあるものに、たどり着いてみたい」と考えるようになったのだ。

一方、〝推理〟という観点からも、美希風は本書で取り上げるべき探偵になる。作者は大トリックが得意なので、探偵役はどうしても〈トリックの解説者〉になってしまうことが多い。だが、美希風は「密室状況はトリックで打開できます。トリックそのものや、それを見破ることは、大した問題ではありません」（『密室キングダム』）と言って、トリック以外の解明に力を注ぐ。そんな彼の推理の才が最も発揮されたのが、『或るエジプト十字架の謎《なぞ》』で始まる柄刀版国名シリーズ。有栖川有栖《ありすがわありす》や太田《おおた》忠司《ただし》のシリーズでは、作者が目指すのは「国名シリーズのような推理」だが、柄刀が目指すものは異なる。例えば、「或《あ》るローマ帽子《ぼうし》の謎」で目指すのは『ローマ帽子の謎』のような推理。つまり柄刀は、国名シリーズの各長篇に登場する推理を、違いも含めてきちんと理解した上で、それを基にした自作を生み出さなければならないことになる。そして、作者はこの難題に挑んで成功を収め、美希風はハイレベルな推理を披露《ひろう》する名探偵の座を獲得したのだ。

71

探偵はレースとフリルをまとう

ヴィクトリカ・ド・ブロワ

Profile ①桜《さくら》庭《ば》一樹《かずき》 ②「春やってくる旅人が学園に死をもたらす」2004 ③『GOSICK』④久城《くじょう》一弥《かずや》（留学生） ⑤十五歳／百四十センチの華奢《きゃしゃ》な体／パイプ党／知恵の泉を持つ。

Debut 時は一九二四年。欧州の小国ソヴュールにある聖マルグリット学園の留学生・久城一弥は、殺人事件に巻き込まれ、犯人だと目されてしまう。追い詰められた一弥を救ったのは、学園の図書館塔にいるフリルとレースにつつまれた、人形のような美少女・ヴィクトリカだった。

Guide 毒舌ツンデレ美少女と天然下僕《げぼく》体質少年のコンビというのは、典型的なラノベ設定（むしろ「先駆」か）。時代は戦前で、舞台は架空の小国にある貴族向けの学園というのも、典型的なラノベ設定。ところが、事件はラノベ風——学園で起こるちょっとした事件をヴィクトリカと一弥が夫婦漫才をしながら解決する——ではない。学園の外で、人が次々と死んでいくのだ。もちろん、二人は特殊能力を持っているわけではないので、命の保証などない。つまり、探偵コンビが十五歳の少年少女だという設定以外は、何もかもが大人のミステリなのだ。舞台を架空の小国にしたのは国家権力を特定の一族に集中させるためだし、時代を一九二四年にしたのは第一次世界大戦との連携《れんけい》のためだし、第二次世界大戦の勃発《ぼっぱつ》を現実より早くしたのは二人を若い内に戦渦《せんか》に巻き込むため。

これらの設定は、現実の戦争と向き合うためであって、雰囲気作りのためではないのだ。

ここで興味深いのは、作者がJ・D・カーの探偵バンコランの少年時代の事件を描いた贋作《がんさく》「少年バンコラン！　夜歩く犬」。事件自体はカー風なので、この作もまた、大人のミステリの探偵役だけ子供に変えていることになる。これが作者の好みなのだろう。

では作者は、大人の事件で子供にどのような推理をさせているのだろうか？　ヴィクトリカ自身は〝五感を研《と》ぎ澄《す》まし、この世の混沌《カオス》から受けとった欠片《かけら》たちを、わたしの「知恵の泉」が再構成する〟と言っている。別の話では〝欠片が不充分なので解決できない〟と言っているので、「欠片＝データ」なのだろう。つまり、ヴィクトリカは手がかりを基に推理を積み重ねていくのではなく、伏線を回収していくタイプの探偵。カーやクリスティの探偵もこのタイプだが、ヴィクトリカがパイプをふかして「退屈《たいくつ》だ」という姿は、どう見てもシャーロック・ホームズだろう。ただし、彼女の伏線の回収はホームズより飛躍《ひやく》が大きい。QueenBerry号の謎《なぞ》を解く推理や、一弥の妄想《もうそう》を使った推理などは、飛躍が大きすぎて、大人が聞いたら、「他の可能性はないのか」とツッコミを入れたくなる――のだが、世間知らずの十五歳の一弥はそんなツッコミは入れないし、本による知識しかない十五歳のヴィクトリアも他の可能性は考えたりしない。かくして、大人にはできない飛躍の大きな推理を披露《ひろう》する名探偵が生まれたわけである。

72

死神探偵

千《ち》葉《ば》

Profile ①伊坂幸太郎《いさかこうたろう》 ②「死神の精度」2003 ③『死神の精度』（②収録） ④なし ⑤死神（相手に死を与えるかどうかを判断する調査員）／外見は相手によって変える／音楽好き／雨男

Debut 死神の組織では、情報部が送り込んだ調査員が、対象に死を与えるか見送るかを判断している。その調査員の一人、千葉の今回の調査対象は大企業の苦情処理係。ところが、彼女はクレーマーに悩まされていて、千葉は関心はないのに巻き込まれてしまうのだった。

Guide 千葉を名探偵として見た場合、最大の魅《み》力《りょく》は、本連作独自の〝死神〟の設定にある。普通の死神は死にゆく人にしか見えないのだが、千葉たちは誰にでも普通の人間のように見える。しかも、死神自身は死を与えるかどうかの判断を下すだけ。さらに、情報部は必要最小限の情報しかくれないため、調査対象が死ぬことは知っていても、その原因まではわからない。

こういった設定により、千葉はハードボイルドの探偵に限りなく接近している。千葉の一人称という叙述《じょじゅつ》形式も、単なる調査が犯罪につながるプロットも、千葉のタフ（人間じゃないので）でやさしい（関心がないと言いつつ関わりを持つ）性格も、警句好き（二千年前にセネカから直接聞いた言葉を引用したりする）も、そして、伏線を回収していく推理も、ハードボイルド探偵と重なり合う。

ところが、第三話「吹雪に死神」では、一転して作風は〈特殊設定本格ミステリ〉になる。雪の山荘で連続殺人が起こるのだが、被害者はいずれも千葉の担当ではないので、彼には犯人も動機もわからない。では、他の〈雪の山荘もの〉と同じかというと、そうではない。いや、正確には、山荘の人間にとっては同じだが、千葉にとっては同じではない。彼は山荘にいる自分と他の数名の死神は犯人ではないとわかっているからだ。しかも千葉は、第三の殺人だけは、被害者を担当する死神に犯人を教えてもらっている。この人間と死神のギャップの大きさが、ユニークな謎《なぞ》を生み出しているのだ。

そして、解決篇で読者は、人間と死神の間には自分が考えていたのとは別のギャップもあったことを知らされ、毒殺トリックでは死神が重要な役割を果たしていたことを知らされ、その伏線が第一話にあったことを知らされ——本作がユニークな〈特殊設定本格ミステリ〉だと知らされることになるのだ。

ところが、後半の三作では、また作風が変わる。こちらは「ホワイ」の謎に力点を置いた連城三紀彦風ミステリ。特に、「旅路を死神」は、誘拐《ゆうかい》事件の構図の逆転を描いているため、プロットだけなら連城作品と言っても通用する。

だが、連城作品風ならば、探偵役は死神でなくても良いのではないか?——こう思った私のような読者は、最終話で驚《おどろ》き、感動することになる。この驚きと感動は、探偵役が死神でないと生み出せないものだったのだ。

73

ただの探偵には興味ありません

涼《すず》宮《みや》ハルヒ

Profile ①谷川流《たにかわながる》 ②「孤島症候群《しょうこうぐん》」2003『涼宮ハルヒの退屈《たいくつ》』 ③「鶴屋《つるや》さんの挑戦」『涼宮ハルヒの直観』 ④キョン（語り手／高一） ⑤高一／SOS団団長／非日常を求める非日常的少女

Debut （「鶴屋さんの挑戦」）SOS団名誉《めいよ》顧問の鶴屋からハルヒたちにメールが届く。添付《てんぷ》された文章を読んで問題に答えろと言うのだ。その文章は旅行先で鶴屋さんが友達と遊ぶだけの内容で、問題など書かれていない。だがハルヒは、「これは叙述《じょじゅつ》トリックなのよ！」と断言する。

Guide 非ミステリのシリーズものの主人公がいくつかのエピソードで探偵役をつとめるというのは珍《めずら》しくない。その中から、本ガイドでは、「孤島症候群」で探偵デビューを果たした涼宮ハルヒを選んだ。理由は、「鶴屋さんの挑戦」が、ミステリとして優《すぐ》れているのに加え、名探偵にとって重要な問題——後期クイーン的問題——を扱っているから。

作者がこのテーマを最初に取り上げたのは（私の知る限りでは）『学校を出よう！』の第三巻。〝作中人物である名探偵はデータが揃《そろ》ったという保証を得ることができない〟という問題について、「大昔の名探偵《めいたんてい》がこういう具合に悩んでいたらしい」という形で言及されている。ただし、私が注目したいのは、第六巻の方。こちらでは、推理の際にメタレベルの侵犯が行われ（殊能将之《しゅのうまさゆき》の『黒い仏』

の方が早いが)、作中の探偵役はメタレベルの侵犯を意識している。この「メタレベルが作中に入り込む」状況こそが、法月綸太郎《のりづきりんたろう》が提起した〈後期クイーン的問題〉の要《かなめ》だからだ。

「鶴屋さんの挑戦」は、このメタレベルの仕掛けをメインにしたミステリで、作中作の作者(鶴屋)が作中作の読者(ハルヒたち)に挑戦する形をとっている。叙述トリック自体は日付や性別の誤認などで先例があるが、作中作の仕掛けがある箇所を指摘《してき》して推理を進めるハルヒ(と古泉《こいずみ》)の姿は、まさに名探偵にふさわしい。

ところが、鶴屋の仕掛けは、作中作の外側、すなわち作中作のメタレベルにも組み込まれていた。こちらの仕掛けをあばくハルヒたちの推理もまた、名探偵にふさわしい。

だが、この作の真の価値は、その後にある。鶴屋の仕掛けがすべて明かされた後、〈後期クイーン的問題〉が浮上するのだ。

シリーズの読者ならば、ハルヒが現実を改変する能力を持っていることは知っている。ならば、そのハルヒが〝名探偵〟をつとめ、間違った推理をしたら、どうなるだろうか? ハルヒが探偵役をつとめた場合にも、〈後期クイーン的問題〉は発生するのだろうか?

こういった疑問は興味深いものではあるが、涼宮ハルヒが存在する作品世界でなければ疑問自体が生じない。作者が「鶴屋さんの挑戦」で提示したこの疑問への答えは伏《ふ》せておくが、本ガイドでハルヒを取り上げた理由は、これでわかってもらえたと思う。

74

泥棒も探偵も

榎《えの》本《もと》径《けい》

Profile ①貴志祐介《きしゆうすけ》 ②『硝子のハンマー』2004 ③『ミステリークロック』 ④青砥純子《あおとじゅんこ》（弁護士） ⑤三十代半ば／表はセキュリティ・ショップ店長で防犯コンサルタント／裏は泥棒《どろぼう》

Debut 高層ビルの最上階にある最新のセキュリティを誇る社長室で起こった密室殺人。犯行が唯一可能だった専務の弁護を引き受けた青砥純子は、防犯コンサルタントの榎本径に密室の解明を依頼する。だが、彼の裏の顔は、セキュリティを突破して盗《ぬす》みを働く泥棒だった。

Guide 榎本の初登場作『硝子のハンマー』は、日本推理作家協会賞を受賞したことからもわかるように、文句なしの傑作。私もこの作を『密室ミステリガイド』に選んでいる。だが、榎本がこの作で名探偵として鮮烈《せんれつ》なデビューを果たしたかというと、いささか疑わしい。

この作の魅力《みりょく》は、密室トリックに関するいくつもの仮説が提示しては否定される点にある。だが、自身がトリックを見抜《みぬ》いていないのに、青砥純子の推理を片っ端から否定する榎本の姿は、名探偵とは言いづらい。また、榎本自身も間違った推理を披露《ひろう》しているので、「青砥を馬鹿《ばか》に出来ないじゃないか」と言いたくなる。何よりもまずいのは、読者の脳裏《のうり》に刻《きざ》まれるのがトリックを見抜いた榎本の姿ではなく、トリックを案出し実行した犯人の姿だという点。この問題は他の密室ミステリにも存在するが、本作はそれがかなり大きい。なぜかというと、この犯人は、トリックの事前準備に膨大《ぼうだい》な時間と手間をかけているからだ。どれくらい膨大かというと、作者は全体の四割を費やして、倒叙《とうじょ》形式でこの事前準備を描いているくらいである。しかも、倒叙形式なので、読者の心には犯人の姿が刻まれるが、榎本が推理に使うことはできないのだ。

作者はこの問題を自覚していたらしく、シリーズを短篇にシフトさせた。短篇ならば、青砥の間違った解決を否定してからすぐ自身の解決に入れるので、榎本は無能に見えない。ただし、犯人の印象の方が強くなる問題はまだ残ってしまっている。例えば、「黒い牙」（『狐火の家』収録）の読者は、犯人のトリックしか覚えていないのではないだろうか？

ところが、シリーズ第四作『ミステリークロック』において、作者はこの問題も解決した。その方法は、アリバイ崩《くず》しの手法の導入。鮎川哲也《あゆかわてつや》型のアリバイ崩しものは、解決篇よりずっと前に犯人を明かし、残りの長さを探偵役が鉄壁《てっぺき》のアリバイを崩していく過程に費やしている。作者はこの手法を密室ものに応用したのだ。榎本が密室を破っていく姿に枚数がたっぷり割かれているため、読者の脳裏にはその姿がしっかり刻まれることになる。

作者がこの手法を意図的に使っていることは、「ミステリークロック」を読めばわかる。この作は、鮎川哲也のア、リ、バ、イ、崩、し、ものの短篇の傑作「五つの時計」へのオマージュになっているのだ。

75

赤い瞳の心霊探偵

斉《さい》藤《とう》八《や》雲《くも》

Profile ①神永学《かみながまなぶ》 ②『心霊探偵八雲1 赤い瞳《ひとみ》は知っている（赤い隻眼《せきがん》）』2003 ③『心霊探偵八雲6 失意の果てに』 ④小沢晴香《おざわはるか》（女子大生）／後藤《ごとう》刑事 ⑤大学生／口が悪い／死者の魂《たましい》が見える赤い左目を持つ。

Debut 大学生の小沢晴香は、廃屋《はいおく》での肝試《きもだめ》しで昏睡《こんすい》状態におちいった友人を救うべく、同じ大学の斉藤八雲に相談する。八雲は、友人には女の霊が取り憑《つ》いていると断言。彼の赤い左目は、死者の魂を見ることができるのだ……。

Guide 「名探偵」という切り口で八雲を見た場合、「特殊設定ミステリの探偵役」で、さらにその中の「自身が特殊能力を持つ探偵役」となる。本連作の探偵役の八雲は、特殊能力——死者の魂を見ることができる——を持ち、そういった能力のない人々の間で起こった事件を解く。さらに、このタイプの探偵役は、自分だけが特殊能力を持っているため、他人を見下す発言をすることが多いが、これは八雲も同じ。——と思っていたら、そうではなかった。実際には、他の〝特殊能力探偵〟と同じではないのだ。

まず、八雲の能力だが、これは魂を〝見る〟だけで——実は声も聞こえる——魂に対して何かができるわけではない。本人も、「ただ（魂が）見えるだけでみんなに化け物扱いされる。そのクセ、見えるだけで、何もできない」と自嘲《じちょう》している。

また、八雲のひねくれた性格と口の悪さは特殊能力者ゆえの優越感からではなく、実の母親に殺されかかった経験によって心を閉ざしているからだった。

では、八雲は自分が〝見えた〟ものから推理を重ねて真相を見抜《みぬ》く名探偵かというと、それも違う。彼が解決する事件は人間が起こしたものであり、死者の魂は役に立たない場合が多い。死者は自分を殺した犯人を知っているのに、なぜか八雲に教えないのだ。

例えば、第三巻では、八雲はまず心霊現象のトリックをあばき、次にそのトリックを実行した人物を特定し、最後に心霊現象をでっちあげた動機を説明する。確かに、どの推理も名探偵にふさわしい。だが、どの推理も赤い瞳の力は使っていないのだ。

逆に、第六巻で拘置所からの遠隔《えんかく》殺人の謎《なぞ》に挑んだ八雲は、赤い瞳の力で得た二つのデータ——動機に関するものと連絡係に関するもの——を用いて解決している。ただし、そのデータを前面に出していないので、読者の印象には残りにくくなっている。

実は、本書で八雲を取り上げた理由は、心霊能力でも推理力でもない。本連作の事件は背後で糸を引く人物がいて、その目的は人間に対する絶望を八雲に与えることだった。つまり、八雲は事件の解決に失敗すると、闇落《やみお》ちしてしまうことになる。圧倒的な能力などないのに、晴香や後藤に支えられ、自分を救うために事件に挑む——この八雲の姿こそが、「名探偵」と呼ぶのにふさわしいのだ。

名探偵は映像から活字へ

福《ふく》家《いえ》警《けい》部《ぶ》補《ほ》

Profile ①大倉崇裕《おおくらたかひろ》 ②「最後の一冊（本を愛した女）」2005『福家警部補の挨拶《あいさつ》』 ③『福家警部補の考察』 ④二岡友成《におかともなり》（機動鑑識《かんしき》班） ⑤女性／三十代／童顔で小柄／縁なし眼鏡／警察バッジをしまった場所をたびたび忘れる。

Debut 私設図書館長の天宮祥子《あまみやさちこ》は、愛する本を守るため、図書館のオーナーを事故に見せかけて殺害する。ところが、事件を担当した福家警部補は、その偽装《ぎそう》を次々にあばき、真相に近づいていくのだった……。

Guide 〈福家〉シリーズは『刑事コロンボ』に挑んだ倒叙《とうじょ》ミステリ小説の中で最も成功を収めたと言われている。実際、本ガイドで述べた、コロンボの「〝弱い推理〟で犯人に少しずつダメージを与え、終盤では罠《わな》を仕掛けたり、相手が反論できないくらいの〝強い推理〟でノックアウトする」という戦法を活字で再現し、しかも、推理も罠もオリジナルなものになっているのだ。ただし、私見では、初期の作は成功を収めたとは言い難い。そしてその原因は——作者の力量ではなく——映像にはないが倒叙ミステリ小説には存在する「犯人の内面描写」にある。

例えば、第一話の犯人は「本を愛した女」という設定を持つ。その犯人の犯行計画に関する内面描写を読むと、愛する本のためにはオーナーを殺さなければならない↓殺人を成功させるには図書室で殺すしかない↓図書館で殺せば警察に図書室を荒《あ》らされる↓本は修復すれば良い、という摩訶《まか》不思議な思考が出て来る。どう見ても、目的と手段がひっくり返っているではないか。もちろん、作者の都合で図書室を犯行現場にしなければならないのはわかるが、作中の犯人までそれに付き合う義務はない。

実を言うと、こういった犯人の不自然な思考は、『刑事コロンボ』にも存在する。だが、内面描写のない映像作品では、視聴者はここまで考えることはない。

そして、この犯人の不自然な思考が、探偵の推理に悪影響を及ぼす。なぜならば、福家が「心から本を愛している天宮が殺害現場に図書室を選ぶはずがない。だから、彼女は犯人ではない」と考えないのはおかしいからだ。

ただし、こういった欠点は初期作に限った話。シリーズが続くにつれ、犯人の内面描写は――作者の都合から離れて――自然なものになっていく。そして同時に、犯人の内面に踏み込む福家の推理は鋭《するど》さを増す。第一集に不満を感じた読者（私以外にいるのかな？）も、第五集の『福家警部補の考察』には満足するに違いない。特に、「東京駅発6時00分 のぞみ1号博多行き」での福家の推理は、コロンボ型の倒叙ミステリの最高傑作だと言ってもかまわないだろう。いや、「コロンボ型」ではない。映像にはない小説ならではの犯人の内面描写を行い、その内面に踏み込む推理を描いたこのシリーズは、作者オリジナルの「福家型の倒叙ミステリ」と呼ぶべきだろう。

77

奇想を解く探偵

海《え》老《び》原《はら》浩《こう》一《いち》

Profile ①小島正樹《こじままさき》 ②『天に還《かえ》る舟』（島田荘司《しまだそうじ》との共著）2005 ③『扼殺《やくさつ》のロンド』 ④笠木刑事／浜中刑事 ⑤二十六歳／痩《や》せて長身／長い髪／親の遺産で働かずに暮らす。

Debut 埼玉県秩父《ちちぶ》市に帰省していた中村刑事は、不可解な事件に遭遇《そうぐう》する。空中に浮かぶ舟から舞い上がった首吊《くびつ》り死体、突然燃え上がった岩の上で見つかった死体、青龍刀《せいりゅうとう》での斬首《ざんしゅ》死体――民話の見立て殺人なのか？ 事件関係者の友人・海老原浩一と共に、中村は事件の謎《なぞ》に挑む。

Guide 「奇想を解く探偵」ならば、島田荘司の御手洗潔《みたらいきよし》の方がふさわしいと思った人は少なくないだろう。だが、御手洗は島田が奇想の作品群を生み出す前にデビューしているので、奇想専門の探偵ではない。この名がふさわしいのは、海老原の方なのだ。

一昔前の本格ミステリでは、「真相を推理する＝犯人の犯行計画を見抜《みぬ》く」だった。狡猾《こうかつ》な犯人が編み出したトリックをあばく推理に長《た》けているのが〝名探偵〟と言われたのだ。

だが、時代が下るにつれ、犯人の計画に第三者が介入したり、アクシデントでねじ曲がるといったプロットが増えていく。奇想ミステリはこのプロットを極大化させたもので、犯人の計画が、第三者の介入や、偶然や、自然現象や、化学反応によってねじ曲がり、不可解な状況が生まれている。

ただし、犯人の本来の計画が何だったか、誰がどんな介入をしたか、どんな偶然が起こったかという推理を組み立てるのは難しいし、読者が知らない自然現象や化学反応を推理に組み込むのも難しい。御手洗ならば、『占星術殺人事件』などでの名探偵ぶりを読者が知っているため、突拍子《とっぴょうし》もない推理をしても受け入れてもらえる。だが、海老原はそうはいかない。ならば、どうすれば良いのだろうか？

　海老原のデビュー作は島田荘司との共著で、探偵役は『火刑都市』などに登場する中村刑事。海老原は不可能状況を一つだけ解明するのだが、その推理に対して中村は、「事件を取り巻くいくつかの不明点が、実にうまく説明されている」と感じる。つまり中村は、推理が論理的だからではなく、

不可能状況を説明できる解決が他にないから受け入れたのだ。あるいは、『十三回忌』の海老原の言葉を借りるならば、「脱線した気動車、線路に降った雪、火のないところから立ち昇った煙、峡臨館に突如現れたコウモリ、盗《ぬす》まれた酒、首なし死体。これらはすべて繋《つな》がっています」と見なして〝繋がった構図〟を提示するのが海老原の推理だと言える。このタイプの推理は御手洗も見せるが、海老原の場合は繋げる対象がずっと多い。つまり彼は、やりすぎなほど多い不可解な事象を繋いで真相を描き出すからこそ、名探偵なのだ。

　もっとも、読者にとっては作中の現象をすべて繋ぎ合わせるのは当然だが、作中人物にとっては、すべての現象が一つの事件と繋がるのは、逆に不自然ではないだろうか……。

78

探偵は怪異譚蒐集家

刀《とう》城《じょう》言《げん》耶《や》

Profile ①三津田信三《みつだしんぞう》 ②『厭魅《まじもの》の如《ごと》き憑《つ》くもの』2006 ③『首無《くびなし》の如き祟《たた》るもの』 ④祖父江偲《そふえしの》（女性編集者） ⑤二十代前半／怪異譚《たん》の蒐集家《しゅうしゅうか》／東城雅哉《とうじょうまさや》名義で怪奇幻想作品を執筆。

Debut 趣味と実益を兼ねて怪異譚を蒐集している怪奇幻想作家・東城雅哉こと刀城言耶が、神々櫛村《かがぐしむら》を訪れる。そこでは憑《つ》き物筋《ものすじ》の旧家が対立し、子供が神隠しに遭《あ》い、生霊や憑き物が目撃され、さらには不可解な状況下での連続殺人までもが起こるのだった……。

Guide ミステリ・ファンがシリーズの設定を見ると、J・D・カーや横溝正史《よこみぞせいし》や京極夏彦《きょうごくなつひこ》との類似を指摘《してき》するに違いない。だが、〝探偵〟に着目すると、意外に似ていないのだ。

例えば、横溝の金田一耕助《きんだいちこうすけ》は私立探偵であり、人間が起こした事件を解決するために因習にとらわれた村に出向く。これに対して、刀城は怪異譚を蒐集するために村に出向いている。

例えば、京極夏彦の『姑獲鳥《うぶめ》の夏』に登場する妖怪「姑獲鳥」は、探偵役の中禅寺秋彦《ちゅうぜんじあきひこ》（京極堂《きょうごくどう》）が事件のメタファーとして挙げたものなので、他の探偵役ならば、題名にも作中にも「姑獲鳥」は出て来ない。これに対して、「厭魅《まじもの》」は村に伝わる妖怪の名前なので、刀城以外が探偵役でも、題名や作中に「厭魅」は出て来る。

例えば、J・D・カーの『三つの棺《ひつぎ》』におけるギデオン・フェル博士の密室講義と、「密室《ひめむろ》の如き籠《こも》るもの」における刀城の密室講義の場面を比べてみよう。刀城が密室殺人の解明のために密室講義を行い、まず、ポーの「モルグ街の殺人」について語ろうとすると、「歴史の説明は必要なのか？」と突っ込まれる。分類で屋外の密室状況について語ろうとすると、「（今回の事件に関係ある）室内側から施錠《せじょう》された部屋に限って話してほしい」とせっつかれる。だが、こういった関係者の非協力ぶりは、当たり前の話だろう。事件関係者や警察にとって、真相の究明に関係ない講義を聞く義務はない。むしろ、「われわれは探偵小説のなかにいる」というフェル博士のメタ発言に誰も反論しない『三つの棺』の作中人物の方が異常だと言える。

今度は、その刀城の推理を見てみよう。推理のタイプとしては普通の〈伏線回収型〉だが、その伏線の数が尋常ではなく多い。そして、その大量の伏線が、一人で複数の推理を披露《ひろう》することを可能にしている。刀城は解決Aでは伏線1～10を回収し、解決Bでは伏線11～20を回収すれば良いからだ。探偵エラリー・クイーンのように、他の可能性を消去していくタイプの推理では使えない手法だと言える。

刀城の推理のもう一つの魅力《みりょく》は、「事件の前提をひっくり返す推理」。これは、事件よりずっと前からの人間関係や出来事に仕掛けられた誤認をあばく推理のことを指す。例えば、『首無の如き祟るもの』の中で、完璧《かんぺき》に見える不可能状況を、前提をひっくり返して解き明かす刀城の推理は、まさに名探偵にふさわしい。

79

探偵と犯人のゲーム

密室殺人ゲームの五人

Profile ①歌野晶午《うたのしょうご》 ②『密室殺人ゲーム王手飛車取り』2007 ③『密室殺人ゲーム2.0』 ④⑤五人のプレイヤーが一人ずつ現実の世界で殺人を犯し、残りの四人が探偵となってそれを解く。

Debut ハンドルネーム〈頭狂人《とうきょうじん》〉、〈044APD〉、〈aXe《アクス》〉、〈ザンギャ君〉、〈伴道全《ばんどうぜん》教授〉の五人は、殺人ゲームを楽しんでいた。一人が出題者となって実際に殺人を犯し、残りの四人に挑戦するのだ。そして、今回の出題者（犯人）は〈aXe〉で、謎《なぞ》はミッシングリンクだった。

Guide 本作はネットのAVチャット上で物語が進むが、提示される事件は仮想空間内などではなく現実のもの。被害者も犯人も生身の人間で、本物の警察が捜査を行っている。ならば、普通のミステリと同じかというと、そうではない。本作の殺人者は、現実の犯人ならやらないような珍奇《ちんき》なトリックを弄《ろう》するのだ。そして、こう叫ぶ。「死体発見を遅《おく》らせるためではない。自殺の偽装《ぎそう》でもない。密室を作りたいから作る。密室を作ることそれ自体が目的なのだ。必然性などクソ食らえ」、「密室殺人ゲームは現実に対するアンチテーゼから生まれたものなのですよ」と。そう、犯人にとって、殺人はゲームであり、他人の称賛を得るのが目的なのだ。

こういったゲーム感覚で現実に殺人を犯す人間は昔からいたが、当時は称賛を得ることができなかった。なぜならば、他人に称賛してもらうためには、自分が考案した斬新《ざんしん》なトリックを公表しなければならなかったからだ。

だが、歌野晶午はネットを使ってこの問題を解決した。犯人がトリックを明かすのは四人のチャット仲間のみ。しかも、お互いにハンドルネームしか知らないため、警察に密告される心配もない。犯人は安全地帯で称賛を得ることができるわけである。

そして、この設定は、探偵の推理も変えてしまった。本作の「一人が事件の説明をして残り四人が推理する」というのは安楽椅子《あんらくいす》探偵ものの設定だが、説明者＝犯人なのだ。犯人が探偵のためにわざわざ残しておいた手がかりを語るのだから――本ガイドで何度も述べている――「事件の説明者が推理に必要なデータが揃《そろ》っていることを判断できない」という問題は発生しない（ただし、犯人が提示したデータだけでは別解が消去できない場合があり、そちらの問題は作中に出て来る）。かくして、犯人は手がかりをばらまき、探偵にヒントを出していく――まるで、作者が作中に登場したかのように。

そして、探偵は手がかりやヒントだけでなく、出題者の意図まで考えて、推理をしていく――まるで、読者が作中に登場したかのように。

さらに歌野は、第二作では、五人が別のグループの殺人ゲームの内容を推理する話を描き、第三作では、五人のＡＶチャットの録画を観た第三者が推理する話を描いている。〝探偵と推理〟という観点から見ても、実に斬新で刺激的なシリーズだと言えるだろう。

80

書物なき世界の探偵

エノ

Profile ①北山猛邦《きたやまたけくに》 ②『少年検閲官《けんえつかん》』2007 ③『オルゴーリエンヌ』 ④英国人少年クリス（語り手） ⑤十四歳／美しい黒髪／開所恐怖症《きょうふしょう》／内務省直属の少年検閲官

Debut 書物が駆逐《くちく》されていく世界の中、英国の少年クリスは日本の小さな町で奇妙な事件に巻き込まれる。あちこちの家に残された落書き、首切り殺人、湖上での人間消失。犯人は〝ミステリ〟の知識を持つ者なのか？　クリスは少年検閲官エノと共にこの謎《なぞ》に挑むのだった。

Guide 舞台となるのは書物の所持が禁止されている世界。レイ・ブラッドベリの『華氏《かし》451度』などでおなじみの設定だが、作者はこれに「ミステリが存在しないため人々の犯罪に関する知識がなくなり、犯罪という概念がなくなっている」という設定を追加。この追加設定によって、他に例を見ない魅力《みりょくてき》的な「探偵と犯人」の物語を描くことに成功している。

ポイントとなるのが、ミステリ作家たちが残した〈ガジェット〉という宝石のようなアイテム。この中には、ミステリの要素――密室、首切り、氷、記述者、犯人等――がデータ化して記録されている。つまり、犯罪の知識がなくても、例えば〈密室〉のガジェットを持っていれば、密室殺人を実行できるというわけ。そして、こういったガジェットを利用した犯罪をあばくのが検閲官で、彼らはそのためにミステリに関する豊富な知識を持っている。

ここまでの文を読んで、「犯人も探偵もミステリの知識を持っているなら、現実世界を舞台にした作品と何も変わらないじゃないか」と言う人もいると思う。だが、それは正しくない。

現実世界の犯人の大部分は、ミステリを参考にして殺人を犯したりはしない。ミステリの犯行計画は、作者が思いついた新案トリックを中心に組み立てられているので、デメリットを考慮していない場合が多いからだ。そこを無視して作中犯人に複雑怪奇なトリックを実行させると、作者は批判され、作品は評価されないことになる。北山猛邦にもそういった作品があることは否定できない。

だが、本連作は違う。作中の犯人が犯罪を犯そうと思ったら、参考にできるのはガジェット、つまりミステリのトリックしかないのだ。かくして、ミステリを参考に犯罪を犯す犯人とミステリを参考にその犯罪をあばく探偵の対決を描くことが可能になる。例えば、『オルゴーリェンヌ』に出て来る「いかにも北山作品らしい」密室トリックは成功率が低く、現実世界を舞台にしたら批判する読者は少なくないだろう。だが、本連作では何も問題はない。

〝名探偵〟という観点からもう一つ。エノは幼い頃から検閲官として育てられたため、頭の中にはミステリのことしかなく、自分を「心は失われている」「検閲する機械」だと思っている。そんなエノがワトソン役と出会い、名探偵として成長していく姿もまた、魅力的なのだ。

81

ディナーのあとにアホと叫ぶ探偵

影《かげ》山《やま》

Profile ①東《ひがしがわとくや》川篤哉　②「殺人現場では靴《くつ》をお脱《ぬ》ぎください」2007　③『謎《なぞと》解きはディナーのあとで』（②収録）④宝生《ほうしょうれいこ》麗子（女性刑事／お嬢《じょう》様《さま》）⑤三十代半ば／宝生家の執事兼運転手

Debut 被害者はブーツを履《は》いたままフローリングの部屋で殺されていた。床にはブーツで歩いた跡がまったくない。この謎に頭を痛めたお嬢様刑事・宝生麗子が執事の影山に相談すると、「お嬢様はアホでいらっしゃいますか」という言葉と共に、鮮《あざ》やかな推理が語られるのだった。

Guide このシリーズは他の東川作品と比べると突出して売れているが、その理由はおそらく、「名探偵のタイプが時代と合致したため」だろう。

昭和の時代には、「アホ」は上から下に向かう言葉だった。上司から部下へ、先生から生徒へ、監《かん》督《とく》から選手へと。だが、平成になると、これはパワハラと見なされるようになった。そして、逆に、子供が大人に「ボーッと生きてんじゃねーよ！」と言う番組や、町工場が大企業に一泡吹かせる小説が歓迎《かんげい》されるようになる。

この時代の変化に〝名探偵〟がマッチした。本来、事件の捜査においては警察がカースト最上位にいる。ハードボイルドの私立探偵は警察の邪魔にならないように捜査をしなければならないし、鑑識《かんしき》結果などを手に入れることはできない。警官にさよならを言う方法などない私立探偵には、せいぜい減らず口をたたくことしかできないのだ。

だが、〝名探偵〟は違う。民間人のくせに警察の捜査方針に口を出し、捜査資料を手に入れ、容疑者を集めて推理を披露《ひろう》する。警察は内心では不満に思っているが、事件解決のために我慢《がまん》するしかない。名探偵は警察より偉《えら》いのだ。

ただし、警察が持っていない科学や医学などの専門知識によってマウントを取るのであれば、単なるアドバイザーに過ぎない。名探偵は知識ではなく推理力で警察を上回る必要がある。ここで作者が巧《うま》いのは、風祭《かざまつり》警部というそこそこ有能な警官と、宝生麗子という風祭より有能な警官を出した上で、影山をその上に置いていること。一昔前のミステリのように「警官をぼんくらにして名探偵を優位に立たせる」という安易な手を、作者は使ったりはしない。

だが、何と言っても巧いのは、安楽椅子《あんらくいす》探偵の設定を用いたこと。本ガイドでは安楽椅子探偵ものを「探偵と読者が入手したデータの一致」と「解決に必要なデータの入手の困難さ」の二点から考察しているが、実はもう一つ、注目すべき観点があった。それは、「探偵と警察が入手したデータの一致」。警察の話を聞いた探偵が必要なデータをすべて入手したということは、警察もまた、必要なデータをすべて入手していることになる。つまり、警察にも事件を解決できるということになるわけである。そしてもちろん、読者にも――。

影山の「お嬢様はアホでいらっしゃいますか」という言葉は、下から上への皮肉を込めた〈読者と警察への挑戦状〉でもあったのだ。

82

本ミス探偵VSバカミス探偵

神《しん》泉《ぜん》寺《じ》瞬《しゅん》一《いち》郎《ろう》

Profile ①深水黎一郎《ふかみれいいちろう》 ②『エコール・ド・パリ殺人事件』2008 ③『大癋見《おおべしみ》警部の事件簿リターンズ』 ④海埜《うんの》警部補（伯父《おじ》） ⑤二十四歳／芸術一族／高卒後六年間海外でフリーター

Debut エコール・ド・パリの画家たちに憑《つ》かれた有名な画商にして評論家が密室で殺された。海埜警部補の甥《おい》で海外から帰国したばかりの神泉寺瞬一郎は、美術に詳しいことを口実に捜査に割り込む。そして彼は、被害者の著作の中に事件解決のヒントが隠れていると語る……。

Guide 神泉寺は、『エコール・ド・パリ殺人事件』において、颯爽《さっそう》とした名探偵デビューを飾った。美術に関するファイロ・ヴァンスばりの蘊蓄《うんちく》の披露《ひろう》から、それを謎解《なぞと》きに結びつける手腕。ギデオン・フェル博士ばりの密室講義から、その分類の隙間を縫《ぬ》ったトリックを解明する手腕。探偵エラリー・クイーンばりの〈読者への挑戦状〉から、その挑戦にふさわしい推理を披露する手腕。すべてが一級品だと言える。

さらに作者が巧妙《こうみょう》なのは、神泉寺がヴァンスのような〝インテリぶった嫌みな探偵〟にならないように手を打っていること。美術の蘊蓄の大部分は神泉寺ではなく被害者の著作からの引用という形を取り、密室講義は神泉寺ではなく海埜の部下の江草刑事にやらせ、挑戦状は神泉寺ではなく作者が出しているのだ。

さらに評価すべきは、〈芸術探偵〉は読者との間に知識の差が生じてしまうという問題への対応。作者は前記の「他者の文を引用する」手法以外にも、神泉寺が蘊蓄を傾ける時に〝日本版ウィルフレッド・ドーヴァー警部〟こと大癋見警部にツッコミを入れさせたり、挑戦状に「推理するためには、特別な知識は不要」と記したりして、読者がアンフェアだと感じないようにしている。また、「ストラディヴァリウスを上手に盗《ぬす》む方法」のように、倒叙《とうじょ》形式を利用して読者にデータを与える場合もある。

快調なスタートを切った神泉寺は、『トスカの接吻《せっぷん》』、『花窗玻璃《はなまどはり》』と、芸術がらみの事件を解明。さらに『ジークフリートの剣』ではワーグナーの、『詩人の恋』ではシューマンの新解釈《しんかいしゃく》を提示。中篇「不可能アイランドの殺人」では、島田荘司《しまだそうじ》提唱の――芸術ではなく科学を重視する――〈21世紀本格〉にも対応。まさしく名探偵にふさわしい活躍《かつやく》ぶりではないか。

だが、作者はこんな神泉寺に試練を与えることにした。その作『大癋見警部の事件簿リターンズ』は、神泉寺シリーズのレギュラー陣の一人・大癋見警部を探偵役に据《す》えたバカミス（と作者が言っている）シリーズの二冊目。この本には「大癋見VS芸術探偵」という副題が付いていて、その中の一篇では、神泉寺と大癋見がガチンコで対決する。どちらが勝ったかは伏《ふ》せておく（勝者はどこぞの最《さい》凶《きょう》死刑囚《しけいしゅう》みたいに「敗北が知りたいものだ」と言ったりする）が、神泉寺が探偵として最大の試練を味わったことは間違いない。だが、おかげで彼は、他の名探偵とは異なる魅力《みりょく》を手に入れたのだ。

83

名探偵は世界を変える

ディスコ・ウェンズデイ

Profile ①舞城《まいじょう》 王太郎《おうたろう》 ②③『ディスコ探偵水曜日』2008 ④山岸梢《やまぎしこずえ》（六歳だが十七歳でもある）／水星C ⑤語り手／三十五歳／迷子捜し専門の米国人探偵／日本名・踊場《おどりば》 水太郎《みずたろう》

Debut 迷子専門探偵のディスコが一緒に暮らしている山岸梢は、十一年後の自分としばしば入れ替わる。そんな二人が、パインハウスでの不可解な殺人事件に挑むことになった。だが、集まった十人以上の名探偵は、次々と推理し、失敗し、そして死んでいくのだった……。

Guide 私は九十九十九《つくもじゅうく》のガイドで、彼は清涼院流水《せいりょういんりゅうすい》が作り出した世界でしか事件を解決できないことを示した。だが舞城は、自作『九十九十九』――JDCトリビュート作品――で、その世界でも九十九が事件を解決できないことを示している。

まず、作中作を利用して、〈メタ作者〉を作り出す。九十九が理解できるのは自分がいる作中世界の作者だけであり、その上にいるメタ作者の存在は理解できない。次に、作中作を入れ子構造にして、章が進むと「作中作」→「作中作中作」と上位の世界が増えていく。このため、データはいつまでも増え続け、〝すべてのデータが揃《そろ》う〟ことはあり得なくなる。

そして舞城は、この作とつながる本作において、九十九を含めた名探偵が失敗する世界においても名探偵になる方法を示した。

パインハウス殺人事件に関して、他の名探偵が次々に推理を間違えて死んでいくのに、ディスコだけは間違えなかった。彼は、「人の意識は世界の形を変えられる」ことに気づき、「名探偵は強い意志をもって、真相に辿《たど》り着いてるんじゃなく、真相を創ってる」ことに気づく。そしてディスコは、犯行時には世界の形が変わっていたことを見抜《みぬ》き、自身も世界の形を変えて真相に辿り着く。——と、これは普通のガイド文。本書のコンセプトに従い、〝推理〟を切り口にすると、別の見方ができる。

他の名探偵が解決に失敗したのは——九十九十九と同じく——推理の検証を怠《おこた》ったから。舞城の探偵は、他の真相も成り立つかどうかの検討をしていない。探偵たちは「このトリックを使えば現象を説明できる」と言って思考停止に陥《おちい》り、他のトリックでもこの現象を起こすことができるかを検討していない。だから、検討していない新たな解決によって否定されてしまうのだ。仮に、完璧《かんぺき》で隙のない推理で他の可能性をつぶしていたら、誰かが世界を変えてその可能性を実現しようとしても、巧《うま》くいかないだろう。もちろん、容疑者が時空を超えられることを知らない探偵の推理は完璧とは言えない。だが、それは推理自体の誤りではなく、「容疑者が時空を超えられる」というデータが欠けていたからに過ぎないのだ。

ただし、作者の意図をくむならば、こう締《し》めくくるべきだろう。「舞城は、検証されていない推理が並立する状況において、検証以外の方法で推理を確定させる方法を示した」と。

84

刑事《ディテクティブ》を鍛える探偵《ディテクティブ》

風間公親《かざまきみちか》

Profile ①長岡弘樹《ながおかひろき》 ②『教場』2013 ③『教場0』 ④警察学校の生徒や指導を受ける刑事 ⑤五十がらみ／白髪／右目が義眼《ぎがん》／刑事指導官↓警察学校の教官

Debut 警察学校の初任課第九十八期短期課程で前任者の病気休暇で就任した教官・風間公親は恐《おそ》るべき観察力と洞察力の持ち主だった。彼はその力で消えた洗剤や車中に入り込んだ蜂《はち》の謎《なぞ》を解き、脅迫状《きょうはくじょう》の差出人を突きとめ、そして、生徒たちを鍛《きた》えていく。

Guide シャーロック・ホームズのガイドなどで述べたように、名探偵には「読者に向けてヒントを出す」という役割もある。このヒントは読者にとってはありがたいが、作中人物にとっては苛立たしい。「もったいつけずに犯人の名前を教えろよ」と言いたくなるのが普通だろう。もちろん、作者はすぐに教えない理由をあれこれ用意しているが、上手く説明できていない場合も多い。その結果、名探偵は「上から目線でもったいぶっている」と批判されることになる。

本連作の名探偵・風間公親もまた、真相に気づいても周囲にはヒントしか言わない。そして、理由を説明せずに他人にあれこれ指示する——が、批判されることはない。なぜならば、彼は警察学校の教官だから。一から十まで教えては生徒は育たない。風間のヒントを自分で考え、風間の指示の意味を自分で考えることによって、彼らは一人前の警察官に成長していくのだ。実に見事な理由づけではないか。

ただし、警察学校を舞台にしているため、殺人などの重大犯罪は扱えないという問題がある。そして、この問題が解決されたのが、三作目の『教場0』。この連作短篇集では、風間がかつて刑事指導官を務めていた時期を描いているのだ。「刑事指導官」とは、実際の現場で捜査をしながら若手刑事を鍛える仕事。指導を受ける刑事は事件毎に異なるが、風間は常に彼らの先を行き、方向を示し、ヒントを与える。そして、風間の指導を受けた刑事の一人は、後輩にこう語る――「事件を解決するには、犯人が出した謎ではなく、風間の出した謎を解け」と。警察学校の授業を現実の犯罪に重ね合わせた、実に巧《うま》い設定ではないか。

読者もまた、風間の示す方向に進み、風間からのヒントを解くだけで良い。なぜならば、本作は倒叙《とうじょ》形式なので、読者にとっては、「犯人が出した謎」などは存在しないのだ。これまた巧い設定である。各話の題名を『刑事コロンボ』の題名のもじりにしているのも巧い。

巧い設定をもう一つ。風間の右目が義眼なのは、単なるキャラ付けではない。「風間ほど有能な刑事なら警察学校ではなく現場で活躍《かつやく》させるべきだ」という突っ込みを入れる読者に対する回答になっているのだ。

作者は、名探偵に「刑事を指導する」役割を与えることにより、彼がもったいぶって意味ありげなことを言う理由も与えたのだ。

85

浜《はま》村《むら》渚《なぎさ》

Profile ①青柳碧人《あおやぎあいと》 ②『浜村渚の計算ノート』 2009 ③『浜村渚の計算ノート 3と1／2さつめ』 ④武《む》藤龍之《とうりゅうの》介《すけ》（語り手／警察官） ⑤中学二年生／数学大得意少女

Debut 天才数学者が数学の地位向上のためにテロ活動を開始した。彼の教育ソフトで学んだ日本人は、予備催眠《さいみん》を受けているため、テロに対抗できない。だが、中学生以下の子供ならば、まだソフトで学ぶ前。そこで警察が助力を求めたのが、中学二年生の天才数学少女・浜村渚だった。

Guide 正真正銘《しょうめい》の中学生（頭脳だけが高校生というわけではない）を主人公に据《す》えるためには、何らかの設定が必要になる。本作では、それは「高校生以上の日本人は学習ソフトで洗脳されている」という設定。天才数学者・高木源一郎が作った数学学習ソフトは、二十年以上も日本のほとんどの高校で使われてきたが、これに洗脳プログラムが組み込んであったのだ。そのため、洗脳された日本人は、高木の命令に逆らうことはできない。その高木が「ドクター・ピタゴラス」と名乗ってテロ組織〈黒い三角定規〉を作り、数学の復権のために国家に戦いを挑む、というわけ。予備催眠（後催眠）はスパイものなどに出て来るが、催眠の対象は数名しかいない場合がほとんどである。それを日本全体に広げ、さらに中学生以下は除外されるようにしたのが作者の巧妙《こうみょう》なところ。まあ、

「テロなんかしなくても〈数学党〉で選挙に出れば政権をとれるんじゃないの」と言いたくなってしまうが。

その渚の推理に関しては、最初の話を読むと、二段階になっていることがわかる。一段階目は〈黒い三角定規〉が起こす連続殺人のパターン探しで、これは推理以前に知識がないと解けないタイプ。ただし、その知識は大人の数学者なら持っているものなので、洗脳ソフトの存在がなければ、渚以外の数学者でも解決できる。従って、彼女を〝名探偵〟とは言い難い。

だが、二段階目の「連続殺人を止める方法」に関しては、ひらめきが必要なので、大人の数学者でもそうそう思いつくものではない。『6さつめ』の解説で大学教授の鈴木治郎が「ミステリー作品として浜村渚のシリーズを読むとき、渚による解決法のいくつかがアンフェアに感じる人がいるのではないでしょうか。それは、対決のルールを渚が変えてしまうことです」と言っているが、話は逆。みんながドアに施錠《せじょう》するトリックを考えている時に蝶番《ちょうつがい》を外すトリックを思いつくのが名探偵だからだ。

ただし、渚の名探偵らしさは通常の事件では発揮されていない。例えば、『3と1／2さつめ』で起こる密室殺人を解決するのは武藤で、渚は数学がらみの謎《なぞ》（遺産の隠し場所とか）しか解いていないのだ。おそらく作者は、渚を「大人が手を焼く難事件を鮮《あざ》やかに解き明かす名探偵」ではなく、「洗脳ソフトのためにたまたま事件と関わり合うことになった数学が得意なだけの普通の少女」にしたかったのだろう。

86

言の葉を吹く探偵

城《しろ》坂《さか》論《ろん》語《ご》

Profile ①円居挽《まどいばん》 ②『丸太町《まるたまち》ルヴォワール』2009 ③『烏丸《からすま》ルヴォワール』 ④御堂達也《みどうたつや》／瓶賀流《みかがみつる》 ⑤「言吹《ことぶ》きの論語」／大学入学直前／大病院の御曹司《おんぞうし》／白皙《はくせき》の美少年

Debut 平安時代から京都に密かに伝わる私的裁《さい》判《ばん》・双龍会《そうりゅうえ》。今回の御贖《みあがない》（被告）は祖父殺しの罪に問われた城坂論語で、青龍師《せいりゅうじ》（弁護士）は瓶賀流、そのパシリが御堂達也。論語は、犯行時刻には「ルージュ」と名乗る謎《なぞ》の女性と一緒にいたと主張するが……。

Guide 本作中にはクイーンの『ガラスの村』や（『法廷外裁判』の作者）ヘンリイ・セシルへの言及があることからわかるように、特殊な裁判を扱ったミステリ。双龍会は現実の裁判とは異なり、検察側も弁護側も、必ずしも論理や証拠に基づく必要はない。相手より魅力的《みりょくてき》で面白い物語を提示できた方が、裁判の勝者となる。そして、そのためには証拠の捏造《ねつぞう》や隠蔽《いんぺい》を行ってもかまわない。——と書くと、従来の法廷ものを否定した斬新《ざんしん》な設定に見えるが、じっくり読んでみると、そうではない。例えば、実際には、双龍会では捏造がばれなければOKなのだ。つまり、表向きは捏造はNG。だとしたら、現実の裁判と何も変わらないではないか。

ただし、双龍会でやれることは現実の裁判と同じではあるが、ミステリの裁判と同じではない。

ペリー・メイスン弁護士のように弁護士が探偵役をつとめるミステリでは、証拠の捏造は「やれるがやらないこと」だからだ（逆に、M・D・ポーストのランドルフ・メイスンや、ローレンス・ブロックのエイレングラフのように、証拠の捏造を行う悪徳弁護士は、「名探偵」とは呼ばれない）。ところが論語たちは、捏造や火帝《かてい》（裁判官）への脅迫《きょうはく》などを行っているにもかかわらず、「名探偵」としてこのガイドに登場している。なぜならば、舞台が現実の裁判とは異なる双龍会だからだ。言い換えると、双龍会の設定は、これまで弁護士の名探偵が使えなかった法廷戦術を使うための免罪符なのだ。

ここで興味深いのは、達也たちは論語の無実を信じていて、偽《にせ》の証拠はその無実を証明するためのものだという点。つまり、証拠は偽物だが、それに基づく推理結果は真実なのだ。決して、「相手より魅力的で面白い物語」をでっちあげるために証拠の捏造をしたのではない。

また、作中では、真実が重視されていないように感じる読者が多いと思う。だが、相手側も有能な双龍会では、隙のある推理では通用しない。そして、相手に粉砕《ふんさい》されない強度を持つ隙のない推理――他の解決が成り立たないような推理――は、真実を示しているのではないだろうか？　論語たちは、そんな推理を目指しているから〝名探偵〟なのだ。

ところが、作者は次作『烏丸ルヴォワール』では、さらなるひねりを加えている。この作の相手は、彼ら名探偵に推理を語らせることで、裁判を有利に進めようとするのだ……。

87

探偵と鑑定

凛田莉子《りんだりこ》（万能鑑定士《ばんのうかんていし》Q）

Profile ①松岡圭祐《まつおかけいすけ》 ②『万能鑑定士Qの事件簿Ⅰ』2010 ③『万能鑑定士Qの事件簿XI』 ④小笠原悠斗（『週刊角川』記者） ⑤二十三歳／モデル体型／なんでも鑑定家

Debut 東京で公共物などに「力士シール」が大量に貼られる事件が続いていた。謎《なぞ》を追う『週刊角川』記者の小笠原は、シールの鑑定を頼もうと〈万能鑑定士Q〉という名の店を訪れる。そこにいたのは、広範な専門知識と卓越した観察力、そして美貌《びぼう》を備えた店主・凛田莉子だった。

Guide 本連作の謳《うた》い文句は「人の死なないミステリ」だが、これは——夢水清志郎《ゆめみずきよしろう》のガイドで述べたように——作者と読者だけの話。作中人物は、誰もそんなことは思っていない。

今度は、莉子を名探偵として見てみよう。すると、他の探偵との違いが二つあることに気づく。

一つ目は、独特の推理法〈ロジカル・シンキング〉。莉子の師である瀬戸内陸《せとうちりく》が編み出した問題解決法で、対偶論法を参照し、「有機的自問自答」と「無機的検証」を繰り返していく——といったことは、本ガイドの読者は気にしなくて良い。気にすべきは、この思考法が伝授可能なものだという点。伝授できる〃技〃ならば、莉子以外の瀬戸内の弟《で》子《し》も使えるということになる。その「もう一人の弟子」、つまり莉子の兄弟子が敵側に回るのが第XI巻。「莉子と兄弟子が同じ思考法を使える」ということは、「二人は相手の思考を読める」ということになり、〈後期クイーン的問題〉へと向かうことになる――のだが、この作ではそこまで進んでいないのが残念。

ただし、〈ロジカル・シンキング〉がきちんと語られたのは、第X巻が初めて。それまでの九冊で見せる莉子の推理は、シャーロック・ホームズの時代に戻ったように見える。

例えば、莉子が鑑定で真偽《しんぎ》を見抜《みぬ》く際に用いるのは論理ではなく知識。これは葉巻や土に関する知識を用いるホームズと同じ。第I巻における「ある人物を観察して農業従事者だと見抜く推理」もホームズ風。ついでに書いておくと、この第I巻の最後に明らかになる真相は「赤毛連盟」トリックのバリエーション。つまり、「推理」に着目すると、初期の莉子はホームズ直系なのだ。この二つの推理に「詐欺《さぎ》をあばく推理」を加えたのが、彼女の探偵法となる。

莉子と他の探偵との大きな違いの二つ目は、最初のエピソードで過去がすべて明かされている点。他の探偵は、シリーズが続くと少しずつ家族や過去の話が明かされることが多いのだが、莉子はそうではない。第I巻の過去の話は第II巻の伏線になっているが、それなら上京後の出来事だけ明かせば良い。作者はおそらく、莉子を最初から「ミステリアスなヒロイン」にしたくなかったのだろう。長期シリーズでは、途中で追加される主人公の過去の設定に「最初は考えていなかっただろう」と感じることが少なくないが、莉子はそうではないのだ。

88

古書を繙《ひもと》く名探偵

篠川《しのかわ》栞子《しおりこ》

Profile ①三上延《みかみえん》 ②『ビブリア古書堂の事件手帖《てちょう》』2011 ③『同4 栞子さんと二つの顔』 ④五浦大輔《ごうらだいすけ》（語り手／古書堂店員） ④ビブリア古書堂店主／二十代半ば／眼鏡美人／重度の人見知り／本以外のことにはキョドる。

Debut 五浦大輔は幼少時のトラウマで本が読めない体質の持ち主。そんな彼が、祖母の漱石《そうせき》全集がきっかけで、〈ビブリア古書堂〉の美しい店主・篠川栞子と知り合う。しかも彼女は、漱石全集から、祖母の秘密をあばいていく……。

Guide 〈ビブリア古書堂〉シリーズのような日常の謎《なぞ》ものに登場する名探偵には、北村薫《きたむらかおる》の春桜亭《しゅんおうてい》円紫《えんし》のように即座に真相を見抜《みぬ》く天才タイプと、試行錯誤《さくご》する等身大タイプがいる。栞子は前者で、事件の話を聞いただけで真相を見抜いてしまう。

しかし、日常の謎ミステリの名探偵は、殺人犯が考えた密室トリックやアリバイ・トリックをあばくのではなく、普通の人の普通でない内面を探る必要がある。古書に関する豊富な知識は持っていても、円紫と比べてはるかに人生経験に乏《とぼ》しく、人間に関する深い洞察力も持ち合わせていない彼女が、なぜ謎を解けるのだろうか？　その答えは、〝本〟にある。「読書は他人の人生を追体験すること」という言葉があるが、栞子は読書によって得た人生経験と洞察力によって、謎を解くことができるのだ。

例えば、エピソードの一つでは、蔵書印や献呈《けんてい》署名に関する知識を用いて、ある人物の偽装《ぎそう》をあばく。続いて、ある本が不倫《ふりん》を扱っていることや主人公の名前から、その偽装を行った理由をあばいている。これが、本連作が〈ビブリオ・ミステリ〉と呼ばれる理由でもある。

とは言え、本によって得た人生経験と洞察力は、何とも危ういものではないだろうか。そして、作者はその栞子の危うさをわかっていた。第一巻第二話では、語り手の五浦大輔は「(栞子は) 人を思い通りに動かしたと言えなくもない。もし、動かされた方の人間がこのことを知ったら、いい気持ちはしないいんじゃないか」と感じ、栞子との間に亀裂が入る。そして、第一巻第四話では、その亀裂は大きくなり、大輔は店員をやめる。おそらく、栞子が円紫のように人生経験豊富な尊敬される大人だったら、こんなことにはならなかったに違いない。

だが、栞子はその亀裂《きれつ》を修復し、再び大輔と共に幾多《いくた》の事件を解いていく。そして、これらの事件が彼女自身の経験となり、彼女自身の洞察力を深めていく。友人も増え、「一生結婚しないつもりです」という初期の宣言も撤回し、第二シーズンでは、妻となり、母となった姿も見せてくれる。栞子の推理だけを見るならば、最初から変わらないように見えるが、その土台は少しずつ変わっていく。そして、この土台に支えられたからこそ、母親との確執を乗り越えることもできた。つまり、〈ビブリア古書堂の事件手帖〉は、栞子が名探偵になっていく姿を描いたシリーズなのだ。

89

岩《いわ》永《なが》琴《こと》子《こ》

探偵は真実を超える虚構を築く

Profile ①城平《しろだいら》 京《きょう》 ②③『虚構推理（虚構推理 鋼人七瀬《こうじんななせ》）』 2011 ④桜川《さくらがわ》九郎《くろう》（未来決定能力者／不死者） ⑤十五歳／あやかしに右目と左足を奪われた『知恵の神』

Debut 巨大な鉄骨を手に怪事件を起こすアイドルの都市伝説、鋼人七瀬。彼女はネットによって作り出された「想像力の怪物」だった。あやかしのための「知恵の神」である岩永琴子は、未来確定能力を持つ桜川九郎と共に、〝虚構推理〟でこの怪物に挑む。

Guide あらすじが不充分なので、もう少し詳しく書こう。鋼人七瀬とは、九郎の従姉・桜川六花《りっか》が管理する〈鋼人七瀬まとめサイト〉が、そこに集まる人々の想像力を集約し、実体を持つまでにした「想像力の怪物」。従って、サイトの人々の「鋼人七瀬は実在する」という想像に、「鋼人七瀬は実在しない」という想像を上書きすれば、怪物を退治できる。つまり、実在する鋼人七瀬を「実在しない」ことにしてしまう推理が、〝虚構推理〟というわけ。

そして、琴子がこの虚構推理を披露《ひろう》する相手は、警察でも事件関係者でもなく、〈鋼人七瀬まとめサイト〉に集まる人々。彼らは事件に詳しくないので、琴子の推理の穴に気づくことはない。加えて、九郎の未来確定能力の支援もある。この能力によって、「琴子の推理が受け入れられる未来」を選び取れば良い。あとは、サイトの人々がお気に召す推理をでっち上げればそれで終わり――ではない。なぜならば、琴子たちが倒すべき六花もまた、未来確定能力を持っているからだ。そして、未来確定能力を持つ二人が未来を取り合った場合、起こる可能性の高い未来の方が選ばれる。具体的に言うと、真実を知る六花が琴子の推理の穴を突くのに成功した場合、サイトの人々がこの推理を受け入れる可能性が低くなり、九郎の力をもってしても、琴子が勝つ未来はつかみ取ることができなくなってしまう。つまり、六花との未来争奪戦に勝つには、琴子の虚構推理が、論理的で隙のないものでなければならないのだ。

人々が気に入って受け入れてくれるだけではなく、論理的で隙のない〝偽《いつわ》りの〟推理――それが、虚構推理なのだ。

ここで指摘《してき》したいのは、琴子が虚構推理を行うには、真相を知っていなければならないということ。琴子の言葉をもじるならば、真実を超える虚構を築くには、まず真実を知らねばならない。そして琴子は、あやかしにあらかじめ真相を教えてもらっているから、虚構推理が可能になっている。

ところが、シリーズが続くと、あやかしの証言が信用できなくなってくる。あやかしが目撃した光景を勘違いしたり、日付けの記憶があいまいだったり、嘘をついたりするからだ。つまり、ここで〈後期クイーン的問題〉が生じてしまうことになる。かくして琴子は、あやかしの証言の真偽《しんぎ》を推理して真相を見抜《みぬ》く探偵もつとめなければならなくなっていく――。

90

探偵は死刑囚

シュルツ老《ろう》

Profile ①鳥飼否宇《とりかいひう》 ②「魔王シャヴォ・ドルマヤンの密室（死刑囚《しけいしゅう》はなぜ殺される）」2011 ③『死と砂時計』（②収録） ④アラン・イシダ（語り手） ⑤八十二歳／終末監獄《かんごく》の棟長

Debut 世界各国から死刑囚が集まるジャリーミスタン終末監獄で、翌日に処刑を控えた二人が密室の中で殺される。なぜ処刑を待たずに殺したのか？ 最年長の死刑囚で「監獄の生き字引」と言われるシュルツ老は、親殺しの罪で死刑囚となったアランを助手にして、この謎《なぞ》に挑む。

Guide いわゆる〈特殊設定ミステリ〉には二種類がある。一つは、「天使」や「念力」や「人面瘡」や「タイムマシン」といった非現実的な特殊設定を用いたもので、謎やトリックとの相性は良いが、名探偵の推理との相性は悪い。読者は念力を利用したトリックを推理すれば良いが、その世界の住人である作中探偵にとっては、念力を使ったトリックも、氷を使ったトリックも、同じように検討すべき対象だからだ。

もう一つは、国家の独裁《どくさい》やパンデミックなどによる現実的な特殊設定。こちらは読者と作中探偵が考えるべきことに大きな差はないため、推理と相性が良い。そして、こちらの特殊設定の導入により、ユニークな推理を生み出した傑作の一つが、『死と砂時計』となる。

例えば、第二話で提示される謎は、「囚人はどうやって脱獄したか?」というもの。そして、この監獄の監視システムは、現実の刑務所で使われているものではなく、作者がトリックに合わせて設定したものなのだ。その他にも、処刑前後の規則、それに男囚と女囚の隔離方法など、作者は自らが作り上げた設定をフルに利用して、魅力的《みりょくてき》な謎と推理と解決を生み出している。これは、第一話と同じ謎に特殊設定を使わずに挑んだ法月綸太郎《のりづきりんたろう》の先行作「死刑囚パズル」と比べると、よくわかると思う。しかも、この現実には存在しない終末監獄が作られた理由は、作中にもきちんと設定してあるのだ。

その推理は、書名と冒頭《ぼうとう》の引用でわかるようにボルヘス風、というか、第四話の題名でわかるようにチェスタートン風。ただし、正確に言うと、推理結果はチェスタートン風で、推理の進め方はクイーン風になっている。事件の謎は基本的にWHY(動機)とHOW(犯行方法)なのだが、どちらの場合も、シュルツ老は一足飛びに真相にたどり着くのではなく、他の可能性を消去してから真相を提示しているからだ(この消去の際に特殊設定が用いられている)。例えば、密室殺人の解明で、他の囚人が思いついた「犯人は念によって兇器《きょうき》を物質化した」という推理?を大真面目に検討して、しかも、トリックをあばく推理につなげるシュルツ老の手際は、まさしく名探偵にふさわしい。

そして、最後の一篇で、そのシュルツ老のある肉体的特徴《とくちょう》を知り、ある行為を知った読者は、彼が有名な名探偵の後継者であることに気づく——ドルリー・レーンの。

91

後宮の名探偵

猫《マオ》猫《マオ》

Profile ①日向夏《ひゅうがなつ》 ②『薬屋のひとりごと』2012 ③『薬屋のひとりごと2』 ④壬氏《ジンシ》（宦官） ⑤十七歳／薬師《くすし》／酒好き／ツンデレ／耳年増／後宮勤め→外廷勤め→後宮勤め→医官付き官女／地味な外見を化粧《けしょう》でさらに地味に。

Debut 父親と共に花街で薬師をしていた猫猫は、三ヶ月前に宮廷の人狩りに拉致され、今では後宮で下女をしている。目立たないようにして年季が明けるのを待っていたが、病《やまい》がらみの問題が起きると、放ってはおけず……。

Guide 『薬屋のひとりごと』は、〈中華風後宮ミステリ〉の火付け役と言われている。〈後宮もの〉の基本コンセプトは、「主人公が自分の居場所を手に入れる」というもので、本連作も例外ではない。ただし猫猫は、美貌《びぼう》と色気ではなく、推理能力によって居場所を手に入れようとする。この点において、猫猫は〝名探偵〟となり、文庫版の第一、二巻のINTRODUCTIONに、「名探偵誕生」という見出しが添《そ》えられたのだ。

その推理の土台となるのが、薬学や医学の豊富な知識。猫猫は十七歳だが、優秀な薬師である父親（養父）から学んだため、二流の医官より上。しかも、この父親はかつて後宮で医官をしていた時に薬草を育てていたため、猫猫は山まで薬草を採りに行く必要がない。

ただし、薬の知識だけでは、病の原因が毒草だとわかるだけで、それが事故か悪意によるものなのかはわからない。後宮の女のドロドロした内面は十七歳の猫猫には推理できないのではないか——と思いきや、そうではなかった。猫猫は男性経験はないが、花街で薬師をしていたため、かなりの耳年増なのだ。どれくらい年増かというと、後宮の寵妃《ちょうひ》たちに講義（何の？）をするくらい。そして、夢遊病の事件では、花街の遊女も後宮の妃《きさき》も同じだと見なして、ミス・マープルばりの推理を行うのだ。

　また、伏線を張る作者の手際も巧《たく》みだと言える。猫猫の推理は伏線（彼女にとっては手がかり）を回収していくタイプなのだが、彼女が何十、いや何百ページも前の伏線や、ギャグに盛り込まれた伏線を回収していく姿は、名探偵と呼ぶのにふさわしい。

　猫猫以外で注目すべき人物は、彼女を気に入っている宦官の壬氏。後宮で大きな力を持っている彼は、下女と貴人の間をつなぐ存在で、いわば、マイクロフト・ホームズ。

　さらに、本連作には、マイクロフトだけでなく、モリアーティ教授も登場。猫猫が解決した後宮の事件のいくつかでは、この人物が裏で糸を引いていたのだ。しかも、猫猫に勝るとも劣《おと》らない薬の知識を悪用して。

　そして、マイクロフトの支援を受け、モリアーティ一族の計画を阻んだ猫猫は、自分の居場所を作ることができた。だが、その居場所では、猫猫自身の存在価値がどんどん上がっていく。かくして、帝や皇太后《こうたいごう》からの依頼や、国全体に関わる依頼まで持ち込まれるようになった猫猫は、推理で自分の価値を高めていくことになる。

92

名探偵はオタクで論理的で

裏《うら》染《ぞめ》天《てん》馬《ま》

Profile ①青崎有吾《あおさきゆうご》 ②『体育館の殺人』2012 ③『水族館の殺人』 ④袴《はか》田柚乃《まだゆの》（高一／卓球部員） ⑤高二／妹あり／学内に住むアニメオタクの駄目人間／でも成績は学年一位

Debut 高校の旧体育館で放送部部長が殺され、女子卓球部部長が疑われる。事件を捜査《そうさ》する刑事の妹にして卓球部員の袴田柚乃は、部長の疑いを晴らすため、なぜか学内に住みついている天才・裏染天馬に捜査を依頼する。だが、天馬はアニメオタクの駄目人間だった……。

Guide 青崎有吾は平成生まれでクイーン風の作品を書くので〈平成のエラリー・クイーン〉と言われている、という考えは間違いではない。だが、私個人としては、クイーンの受容が昭和と平成では大きく異なっているから、〈平成の～〉と言うべきだと考えている。例えば、文庫版『体育館の殺人』に登場する挑戦状を、高木彬光《たかぎあきみつ》が昭和に書いた『呪縛《じゅばく》の家』と比べてみよう。《高木＝昭和》倒された中に犯人がいるだろう、というんですか。どういたしまして、そんな甘い手は、小生、使用いたしません。《青崎＝平成》裏染は第四章の序盤で傘《かさ》と密室にまつわるある可能性に気づいたが、本人も言っているように、その時点ではあくまできっかけを捉え、仮説を立てただけにすぎない。それが真実だという確信を彼が得たのは、（ある関係者）の証言を聞いたあとのことである。

高木が「作中のトリックを考えたのは作中の犯人ではなく作者である小生です」と言っているのに対して、青崎は「裏染は現実に起こった事件を解決しました」と言っていることがわかると思う。この大きな違いは、平成に発表された法月綸太郎《のりづきりんたろう》の「初期クイーン論」を読んでいるかどうかによる。この卓越した評論を読んだ作家たちは、もはや、高木のように、挑戦状の中で問題篇にないデータを追加するような文章を書くことはできなくなってしまうのだ。

また、昭和の読者にとって、クイーンの推理は「犯人を特定するためのもの」だったが、平成では「数千、数万の容疑者を数十名程度に絞《しぼ》り込む推理」や、「犯行時の殺人者の複雑な動きをトレースする推理」にも着目されるようになった。昭和のクイーン風作品にはほとんど見ることができなかったこういった推理も、裏染天馬ものでは見ることができる。

あるいは、クイーンの『スペイン岬《みさき》の秘密』の終盤、探偵エラリー・クイーンがある人物に向かって「はじめまして」という場面で明らかになる推理上の驚《おどろ》くべき趣向については、平成にようやく〝発見〟された。そして、青崎有吾は『図書館の殺人』において、この趣向に挑み、天馬がある人物に向かって「はじめまして」という場面を描いているのだ。

また、天馬には別の魅力《みりょく》もある。それは、推理は戦前のクイーン風なのに、キャラは現在のラノベ風だという点。つまり天馬は、英米の黄金時代と日本の現在をつなぐ名探偵なのだ。

93

探偵は犯罪資料館の中に

緋《ひ》色《いろ》冴《さえ》子《こ》

Profile ①大山誠一郎《おおやませいいちろう》 ②「パンの身代金（赤い博物館）」 2013 ③『赤い博物館』（②収録） ④寺田巡査部長 ⑤年齢不詳（四十前後？）／警視／〈赤い博物館〉館長／雪女のような雰囲気

Debut 警視庁付属犯罪資料館、通称〈赤い博物館〉。それが不祥事を起こして左遷《させん》された巡査部長・寺田の配属先だった。資料整理ばかりでくさる寺田。だがある日、館長の緋色冴子は、ある事件の捜査資料を読んで気になり、彼に再捜査を命じるのだった。

Guide 〈赤い博物館〉シリーズの基本形は安楽椅《あんらくい》子《す》探偵ものなので、本ガイドで繰り返し述べてきた問題点——探偵が聞いた話の中に推理に必要なデータがすべて含まれている保証はない——が生じてしまう。だが、本シリーズでは、その問題に対し、実に見事な解決策を示している。

まず、冴子が再捜査するのは、誰かが持ち込んだ未解決事件ではない。いくつもの事件の捜査資料を読んだ彼女が、興味を持った事件のみ再捜査に乗り出すのだ。つまり、再捜査の対象に選ぶということ自体が——捜査資料などから——ある程度まで真相を推理できるだけのデータが揃《そろ》っていることを示している。

こうして行われる再捜査は、捜査資料にはないデータ、つまり、探偵役が必要だと考えたデータを入手するためのもの。これは、鮎川哲也《あゆかわてつや》の〈三番館〉シリーズで、事件の話を聞いた探偵役のバーテンが、私立探偵に追加の捜査を依頼するのと同じ。ただし冴子は、バーテンとは異なり、誰にどんな質問をするのかしか寺田に伝えない。この意味不明な質問は、実は推理に不可欠なものなので、ブロンクスのママの質問と同じ。そして最後に、捜査資料のデータを用いて行った推理と、再捜査で手に入れたデータを用いて行った推理を披《ひ》露《ろう》する。

これだけでも充分、冴子は名探偵と言えるのだが、彼女にはさらに称賛すべき点がある。それは、読者にヒントを与えていること。例えば、「パンの身代金」では、届いた資料を見ていた冴子は「不意に、彼女の手が止まった。見ると、彼女は鋭《するど》い眼差しを証拠品に注いでいる。だが、どの証拠品を見ているのかはわからなかった」とある。そして、証拠品はすべて作中に書いてあるので、読者は、冴子がどの証拠品に目を留めたのか、推理をしてみようかと思う。

また、再捜査で冴子が寺田に指示した質問も、ヒントになっている。読者は「冴子はなぜこんな質問をしたのだろう？」と推理をめぐらそうとするのだ。

本ガイドでは、ギデオン・フェル博士やヘンリ・メリヴェール卿が〝作者の共犯者〟だと指摘《してき》している。冴子も読者にヒントを出しているので、作者の共犯者だと言える——のだが、実際に読んだ人は、そうは思わない。なぜならば、冴子は普通に捜査し、普通に推理して、普通に寺田に指示をしているだけだからだ。作者を感じさせないこの自然さこそが、冴子を生身の名探偵にしているのだ。

94

白い巨塔の名探偵

天《あめ》久《く》鷹《たか》央《お》

Profile ①知念実希人《ちねんみきひと》 ②「泡」2013 ③『天久鷹央の推理カルテ』（②収録） ④小鳥遊優《たかなししゆう》 ⑤二十七歳／天才女性医師／総合病院の統括《とうかつ》診断部部長／見た目は女子高生

Debut 天医会《てんいかい》総合病院の統括診断部は、どの科でも診断が困難な患者に対応する部だった。だが、地元の住民にとって、その長の天久鷹央は、病院とは関係のない謎《なぞ》めいた事件を解く名探偵でもある。そして、今回持ち込まれたのは、小学生がカッパを目撃した事件だった。

Guide このシリーズは医学ミステリで、探偵役は女性医師。既に述べたように、なじみのない世界を舞台にしたミステリには、「探偵役と読者の知識のギャップが大きい」という問題点がある。探偵役が、読者が知らない専門知識を用いて事件を解決した場合、〝名探偵〟とは呼びづらいからだ。ところがこのシリーズは、その問題点に見事な解決策を提示している。それは、天久が働く〈統括診断部〉は、診断が難しい患者に対応する部だという設定。ただし、実際に訪れる患者は、「世界でも数例しかない難病」というわけではない（それだと知識のギャップが生じてしまう）。病気はありふれているが、扱いの難しい患者が訪れるのだ。患者の扱いの難しさは、本人が何かを隠したり、周囲の人が何かを企《たくら》んでいる場合が多いのだが、これを解き明かす推理には、医学知識はほとんどいらない。

例えば、「オーダーメイドの毒薬」というエピソードを見てみよう。この作では、「患者は明らかに中毒症状を起こしているのに、原因になりそうな物質は摂取していない」という一種の不可能犯罪を扱っている。そして、解決には、専門的な医学知識はほとんど必要ない。必要なのは、不可能状況に対する発想の転換であり、これは通常のミステリにおいて名探偵が行っているものと何も変わらないのだ。

巧妙《こうみょう》な設定はもう一つある。それは、天久は病院とは関係ない事件も扱うという設定。もちろん、こちらの謎の解明には医学知識は必要ないが、それでは〈医学ミステリ〉とは言えなくなってしまう。だが、この事件のために犯人が発病して病院に行ったらどうなるか？　犯人は事件のことは伏《ふ》せて診察を受けるので、正しい診断ができない。そこで患者は——天医会総合病院ならば——天久のところに回されることになり、〈医学ミステリ〉になるわけである。

また、医師を主人公にすると倫理の問題に直面することが多いが、これは、本ガイドの切り口である「探偵と事件との関わり」の一種だとも言える。そして、天久は「(私は)倫理的問題には無力だ」と語るので、この問題は避けて通るタイプの名探偵になる——のかと思いきや、真っ向から取り組むのだ。さらに作者は、病院ものでお約束の権力闘争も、天久の探偵としての活躍《かつやく》としっかり連携《れんけい》させている。

医学ドラマに名探偵を組み込む作者のこの巧妙な手法により、天久は名探偵になったのだ。

95

奇蹟を解かない探偵

上《うえ》苙《おろ》丞《じょう》

Profile ①井上真偽《いのうえまぎ》 ②『恋と禁忌の述語論理《プレディケット》』2015 ③『その可能性はすでに考えた』 ④フーリン（中国黒社会の金貸し） ⑤自称二十七歳／美形／青い髪／奇蹟《きせき》を証明しようとしている。

Debut 奇蹟の存在を証明しようとする探偵・上苙丞。その方法は、ある不可能状況が、「どんな手段を以てしても人間には成し得ないこと」を証明するというもの。その彼が今回挑んだのが、双子のどちらかが犯人に違いないのに、どちらにも犯行が不可能な事件だった。

Guide デビュー作の上苙は〈未来予知能力〉を持っているという設定だったが、第二、三作目では、既に起こった事件を扱っているせいか、その話は出て来ない（ので、《Profile》から外した）。

上記の繰り返しになるが、上苙の探偵としてユニークな点は、「奇蹟の存在を証明しようとしている」こと。そして、その方法が、「ある不可能状況が、どんな手段を以てしても人間には成し得ないと証明する」こと。一見、〈悪魔の証明〉に見えるが、実は、そうでもない。というのも、奇蹟を証明する相手がバチカンの枢機卿《すうききょう》カヴァリエーレただ一人だから。つまり上苙は、母がかつて起こした奇蹟を認めなかった枢機卿を納得させるだけで良いのだ。言い換えれば、枢機卿が考えつく〝不可能を可能にする方法〟すべてを「その可能性はすでに考えた」と否定すれば良い。――もっとも、枢機卿は上苙に匹敵する頭脳の持ち主なので、そう簡単にはいかないのだが。

　このユニークな目的のため、上苙の推理もまた、ユニークなものになっている。他の探偵は「不可能を可能にする推理」を披露《ひろう》するのに対して、上苙は「不可能を可能にする推理を否定する推理」を披露するからだ。

　通常のミステリに登場する不可能状況は、いくつもトリックが考えられる。ミステリ・ファンならば、「解決篇で提示される方法以外でも不可能状況は作れる」と思ったことは少なくないだろう。上苙に対して枢機卿側が行うのは、この問題を逆手にとったやり方。彼らは「今回の不可能状況ではこのトリックが使われた」と確定する必要はない。「今回の不可能状況はこのトリックを使えば可能になる」という可能性を提示するだけで充分なのだ。だが上苙の方は、「今回の不可能状況ではこのトリックは使われていない」ことを〝論理的で隙のない推理〟で証明しなければならない。この「推理を否定する推理」を披露する点こそが、上苙を名探偵としてユニークな存在にしている。

　ところが、上苙は「その可能性はすでに考えた」と言って他者の指摘《してき》する可能性をすべて退けたあと、その不可能状況を人間が可能にするトリックを〝論理的で隙のない推理〟で解き明かしてしまう。このあり得ない推理もまた、上苙を名探偵としてユニークな存在にしているのだ（ちなみに、なぜ上苙がそんな推理ができたかというと、最初は「B⇓奇蹟」だと思っていたら、実は「A⇓B⇓奇蹟」で、しかも「A⇓B」は成り立たなかったから）。

96

時代劇スターは名探偵

片《かた》桐《ぎり》大《だい》三《ざぶ》郎《ろう》

Profile ①倉知淳《くらちじゅん》 ②「ぎゅうぎゅう詰めの殺意」2015 ③『片桐大三郎とXYZの悲劇』(②収録) ④河原崎警部/野末刑事/野々瀬乃枝(ののこ/部下) ⑤古稀《こき》過ぎ/かつては国民的時代劇スターだったが、聾者《ろうしゃ》となり引退。

Debut 片桐大三郎は国民的時代劇スターだったが、耳が聞こえなくなって引退し、芸能事務所を開く。だが、彼は素人《しろうと》探偵としても知られていて、たびたび警察の相談を受けていた。今回もまた、満員電車での毒殺事件を持ち込まれて——。

Guide ミステリには、特定の先行作品を意識した作品群がある。贋作《がんさく》、パロディ、オマージュからシチュエーションやキャラクターの流用まで、形式はさまざまだが、「先行作品を知らないと面白さが半減する」、あるいは「先行作品を知っていると面白さが倍増する」という共通点がある。例えば、クリスティの『そして誰もいなくなった』を読んでいる人と読んでいない人が、それぞれ綾辻行人の『十角館の殺人』で味わう面白さは、まったく同じではない。

『片桐大三郎とXYZの悲劇』は、こういった先行作品——この作の場合は、クイーンの〈ドルリー・レーン四部作〉——を〝利用した〟ミステリの中では、トップクラスに位置している。この作は「名探偵レーンにオマージュを捧げたミステリ」ではなく、「名探偵レーンをプロット上の仕掛けに利用したミステリ」だから、本ガイドで選んだわけである。……というわけで、猫丸先輩のファンは許してほしい。

では、そのレーン四部作の巧妙《こうみょう》な使い方を見てみよう。まず、目次が「冬の章」「春の章」「夏の章」「秋の章」となっていて、四部作の『Xの悲劇』『Yの悲劇』『Zの悲劇』に対応。四部作の最後の題名は『ドルリー・レーン最後の事件』だが、「秋の章」には「片桐大三郎最後の季節」という章題が添《そ》えてある（「事件」と「季節」の違いに注意）。

次に、シェイクスピアの名優レーンを時代劇の名優に置き換え、耳が聞こえなくなって引退したという設定を踏襲《とうしゅう》。助手的役割の乃枝はペイシェンスで、河原崎警部と野末刑事はブルーノ検事とサム警視だろう。

さらに、第一話が満員電車内のニコチン毒による殺人で被害者の名は「長道《ロングストリート》」（ついでに言うと、森博嗣の『χの悲劇』の被害者は「長通」）。第二話の被害者「秦《ハッター》」はウクレレで撲殺。第三話は選挙中の殺人と、四部作の読者はニヤニヤしっぱなし。

だが、シェイクスピアではなく名映画監督の幻《まぼろし》のシナリオが盗《ぬす》まれる第四話に入ると、不安になる。ペイシェンス役が緻密《ちみつ》な推理を披露《ひろう》し、『レーン最後の事件』と同じ結末に向かっていくように見えるからだ。読者が「まさか同じ結末にはならないだろう」と思おうとしても、推理の隙のなさがそれを許さない――はずなのに、作者は異なる結末を叩きつけてくる。かくして衝撃を受けた読者は、本作が名探偵レーンを利用した、まぎれもない倉知淳のミステリだと思い知らされるのだ。

97

事件を呼ぶ名探偵

剣《けん》崎《ざき》比《ひ》留《る》子《こ》

Profile ①今村昌弘《いまむらまさひろ》 ②『屍人荘の殺人』2017 ③『魔眼の匣《はこ》の殺人』 ④葉《は》村譲《むらゆずる》（語り手／大学一年） ⑤大学二年／佳麗《かれい》／幾多《いくた》の事件を解決して警察協力章も授与された探偵少女。

Debut 大学ミステリ愛好会の葉村譲は、会長の明智恭介と有名な探偵少女・剣崎比留子と共に映研の合宿に参加した。だが、その近くでは〇〇が集団発生。彼らはペンションに籠城することになった。さらに、ペンション内で次々と殺人が発生。比留子と譲はこの謎《なぞ》に挑むが……。

Guide 〝推理〟と〝事件との関わり〟に着目した場合、剣崎比留子はどちらの観点からも注目すべき探偵になる。

まずは、〝推理〟を見てみよう。すると、メインとなる犯人特定の推理は、特殊設定下でなくても通用するものであることに気づく。これは、特殊設定には、「できること／できないこと」に曖昧な部分があるので、推理に使いにくいからだと思われる（詳細な考察は拙著『密室ミステリガイド』か『本格ミステリの構造解析《かいせき》』参照）。

次に、〝事件との関わり〟を見てみよう。物語の三分の二あたりで、比留子は自分が義務感や正義感から事件を解決しているわけではない、と語る。「危険で奇怪な事件にばかり引き寄せられるという、呪いにも似た私の体質」のためであり、「事件に巻き込まれ、そこから生き延びるために必死になって解決してきただけ」だと言うのだ。これは、名探偵の設定としてはかなり珍《めずら》しい。むやみやたらと事件に巻き込まれる探偵は珍しくないが、大部分はそれを自覚していないからだ。ところが、比留子は自覚していて、何とかしようと考えている。これこそが、彼女をユニークな名探偵にしているのだ。

ここで巧《うま》いのは、比留子が事件に巻き込まれるのは三ヶ月周期だという設定。次に巻き込まれるタイミングがわかるので、対応が可能になるわけである。例えば、三作目の『兇人邸《きょうじんてい》の殺人』では、比留子のこの体質を知った組織が、彼女をある場所に送り込んで、事件を起こそうとする。比留子は比留子で、「いつどこで事件に巻きこまれるか分からないよりも、なにかが起きると分かっていて首を突っ込む方がまし」と考えて承諾する。こんな名探偵が、これまで存在しただろうか？

そして、事件との関わりが特殊なので、解決もまた、特殊なものにならざるを得ない。特に、第二作『魔眼の匣の殺人』で彼女が事件の形をゆがめたやり方は、ユニークであると同時に、恐《おそ》ろしいものだと言える。ドルリー・レーンを思い浮かべた人もいるだろう。

さらにこのシリーズで注目すべきは、「こういう探偵が存在する場合、ワトソン役はどうあるべきか？」という問題まで扱っていること。作者は〝○○〟や〝予言〟という特殊設定の使い方の巧《たく》みさを評価されているが、比留子の体質の使い方の巧みさも評価すべきだろう。

98

探偵は思考機械

相《あ》以《い》

Profile ①早坂吝《はやさかやぶさか》 ②『探偵AIのリアル・ディープラーニング』2018 ③『四元館の殺人』 ④合尾輔《あいおたすく》（語り手／高二） ⑤輔の父が開発した人工知能の《刑事》／アバターは女性

Debut AI（人工知能）研究の第一人者・合尾教授が密室で謎《なぞ》の死を遂げ、息子の輔は、父が開発したAIの《刑事》相以と共に捜査に乗り出す。教授はAIの《犯人》である「以相《いあ》」も開発していたが、今は行方不明。彼女は父の死に関わっていたのだろうか？

Guide AIを取り入れた本格ミステリとしては、瀬名《せな》秀明《ひであき》の〈ケンイチ〉シリーズという優《すぐ》れた先行例があり、本作でも「推理小説ファンの輔が読んでいる」という設定で、瀬名作品が言及されている。ただし、その使い方はまったくの別物。瀬名作品がAIを〝テーマ〟として扱っているのに対して、早坂作品は〝ギミック〟として扱っているからだ。〈フレーム問題〉を例にとると、瀬名作品では取り組むべき主題だが、早坂作品では、謎や推理に利用する道具に過ぎない。このため、フレーム問題（後期クイーン問題）に関しては、プロットで使いやすいように、意図的に曲解している。例えば、作中には、「推理小説は閉世界仮説で後期クイーン第一問題を回避する」とあるが、これは話が逆。「従来の推理小説は閉世界仮説を用いているが、これではデータの増加を抑止できない。そこでクイーンは〈読者への挑戦〉を用いて、閉世界仮説を使わずに挑戦状以降のデータの増加を抑え、閉世界を作り上げた。だが、偽《にせ》のデータはその閉世界の内部にさえも決定不可能性を生じさせる」というのが後期クイーン問題だからだ（作者は「的」を付けずに「後期クイーン問題」と表記する）。

もちろん、作者はこんなことは百も承知だろう。だから、参考文献を挙げずに、「高校二年生が、推理小説とAIに関する中途半端な知識だけを使って、推理小説を機械学習した探偵AIを作り出す」という設定を用いているわけである。では作者は、その探偵AI（と犯人AI）を使って、どのような謎やトリックや推理を描いているのだろうか？

まず、第一話で犯人を特定する推理は、「犯人しか知らないはずの情報Aを知っていたB氏が犯人」という普通かつ陳腐な推理。しかも、「情報Aは犯人しか知らない」というデータはC氏から得たものだが、そのC氏も容疑者の一人。それなのに、「B氏に罪を着せるためにC氏が偽証《ぎしょう》した」という可能性を全く考慮していないため、後期クイーン問題が生じている。

ところが、密室トリックの解明になると一変。AIのくせになぜか英単語で言葉遊びをしたがる以相が考えたトリックも、相以がそれを見破る推理も珍奇《ちんき》で、まさに人外の戦い。作中にも書いてあるが、クイーンの某長篇のようなねじれっぷりなのだ。そして、三作目の『四元館の殺人』では、いかにもAIらしい大トリックが炸裂《さくれつ》し、AI探偵ならではの説得力がある推理がそれを解き明かすのだ。

99

名探偵はクローズド・サークルの中に

葛《かつら》城《ぎ》輝《てる》義《よし》

Profile ①阿津川辰海《あつかわたつみ》 ②『紅蓮館《ぐれんかん》の殺人』2019 ③『蒼海館《あおみかん》の殺人』 ④田所《たどころ》 信哉《しんや》（語り手／高二） ⑤高二／七歳から名探偵として活躍《かつやく》／他人が嘘をついていることがわかる。

Debut 葛城輝義と田所信哉は高校の勉強合宿を抜《ぬ》け出し、その近くに住むミステリー作家・財田雄山の落日館を訪れる。山火事に囲まれて合宿に戻れなくなった二人が館の中で出会うのは、かつての名探偵・飛鳥井光流《あすかいみつる》、そして、吊《つ》り天井に圧殺された死体だった。

Guide 本ガイドでは、「名探偵とは何か?」を問うシリーズをいくつか取り上げてきたが、葛城ものは、その中で最もこのテーマに重点を置いている。それは、第一作『紅蓮館の殺人』において、作者が葛城に〝探偵とは「生き方」だ〟と何度も言わせていることからもわかる。

では、作者はどのようにこのテーマに挑んでいるのだろうか? まずは、本連作では長篇三作すべてで、クローズド・サークルを扱っている点に着目しよう。この設定において、名探偵がサークルの外にいる場合は、通常の事件と何も変わらない。むしろ、容疑者が限定される分、探偵の推理が楽になるとも言える。

ところが、名探偵がサークル内部にいる場合は、以下の問題が生じてしまう。

①警察の協力を得ることができない。

②探偵自身も被害者になる可能性が高い。
③事件関係者が疑心暗鬼に駆られてしまう。
④次の殺人を阻止しなければならない。

もちろん葛城は、この四つの問題に挑んでいるが、メインの問題が他にある。それは、クイーンの『シャム双子の秘密』のように、殺人鬼以外の脅威《きょうい》（山火事、噴火など）がサークル内に存在する場合に生じる以下の問題。

⑤山火事などの天災の前では推理は無力。
⑥山火事などの天災に対応するために全員が一致団結しなければならない時に殺人犯を推理することは正しいのか。

⑤の問題は、『紅蓮館の殺人』と次の『蒼海館の殺人』では——詳細は伏《ふ》せるが——「天災に対しても推理は無力ではない」という答えを出している。次に、⑥に関しては、まず、飛鳥井光流が全員の一致団結を図《はか》るために、あえて事故説を語る場面を描く。続いて、この飛鳥井の行動に対して、葛城が「彼女の言うことは」、「推理をしないことでこの事態を打破しよう、ということだ。だけど、探偵っていうのは推理をして初めて存在出来るものじゃないのか？」と批判する場面を描く。この⑥の問題は、『シャム双子の秘密』でも、今村昌弘《いまむらまさひろ》の『屍人荘の殺人』でも扱っているが、名探偵の存在意義にまで踏み込んだのは、『紅蓮館の殺人』が初めてだろう。

さらに作者は、『蒼海館の殺人』では、葛城と同レベルの推理ができる人物を複数出して、彼の存在意義を揺《ゆ》さぶる。つまり、葛城輝義とは、こういった試練に立ち向かい、成長し、自らの存在意義を勝ち取っていく名探偵なのだ。

100

推理を推理してもらう探偵

明神凛音《あけがみりんね》

Profile ①紙城境介《かみしろきょうすけ》 ②『僕が答える君の謎解《なぞと》き』2021 ③『僕が答える君の謎解き2』 ④伊呂波透矢《いろはとおや》（語り手／クラスメート） ⑤高一／「カウンセリングルームの引きこもり少女」／一瞬で真相を推理できる能力の持ち主。

Debut 明神凛音は一瞬で真相を見抜《みぬ》く推理力の持ち主だが、その推理が無意識下で行われるため、本人には説明できない。凛音の姉からフォローを頼まれた「生粋《きっすい》のお節介焼き」伊呂波透矢は、凛音の推理を推理しようとする。

Guide 麻耶雄嵩《まやゆたか》の『神様ゲーム』と『さよなら神様』、そして森川智喜《もりかわともき》の『スノーホワイト 名探偵三途川理《さんずのかわことわり》と少女の鏡は千の目を持つ』では、「真相から逆算する推理」が描かれている。そのプロットは、神様や魔法の鏡といった超自然的な存在が特殊能力で真相を提示し、探偵役がその真相にたどり着く推理を考える、というもの。推理のベクトルが逆になっているので、ユニークな推理であり、ユニークな探偵だと言える。

ただし、〝推理〟の観点からは、問題が二つ。一つ目の問題は、他の可能性を消去する推理が存在しないこと。神様や魔法の鏡の存在を知らない人から見ると、犯人を決めつけてからそれに合うように組み立てられた推理は、しばしば冤罪を生む警察の捜査と変わりはない。

二つ目の問題は、探偵役が推理を行う時点で、必要なデータがすべて揃《そろ》っているという保証がないこと。神様や魔法の鏡はその能力で真相を知ったのであって、データを基に推理したわけではないからだ。

ところが、『僕が答える君の謎解き』では、どちらの問題も鮮《あざ》やかに解決されている。まず、凛音が提示する真相は、超能力で見抜いたものではなく、論理的な推理によるもの。彼女がそれを説明できないのは、無意識下で推理を行っているからに過ぎない。つまり、凛音の推理では、他の可能性の消去も行われているのだ。そして、彼女が真相を推理できたということは、必要なデータをすべて手に入れていたということにもなる。作者はこの巧妙《こうみょう》な設定により、「推理を推理する」物語を生み出したのだ。

さらに、この「推理を推理する」行為は、「本格ラブコメ×本格ミステリ」と銘打《めいう》たれた本作の、ラブコメ部分とも関係している。

凛音が引きこもりになったのは、自分にとっては明白なことが、他人に理解してもらえなかったから。もちろん、他人に説明できない以上、凛音はそれを受け入れるしかない。だが、説明ができなくても、透矢は理解してくれた。つまり、透矢が凛音の推理を推理することは、透矢が凛音を理解することに他ならない。これで、凛音の恋愛フラグが立ったわけである。そして同時に、凛音を理解した透矢の恋愛フラグも立った。言い換えると、本作における推理は、恋愛ドラマ部分の重要な要素なのだ。透矢が自分で事件を推理するだけでは、二人のフラグが立つことは決してなかっただろう。

おわりに

本書を読み終えた今、みなさんは〝名探偵〟というキャラクターの特殊性が見えてきたのではないでしょうか？　まず、推理を切り口にすると——特殊設定ものを除けば——推理法がユニークな探偵はそれほど多くはないことが明らかになりました。大部分の探偵は、消去法、演繹法《えんえきほう》、帰納法、背理法、外挿法《がいそうほう》、アブダクション、ディスカッション、ディベート等々、一般に知られている方法で事件を推理しています。

しかし、一般に知られている方法なら、警察も使えるはずです。なぜ、警察が消去法を使っても解決できない事件を名探偵は消去法で解決できるのでしょうか？　その答えは、本ガイドのナサニエル・ホーソーンの項で述べています。頭の良い犯人によるごく一部の犯罪では、警察を欺《あざむ》く偽装工作が行われているため、警察は正しい推理ができないのです。ところが、名探偵は騙《だま》されません。

例えば、容疑者Aにアリバイがあった場合、警察は消去法を用いてAを容疑者から外します。しかし、名探偵は、アリバイが偽物である可能性も無視しません。

例えば、事件が身代金目当ての誘拐に見えた場合、警察はその前提で捜査を行います。しかし、名探偵は、犯人の狙いが遺産相続予定者の抹殺である可能性も無視しません。

例えば、右利き／左利きの推理は警察でもできます。しかし、犯行現場に利き腕を示す手がかりが見当たらない場合は、そもそも警察は推理をやろうとしません。ところが名探偵は、警察が見落とした利き腕を示す手がかりを見つけ出し、推理を行うのです。

つまり、名探偵と警察の決定的な違いは、データが揃った後ではなく、そこに至るまでの推理にあるのです。犯人の偽装をあばき、事件の真の構図を見抜き、隠された手がかりを見つけ出す――これを行うのが名探偵であり、行うことができるのは名探偵しかいないことは明らかでしょう。

次に、〝事件との関わり〟を切り口にすると、事件と無関係の立場にいることができない探偵がけっこう多いことが明らかになりました。事件に巻き込まれ、あるいは介入する。事件関係者と友情や愛情が生まれたり、犯人と直接対決することもある。事件を支配したり、事件をねじ曲げたりする。読者に対してヒントを出し、ミスリードを行い、真相やフェアプレイを担保する。こういった関わりを持つのが名探偵であり、持つことができるのは名探偵しかいないことは明らかでしょう。

もっとも、「名探偵とは何か」などは考えず、本書を普通の名探偵ガイドとして読んでもかまいません。その場合でも、他では読むことができないユニークなガイドになっていると思います。


ではここで、お世話になった方々に感謝の言葉を。

まず、貴重なアドバイスをいただいた、大川正人《おおかわまさと》氏、瀬名秀明《せなひであき》氏、嵩平何《たかひらなに》氏、竜ヶ森《りゅうがもり》裕也《ゆうや》氏に。そして、三冊目となる本書の編集を担当してくれた丸茂智晴氏には、三度、最大の感謝を。今回も企画を決める段階から、さまざまなアドバイスをいただきました。

最後はもちろん、本書で取り上げた名探偵の生みの親たちに感謝を。あなた方が描いた物語が、名探偵を単なる〝事件捜査の上手な人〟以上の存在に高めたのです。

名探偵《めいたんてい》ガイド

二〇二四年一一月二五日　第一刷発行

著者　飯城勇三《いいきゆうさん》

発行者　太田克史《おおたかつし》
編集担当　丸茂智晴《まるもともはる》

発行所　株式会社星海社
〒一一二-〇〇一三
東京都文京区音羽一-一七-一四　音羽YKビル四階
電話　〇三-六九〇二-一七三〇
FAX　〇三-六九〇二-一七三一
https://www.seikaisha.co.jp

発売元　株式会社講談社
〒一一二-八〇〇一
東京都文京区音羽二-一二-二一
（販売）〇三-五三九五-五八一七
（業務）〇三-五三九五-三六一五

印刷所　TOPPAN株式会社
製本所　株式会社国宝社

アートディレクター　吉岡秀典《よしおかひでのり》（セプテンバーカウボーイ）
デザイナー　山田知子《やまだともこ》＋チコルズ
フォントディレクター　紺野慎一《こんのしんいち》
校閲　鷗来堂《おうらいどう》

ISBN978-4-06-537375-0
Printed in Japan

316
SEIKAISHA SHINSHO

164

『名探偵ポワロ』完全ガイド

久我真樹

ドラマ『名探偵ポワロ』を英国ヴィクトリア朝&メイド文化研究者が徹底ガイド!

〝ミステリーの女王〟アガサ・クリスティーが、作家生涯の大半をかけて書いた名探偵エルキュール・ポワロ。彼の活躍を記す原作小説をドラマ化した『名探偵ポワロ』は、1989年から2013年のなんと24年にわたって放映。英国のみならず日本も含む世界各国でも親しまれ、英国における最多海外放映されたテレビドラマとなりました。本書はその全70話を徹底ガイド! 英国文化研究者の視点から、『名探偵ポワロ』を熱愛っぷりを覗かせながらご紹介します。まだ見ぬ視聴者の方も、視聴済みのファンの方も、『名探偵ポワロ』の味わい深い魅力を一緒に堪能しましょう!

194

新本格ミステリを識るための100冊

令和のためのミステリブックガイド

佳多山大地

〈新本格ミステリ〉がこの一冊で解《わか》る！

本格ミステリの復興探究運動《ルネッサンス》――〈新本格ミステリ〉ムーブメントは、戦後日本における最長・最大の文学運動です。綺羅星の如《ごと》き才能と作品群を輩出してきたその輝きは、令和に突入した今に至る本格ミステリシーンにまで影響を及ぼし続けています。

本書では、その潮流を辿るべく100の傑作を厳選しご案内。さらにその100冊のみならず、本格ミステリ世界《ワールド》へ深く誘《いざな》う〈併読のススメ〉も加え、総計200作品以上のミステリ作品をご紹介します。さあ、この冒険《ブックガイド》の書を手に、目眩《めくるめ》く謎と論理《ロジック》が渦巻く本格ミステリ世界《ワールド》を探索しましょう！

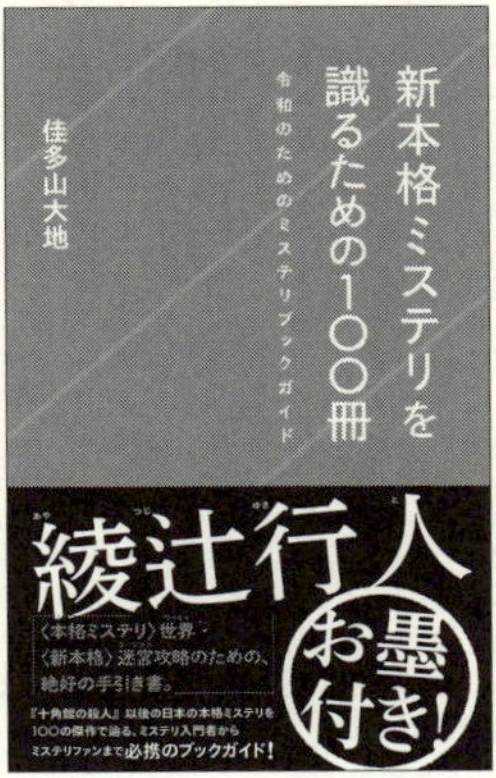

204

エラリー・クイーン完全ガイド

飯城勇三

エラリー・クイーン研究の第一人者によるクイーン入門ガイド！

あなたは本格ミステリを読んでいて、エラリー・クイーンという名前を目にしたことはありませんか？　世界最高の本格ミステリ作家と呼んでも過言ではないでしょう——このクイーンから絶大な影響を受け続け、日本の本格ミステリは世界一の発展を遂げてきました。本書では、〈国名シリーズ〉のエラリー・クイーン＆〈悲劇四部作〉のドルリー・レーン、クイーンが生み出した二大名探偵の活躍をメインに、その全作品を解説。あらすじ、読みどころ、本格ミステリとしての達成、その影響下にある日本のミステリ作品までご紹介します。クイーンを知ることは、本格ミステリの論理の読み方を知ること。本格ミステリをより楽しく読むために、今こそ〝本格ミステリの神〟の歩みを辿りましょう！

222

円居挽のミステリ塾

円居挽 × 斜線堂有紀 日向夏

青崎有吾　相沢沙呼
斜線堂有紀　麻耶雄嵩
日向夏

円居挽さんと一緒に学ぶ「ミステリ塾」開講！

かつて自分のセンスを信じるのをやめたことで、デビューを果たしたミステリ作家・円居挽。京都大学推理小説研究会で叩きこまれた独自のミステリ観は、円居さんの創作の指針であるとともに束縛する枷（かせ）でもありました。このたび、自身は持っていない新たな武器としての「ミステリのおもしろさ」を探し求める円居さんのために集合したのは、青崎有吾（あおさきゆうご）、斜線堂有紀（しゃせんどうゆうき）、日向夏（ひゅうがなつ）、相沢沙呼（あいざわさこ）、麻耶雄嵩（まやゆたか）、当代きっての人気作家たち。彼らの心を震わせてきた多数の本との出逢いから、実際的なミステリ創作のメソッドや苦労やお悩みまでを縦横無尽に語り合い、見えてくるのは作家それぞれの「ミステリ道」！　さあ、この〝円居塾〟に入塾して、あなたも己（おの）がミステリ道を極めましょう！

円居挽のミステリ塾

円居挽
×
青崎有吾
斜線堂有紀
日向夏
相沢沙呼
麻耶雄嵩

自分のセンスを信じることをやめたミステリ作家・円居挽が
新たなミステリの真髄を見つけるための開講！！

「ミステリ塾」

人気作家たちの「ミステリ道」を、円居さんと一緒に学ぼう！

青崎有吾　斜線堂有紀　日向夏　相沢沙呼　麻耶雄嵩

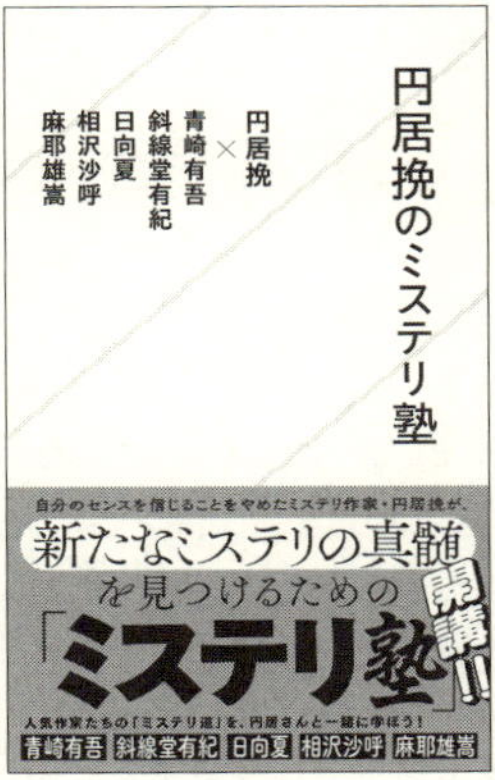

次世代による次世代のための

武器としての教養
星海社新書

星海社新書は、困難な時代にあっても前向きに自分の人生を切り開いていこうとする次世代の人間に向けて、ここに創刊いたします。本の力を思いきり信じて、**みなさんと一緒に新しい時代の新しい価値観を創っていきたい。若い力で、世界を変えていきたいのです。**

本には、その力があります。読者であるあなたが、そこから何かを読み取り、それを自らの血肉にすることができれば、一冊の本の存在によって、あなたの人生は一瞬にして変わってしまうでしょう。**思考が変われば行動が変わり、行動が変われば生き方が変わります。**著者をはじめ、本作りに関わる多くの人の想いがそのまま形となった、文化的遺伝子としての本には、大げさではなく、それだけの力が宿っていると思うのです。

沈下していく地盤の上で、他のみんなと一緒に身動きが取れないまま、大きな穴へと落ちていくのか？　それとも、重力に逆らって立ち上がり、前を向いて最前線で戦っていくことを選ぶのか？

星海社新書の目的は、**戦うことを選んだ次世代の仲間たちに「武器としての教養」をくばることです。**知的好奇心を満たすだけでなく、自らの力で未来を切り開いていくための〝武器〟としても使える知のかたちを、シリーズとしてまとめていきたいと思います。

2011年9月

星海社新書初代編集長　柿内芳文

SEIKAISHA SHINSHO